SOCIAL
INTELLIGENCE

社交
决定成败

成功人士的5大修炼

[美] 卡尔·阿尔布瑞契特(Karl Albrecht) 著
鲁刚伟 何伟 译

中国社会科学出版社

图书在版编目（CIP）数据

社交决定成败/（美）阿尔布瑞契特著;鲁刚伟,何伟译. –北京:中国社会科学出版社,2008.3

书名原文:Social Intelligence

ISBN 978 – 7 – 5004 – 6584 – 3

Ⅰ.社... Ⅱ.①阿...②鲁...③何... Ⅲ.人际交往 Ⅳ.C912.1

中国版本图书馆 CIP 数据核字(2007)第 185243 号

Original English language edition Copyright © 2006 by Karl Albrecht.
Authorized translation from the English Language edition published by John Wiley &
Sons, Inc.
Simplified Chinese translation Copyright © 2008 by China Social Sciences Press.
All rights reserved.

策　　划　路卫军
责任编辑　路卫军
特约编辑　骆　珊
责任校对　韩天炜
责任印制　王炳图
封面设计　久品轩

出版发行　中国社会科学出版社
社　　址　北京鼓楼西大街甲 158 号　　　邮　编　100720
电　　话　010 – 84029450(邮购)　　　　传　真　010 – 84017153
网　　址　http://www.csspw.cn
经　　销　新华书店
印刷装订　三河市君旺印装厂
版　　次　2008 年 3 月第 1 版　　　　　　印　次　2008 年 3 月第 1 次印刷
开　　本　710×1000　1/16
印　　张　15.5
字　　数　250 千字
定　　价　36.00 元

目　录

导　言　社交决定成败 …………………………………… 1

第一章　另类"智能" …………………………………… 1

新瓶装旧酒? 　　　　　　　　　　　　　　　　　 3

超越智商 　　　　　　　　　　　　　　　　　　　 5

情绪智力? 社交商? 还是两者兼具? 　　　　　　　 8

从"毒药"到"营养品" 　　　　　　　　　　　　 10

盲点、透镜以及过滤器 　　　　　　　　　　　　　 12

口臭、响屁以及头皮屑 　　　　　　　　　　　　　 14

"呆伯特"家族 　　　　　　　　　　　　　　　　 19

我们能成为交际场里聪明点儿的物种吗? 　　　　　 22

S. P. A. C. E.: 互动的技巧 　　　　　　　　　　　 25

第二章　情境感知 ……………………………………… 28

对情境反应的迟钝和麻木不仁 　　　　　　　　　　 28

搬起石头砸自己的脚: 把情境弄到最糟 　　　　　　 30

解读社交场合的背景 　　　　　　　　　　　　　　 32

观察的重点 　　　　　　　　　　　　　　　　　　 34

空间关系背景 　　　　　　　　　　　　　　　　　 35

行为背景 　　　　　　　　　　　　　　　　　　　 40

语义背景 　　　　　　　　　　　　　　　　　　　 44

在不同的文化群体和亚文化群体中游走自如 　　　　 50

违反行为准则等于引火上身 　　　　　　　　　　　 52

提高情境感知的技巧 56

第三章　举止 58

"摆设" 58
个人魅力是不是被过分夸大了？ 60
相貌真的很重要吗？ 63
解读（并制订）"互动的规则" 63
丑陋的美国人综合征 66
你越多，我越少 67
关于心态的一个例证 69
训练良好举止的技巧 72

第四章　真实 74
大力水手波比的启示 74
与高社交商的人为邻确实很美好 77
你能假装真诚吗？ 79
讨厌的赞扬 81
宠物狗综合征 83
自恋：唯我独尊 84
心理游戏、角力以及操控 87
表明真实的技巧 90

第五章　明晰表达 92
一种表达方式 92
"臭嘴症"：有时候，沉默是金 95
"官方腔调"和"真实表达" 98
"直升机语言"和"电梯谈话" 100
"干净的"语言和"肮脏的"语言 102
语言棒击 106

引导听者的头脑跟你走　　　　　　　　　　　　108

比喻的神奇力量　　　　　　　　　　　　　　　111

无动词"Be"英语：健康的语言　　　　　　　　112

提高明晰表达的技巧　　　　　　　　　　　　　117

第六章　心领神会　　　　　　　　　　　　　118

什么行为破坏心领神会?　　　　　　　　　　　119

什么行为有助于建立与他人的心领神会呢?　　　123

白金法则　　　　　　　　　　　　　　　　　　127

移情职业的反讽　　　　　　　　　　　　　　　129

"L. E. A. P. S."："蓄意"心领神会　　　　　132

四分钟的心领神会　　　　　　　　　　　　　　133

提升心领神会的技巧　　　　　　　　　　　　　136

第七章　提高社交商　　　　　　　　　　　　138

测评你的互动能力　　　　　　　　　　　　　　139

自我认知：从他人角度评价你自己　　　　　　　144

测评你的互动风格：驾驶员、激励者、外交官和离群索居的人　146

优势—劣势的悖反　　　　　　　　　　　　　　153

优先改进的环节　　　　　　　　　　　　　　　155

第八章　职场中的社交　　　　　　　　　　　157

社交商低下的现实后果和法律后果　　　　　　　157

文化冲突和文化狂热　　　　　　　　　　　　　160

等级制度、睾丸激素和性别政策　　　　　　　　164

在工作中屡试不爽，可在家不灵　　　　　　　　169

多样性的迷局　　　　　　　　　　　　　　　　170

礼节、典礼和庆典　　　　　　　　　　　　　　173

恰当的政治策略：不丧失自己的价值体系而稳步升迁　176

第九章　管理中的社交 ⋯⋯⋯⋯⋯⋯⋯⋯⋯⋯⋯⋯⋯⋯⋯ 179

　　"畜生"因素　　　　　　　　　　　　　　　　179

　　执行官的刚愎自用：代价及后果　　　　　　　183

　　最佳老板，最坏老板　　　　　　　　　　　　186

　　"P. O. W. E. R."：来源以及获取之道　　　　　189

　　我们这个星球上的恶棍是如何攫取并把持权力的　190

　　影响力的代数学　　　　　　　　　　　　　　192

　　"S. P. I. C. E."：不在其位而谋其政　　　　　193

第十章　社交和冲突 ⋯⋯⋯⋯⋯⋯⋯⋯⋯⋯⋯⋯⋯⋯⋯⋯ 198

　　冲突的双螺旋模型　　　　　　　　　　　　　198

　　为什么要争论？　　　　　　　　　　　　　　205

　　至关重要的对话　　　　　　　　　　　　　　206

　　增加价值的谈判　　　　　　　　　　　　　　209

结　语　培养下一代的社交能力：谁来教育我们的孩子？ ⋯⋯⋯⋯ 215

　　我们的孩子不是我们自己的孩子　　　　　　　216

　　十种基本新闻报道（而且只有十种）　　　　　218

　　焦虑直击人们的注意力　　　　　　　　　　　221

　　戒除电视瘾　　　　　　　　　　　　　　　　223

　　孩子们的购买行为　　　　　　　　　　　　　225

　　电脑游戏：全新的沙地游戏场　　　　　　　　227

　　老师？父母？还是都无能为力？　　　　　　　230

　　归属，还是渴望？　　　　　　　　　　　　　232

　　学校的"S. P. A. C. E."解决方案　　　　　　235

　　疗治多个年龄段社交商疾患的处方　　　　　　237

社交决定成败

一部全新的成功学

"你错了，彻头彻尾地错了，我会告诉你为什么的。"

这句话，加上其后的几句话，让我多年前供职的那家公司，损失了一桩价值高达数百万美元的生意。

电话的那头，是美国国防部一位职位很高的文职技术专家，打电话的是我的同事杰克，这个年轻人在技术上的学识确实了得，不过，社交技巧着实乏善可陈。

他和我正在准备与政府的那位专家进行第一次会谈。我们的使命是，通过构建一个良好的商务关系，让这位高官及其同事了解我们公司的技术实力，进而使我们公司成为国防部相关业务的一家富有竞争力的供应商。

当时，那位政府高官刚刚就某项特殊技术的应用前景，表达了措辞生硬的观点，实际上，他谈到的大部分都是不可行的。很显然，我的同事杰克对那次通话的大背景一无所知，所以，他当然不会对高官的技术无知置之不理，他决意要给官员"纠错"，因此，他们很快就吵上了。

那次通话，非但没让我们完成建立良好商务关系的目标，反而一下子就让我们走向了另一个极端。我还没来得及将那次讨论拉回到正常轨道上来，它所产生的后果就已经发挥作用了，木已成舟。其后，我们再也没有找到与他或者他的同事会面的机会。

后来，我终于明白了，虽然我同事杰克的"IQ"——很高，可是，他的"社交技巧"很低。

这个颇具启发意义的插曲过去二十多年以后，观察人们交往方式的差异开始让我深深着迷。我逐渐认识到，这种"与人友好相处"的能力，也是一种"智力"，而且这种智力远远不同于学者、心理学家和教育家苦心研究了很多年的通常被称为"智商"的那种智力。所以，我开始研究这种特殊的能力，试图辨识或者创建一个条理分明的体系，以观察、表述这种智力，最重要的，如果可能，我要开发人们的这种智力。

出于自私的考虑，我的首要工作，就是弄清自己与人交往的能力，以及影响他人的能力，同时，找到更好的策略和方法。然而，除此之外，一直以来都很清楚的是，在人类智力各个方面的发展中，描述社交商还是个颇有效能的方法。

作为一个关键的生活能力，社交商的概念，也就是"SI"，无疑应该以一个新思想的面目出现了。它将让我们对人类能力一个重要方面的理解更加精确。

在人类众多的综合性能力中，或许，社交商是被研究得最为透彻的一种。哈佛大学的霍华德·加德纳教授和其他人多年潜心研究的成果表明，人类的智力并不像智商的膜拜者一贯推崇的那样，是一种单一的特质。霍华德·加德纳认为，我们人类拥有有别于其他物种的范畴广泛的智力，或者说，拥有几种居于主导地位的智力。

我不揣冒昧地发展了他的理论，并将其不同种类的智力翻译成了通俗的语言，从而归结为六种主要智力："抽象智力"（根据符号推理的能力，也就是人们常说的"智商"）；"社交商"（也是本书的诉求点）；"动手能力"（完成工作的能力）；"情绪智力"（自我认知以及管理自己内心世界的能力）；"艺术智力"（对形式、图案、文学、艺术、音乐等的感知能力）以及"运动智力"（诸如运动、舞蹈、演奏乐器以及驾驶喷气式战斗机一类的身体能力）。

就像立方体拥有六个平面一样，这六种基本智力合在一起便构成了一个人的综合智力。毋庸置疑，让我们推崇备至的成功典范——"文艺复兴时代的人"，确实拥有高超而令人艳羡的综合智力。

近年来，丹尼尔·高尔曼博士以其《情绪智力：为什么说它可能比智商更重要》一书，激发出了人们对开发多重智力可能性的浓厚兴趣。人们对情绪智力——某些拥趸则更愿意将其称之为"情商"——的逐渐接受，确立了人类智力一个重要方面的合理地位，人们可以通过研究、思考、学习以提高这一智力的水平。

总之，霍华德·加德纳、丹尼尔·高尔曼以及其他研究者，他们还促使我们对人类智力的其他方面给予了必要的关注。现在，通过构建一个描述、评价以及开发社交商的模型，我们可以为瑰丽的"多重智力画卷"填上重要的一笔了。

我们可以将社交商的特点概述为"对人的基本理解"——也就是对社交的某种认知，同时也是与他人成功交往的系列技巧。社交商可以简述为：

……与他人融洽相处，同时赢得他们的合作的能力。

我们可以将社交商的两个极端表现——社交商极为低下以及社交商非常高——分别比喻为"毒害性行为"和"滋养性行为"。据此，我们可以推想到，"毒害性行为"，是指那些会导致他人自觉无用、无能、恐惧、愤怒、挫败或者有罪的行为。"滋养性行为"，则是让他人觉得自己很有价值、有能力、被人所爱、受人尊重以及感激的行为。拥有高社交商的人——那些对社交情境拥有清楚的认知，同时，其行为主要是"滋养性行为"的人——对他人富有不同寻常的吸引力，对此，那则古老的表述可能更为恰切——他们拥有"磁石般的人格"。而社交商低下的人——那些其行为主要是"毒害性行为"的人——则会与人疏离、拒人千里之外。

在早期教育、公共教育、成人学习以及商务等领域，我们似乎对开发社交商一直没有给予应有的重视。儿童和少年需要学会赢得自己渴求的伙伴关系和尊重；大学生需要学会与他人协作，学会有效影响他人；经理人需要学会理解员工，学会与自己领导的员工高效沟通；就像杰克一样，高技术专业人员需要学会了解社交背景，需要学会通过认同和理解他人的处境和情感，而完成自己的目标；在其职业生涯和个人生活中，所有的成年人都应该能高效展示自己，都应该学会赢得他人的尊重。社交商能有效减少人们之间的冲突，能创造协作，能以理解取代褊狭、顽固以及极端性的行为，能调动人们向着共同目标进发的积极性。

我希望，本书能对人们之间建立认同感和兴趣方面有所助益，同时，希望它能对我们在文化、商业以及教育领域，有效应用这些重要的原则有所贡献。本书并不是一本让人"亦步亦趋"的"烹饪菜谱",也不是教你"与人融洽相处"之道的自助指南,它收录了很多故事、例证、建议,同时,包容了很多自我评价以及开发社交商的有效方法,不过,从根本上说,本书的目的在于激发你深刻的反思。

第一章

另类 "智能"

> 有一个事物比全世界的军力更为强大，那就是一个思想的喷薄而出。
>
> ——法国作家维克多·雨果

毫无疑问，我们每个人至少认识一个这样的人，很可能，我们认识的还不止一个，与他们相处，让我们欢欣愉悦。我们常常听到有人谈到这类情形：

> 想到这个周末得去看我父母，我真是不寒而栗，我就知道，我母亲一定得和我父亲大干一场，此外，只要我在那儿，她就总是对我不停地横挑鼻子竖挑眼。我真不知道为什么还要经常去看望他们。我想，是负疚感吧。

有些人则可能谈到这类情形：

> 我讨厌我的工作，我的老板对我所有的工作都吹毛求疵。我想，我得另谋高就了。

或者：

> 或许，我们应该特意 "忘记" 邀请他和我们一同外出，否则，我们整晚都会争论不休的。

再或者：

> 我觉得，我们应该邀请她和我们共进午餐，可是，我实在忍受不了再听她的离婚故事了。似乎除了这个，她就不会说些别的了。

比起美德来，我们总是更能轻而易举地发现别人身上的社交商缺陷，确实如此。或许，我们会下意识地接近那些拥有美德的人，但是，我们躲避那些有社交商缺陷的人，则是有意识的行为。那么，面对那些个人交往能力居间的人时，我们会怎么办呢？是的，我们"可能主动去接近他们，也可能离他们而去"。

有多少人认为，他们的父母或者亲密的家庭成员，对自己生活的影响完全是负面的，而不是把他们视为自己最好的朋友呢？有多少人即使没有离开家庭，但至少从情感上已经与自己的家庭分道扬镳了？有多少父母总是抱怨孩子对自己漠不关心，或者根本不想去看望孩子们呢？

有些与家庭成员相处困难的表述，常常让那些家庭成员之间拥有亲密关系并能享受到他们帮助的人感到困惑不已。但是，即使是在所谓的幸福家庭中，某些成员也可能会疏远其他成员。

与家庭情况形成对照的是，我们中的大多数人，都至少有几个特殊的朋友——和他们在一起，让我们安逸、轻松，从他们那里，我们可以获得尊重、肯定和关切。我们不妨想一想两个极端的情形——将你避之唯恐不及的人的行为，与你热切渴望交往的人的行为做一个比较。结果很快就出来了，其中的一个人与另一个人相比，不但行为更积极，更乐于助人，而且你还会产生这样一种感觉：行为更积极的人，比行为更消极的人更善解人意；行为更积极的人看似更"深谙世事"——他们很能理解他人，他们与人互动的行为也显示出他们"知书达理"，而不只是举止"得体"。

我们在本书中谈到的社交商，由洞察力和行为两方面构成。我们试图在高于"客套话"的水平——超越只是经常说"请……"和"谢谢"的层面，超越社交礼仪规范的层面，超越在职场一直被人看重的所谓"善于结交"的层面——来探究人们的社交能力。我们试图弄清的是，为什么能力出众的人，在各种社会情境中能如此挥洒自如，能根据情境的不同——至少在大多数时候——深解与人交往之道。

为了避免概念的模糊所带来的歧义，我们可以将社交商，或者"SI"定义为：

与他人融洽相处，同时赢得他们的合作的能力。

新瓶装旧酒？

从教师、培训师、人力资源管理人员和会议组织者，到企业领导人、咨询顾问、出版商以及记者，我常常从这些每天与之打交道的人那里，看到他们对"社交商"这一概念不假思索的典型反应，他们往往会说："哦，是的，'交际技巧'在当今的社会中确实很重要。"

因为将社交商这一概念归入了大家早就非常熟悉了的范畴，同时，又将其以一个老旧的概念来解读，他们实际上已经消解了这一概念的潜在重要性。因为自以为很熟悉这一概念，因为觉得这个概念非常简单，所以，他们的先入之见很可能会阻碍他们对人类生活这一更深层次、涵盖范围也更广泛的概念的领悟和理解。来自古老禅宗的一则忠告是：

学习新东西的最大障碍，就是自以为是。

我们这些普通人也在根据自己的理解，试图描述社交能力的核心要素。尤其是在商务领域，人力资源管理专家、培训者、咨询顾问、执行官以及经理人，也都在寻求自行确定实用社交技巧的方式，以便培养员工在这一方面的能力，提高他们的这一能力，至少，他们可以根据自己的定义，遴选那些"拥有这些素养"的人，并将其安置到合适的工作岗位上去。这样的探索和努力，同样也没有取得显见的成果。

多年来，尤其是过去几十年来，商业领域的教育家们经常谈到"沟通技巧"、"人际关系技巧"以及"交际技巧"等概念，不过，他们往往不能为自己的宣教提供令人信服的阐释。比如，很多类型的员工表现测评表，都包括一个"沟通技巧"部分，但是，这一部分大都留给员工的上司去填写，他们测评的依据则是主观的印象和自己的判断。因为缺乏对这些技能全面而富有可操作性的定义，所以，除了只是得到这样一种感觉——"我看到了，我才知道"。——以外，经理们实在无法仰赖这些测评结果。

经常地，如果我向那些将某个员工的沟通技巧评定为很差的经理们提出这样的问题："你认为他缺乏什么特别技巧呢？或者，他还需要提高什么技巧呢？"经理往往会沉吟片刻，之后，开始逐一列举自己观察到的某些能力缺失。他们常常将某些行为和某些特质视为低能或者能力障碍。

然而，如果我让他们罗列出构成"交际技巧"的所有能力时，他们往往语焉不详，说不出所以然来。在很快列举出一些显而易见同时也是大家耳熟能详的技巧——比如，倾听，清晰表述——之后，他们往往会开始罗列一系列模糊的个人特质，比如，"深思熟虑"、"乐于合作"，以及"善于表达"等。

这些互动技能的陈腐传统定义，限制了我们对社交商这一外延更为广泛的概念的理解，并让很多人满足于对这一概念陈旧的解释，从而不再寻求更适用的可操作模式。通常，我们总是满足于已经拥有的几个技巧和手法——比如"积极地倾听"，"我陈述"，也就是表达自己的感受以及反应的能力——而不再认真探究更为全面的观点。

构建人类能力的更为全面模型的重要性，已经证明远远超过了对"交际技巧"的旧有解读，因为就理解各种社交情境，或者理解人们之间发生互动情境的综合背景而言，这样的模型能扮演心智平台的角色，它还能让人们针对某一特定的情境，不必依赖某些已成套路的表达方式，不必依赖程式化的交流技巧，就能恰当地应对。

看来，我们有理由确信，要想在范围广泛的社交情境——与老板交谈，出席一个会议，向一个群体表述观点，与配偶或者情人分享独特的体验——中游刃自如，我们需要的远不只是知道某些特定的交流技巧和交流程序，我们还需要更深广地运用生活知识、对一种文化——或者多种文化——的深刻理解，需要我们在人类互动的不同情境中，通过不断观察和体味积累智慧，以判明哪些方式是灵验的，哪些方式是行不通的。

比如，单单是"解读"社交情境的综合背景——弄清人们之间关系的众多微妙线索、行为准则以及人们的心态和取向，就需要我们拥有深刻的理解力和某些特殊能力。将人类社交能力的概念简化为"交际技巧",看来大大"稀释"了人们的理解力,也大大降低了人们智力的丰富性,而人们的理解力和智力的丰富性可以大大提高他们与他人交流的效能。

超越智商

对很多专业人士和主修工作效能的学生来说,哈佛大学霍华德·加德纳教授于 1983 年出版的著作《心智的解构》,是理解和确定人类心智源泉的转折点。对有些人而言,本书具有划时代的意义。

霍华德·加德纳彻底颠覆了人类心理学和教育实践的一个最根本的假设,这个假设就是:人类的心智来源于单一的特质——即所谓的"智力"。从法国的阿尔佛雷德·比奈[①]的研究工作开始——试图测评儿童的"心理年龄",到美国军方的早期尝试——确定士兵可测评的心智特点,以预测他们完成各种任务的成功可能性,再到卡特尔和加利福尼亚其他人的研究成果——探索能预测学生取得学术成功的测评方法,"智商"的概念在西方占据统治地位的时间长达七十五年。

发展心理学领域的很多前卫思想家,一直在不遗余力地呼吁,在美国的学校中应该取消智力测验,但是,成效甚微。著名智能心理学家阿瑟·詹森曾经写道:"学习成绩才是学校关注的唯一指标,我认为,除了测评学习成绩本身以外,他们根本不需要检测任何别的什么了。"

只用一个三位数的数字就可以确定一个人在未来生活中取得成功可能性的观点,一度让人们推崇备至,尤其是对那些认为教育体系和技能训练体系的设计,应该围绕受教育者的智力水平来进行的教育家和官员来说,对此更是笃信不疑。在西方世界,就利用智商分数对人们有利还是有害的问题,论争和思考一直没有停止过。除了据此为学生划分等级以外,智商体系以及相关理念的真正益处似乎很难确认。很多"反智商"人士认为,智商体系所产生的唯一影响,就是让某些人觉得自己不如别人,同时,促使某些人自认为

---

① 1857—1911 年,法国心理学家,智力测验的发明者。1905 年与西蒙合作制定比奈—西蒙智力量表。——译者注

高人一等。

比之智商概念本身，智商测评的方法遭受了更为严厉的攻击。批评者认为——我想，他们的批评确实很有道理——标准化的"智商测验试卷"，根本不可能客观评价一个人的全面心智水平，尤其是当标准化的书面测验设计者对每一问题给出的可选答案非常近似的时候。而其他的测评手段，比如，随笔、评论或者针对某个技能的实际测评，因为需要训练有素的测评者来操作评分系统，从而使整个测评过程既昂贵，又难以执行。

因为缺乏有效的方法收集受试者对某些问题或者某些难题"富有创造性的回答"，所以，传统的智力测验实际上完全排斥了人们"有别于惯例的创造能力"，而这种能力恰恰是我们称之为创造力的基础。如果提出这样一个问题："用一枚小小的硬币你可以做多少事情？"我们可以得到无数个答案，没有哪个计算机软件可以评估所有的答案。最低限度，限制"另类答案"的传统智力测验方式，就是"只有一个正确答案"的测验手段，根本没有考虑到在人们的成功中扮演重要角色的、范围广泛的心智能力。智商测验的某些批评者认为，对智商书面测验结果的倚重，已经造成教育工作者偏爱——可能是有意识的，也可能下意识的——那些在程式化的智力测验中表现良好的学生，同时，损害了那些不拘泥于惯例、其思维富有创造性的学生。他们还坚称，公共教育体系的设计原则，反映了"只有一个正确答案"的教育方法，而且对"不止一个正确答案"的思想根本没有给予尊重，而"不止一个正确答案"的观念正是创造性思维、艺术、文学、音乐以及人类其他类似才能的重要基础。

就是在这样的背景下，霍华德·加德纳教授开始了自己的研究工作。从1980 年开始，霍华德·加德纳教授对发端于心理学测验领域的某些根本性问题的兴趣越来越浓：为什么那些智商得分很高的人，在个人生活中却一败涂地？心智测验是不是忽略了人类能力中某些很显见的方面呢？比如，艺术、音乐、运动、文学能力和社会能力。霍华德·加德纳自然而然地得出了这样的结论：将"智力"当做测评人类能力唯一指标的手段必须要摒弃了。他认为，人类拥有多元能力，也就是多重智力，它们的水平因人而异。

虽然霍华德·加德纳的多重智力理论模型更合乎常识，不过，如何更好地为这些多重智力分类或者细分，尚为基础理论的悬疑，此外，围绕这一理论问题的讨论很可能还要持续很长时间。很显然，霍华德·加德纳自己也还没有取得完全满意的分类成果，本书写到这里的时候，他还在继续探索不同的分类方法。但是，他的多重智力——"MI"——概念，已经深受某些领域的推崇，尤其是在教育和商业领域，至少，在美国是这样。在对智商理论框架下的单一智力测验分数顶礼膜拜的阵营中，有些更为激进的学者，依然还在猛烈诟病霍华德·加德纳的理论，这样的激烈论争还会持续数十年。特别是在霍华德·加德纳的研究还没有设计出让单一智商分数拥趸们推崇有加的同样实用的测评工具的时候，这就意味着对人类智力的两种测评方式还不能产生具有可比性的结果。

本书的主旨，是探究多重智力的其中之一，也就是社交商，所以，我们实在没理由介入围绕多重智力理论本身所展开的学术论争。我们要做的，是将社交商置于多重智力的理论框架中，之后，在这个理论框架下，探究社交商的内涵。

将社交商置于霍华德·加德纳的多重智力理论框架中，需要我们运用某些"概念特技"，因为霍华德·加德纳自己也在继续完善他对多重智力的分类学工作和定义工作，至少，本书写到这里的时候是这样。他早期的大量研究工作涉及了七种各自独立的智力，此外，他还对尚未得到清楚界定的第八种智力的存在提出了假设。其他研究者则将某些"庞大的智力范畴"细分为其他类别。

那么，为了便于讨论，我们需要先行确定这些多重智力的初步定义，以便将社交商引入到它的全景中。虽然霍华德·加德纳使用了非常严谨的科学语言来定义多重智力的各个类别——他将其划分为：口头语言表达的逻辑智力、数学符号智力、空间智力、身体运动智力、人际关系智力、自我认知（或称为自我意识）智力以及音乐智力，不过，我想，我们将其用通俗语言再次解读，同时，从概念上简化它们，并没有不妥。基于对霍华德·加德纳教授及其理论的尊重，我发现，将这些"多重智能"重新划分为六个主要类别，对我们的讨论和理解会大有助益：

1. 抽象智力（Abstract Intelligence）：根据符号推论的能力。
2. 社交商（Social Intelligence）：与人交往的能力（也是本书的诉求点）。

3. 动手智力（Practical Intelligence）：完成工作的能力。

4. 情绪智力（Emotional Intelligence）：自我认知以及管理自己内心世界的能力。

5. 艺术智力（Aesthetic intelligence）：对形式、图案、文学、艺术、音乐等的感知能力。

6. 运动智力（Kinesthetic Intelligence）：诸如运动、舞蹈、演奏乐器以及驾驶喷气式战斗机一类的身体能力。

有人或许认为还有其他亚类别的智力，不过，智力的这六个类别应该足够说明问题了，而且其首字母缩写还很容易记忆，"ASPEAK"。

多重智力的理论似乎很契合我们的感受。不妨想一想抽象智力——也就是人们常说的智商——与社交商不协和的情形。我遇见过不少"门撒国际"（Mensa）的会员，门撒国际是由高智商人士构成的国际性组织，加入其中的唯一条件也是高智商。让我常常惊奇不已的是，尽管他们的认知能力确实不同凡响，可很多人却不能与他人建立起良好的人际关系，有些人甚至缺乏调适情绪的能力。让我们推崇备至的成功典范——"文艺复兴时代的人"，可能确实拥有高超而令人艳羡的综合智力——因为他们能将这六种智力完美地组合到一起。

情绪智力？社交商？还是两者兼具？

丹尼尔·高尔曼《情绪智力》出版以后，"情绪智力"或者"情商"的概念就在商界受到了广泛推崇。培训者、人力资源管理人员、咨询顾问、培训教练以及经理人，都将情商推崇为个人能力的一个重要素养。汗牛充栋的著作，大量的培训课程、研修班以及研讨会，也都在追随情商的潮流。就像任何具有突破意义的概念出现以后所发生的情形一样，有些人甚至将"情商运动"赋予了宗教崇拜一样的色彩。有些人认为，情商可以解释一切，不过，对大多数人来说，情商确实能很好地诠释很多东西，并且能与人类智慧发展的其他概念完美融合到一起。

丹尼尔·高尔曼初步将情商模型划分为五个方面的能力：

1. 自我认知能力。

2. 自我管理能力。

3. 自我激励能力。

4. 心领神会能力。

5. 处理人际关系能力。

然而，丹尼尔·高尔曼划分的五种能力之一，也就是处理人际关系能力，其外延似乎远远超越了情商模型和概念的涵盖范围。前四种主要能力，确实清楚界定了构成人类情绪世界的重要元素，它们能从根本上影响一个人的行为，当然，它们也能对人们与他人良好互动的能力产生重大影响。但是，试图将社交能力强行"塞进"涵盖范围已经足够宽泛的情绪能力，则存在着大而不当——"用太多的东西只做了很少的事情"——的风险。

通过将自我激励归入到自我认知的范畴，情绪智力模型可以精简为四个功能范畴——自我认知、自我管理、社会意识以及人际关系管理，每一个功能范畴都与几个特定的情绪智力方面密切相关，这四个功能范畴涉及的情绪智力方面计有十八个。比如，人际关系管理就与七种领导力导向型的能力紧密相连，其中包括感召式领导力（以引人注目的远景引导和激励他人的能力）、发展他人的能力（通过反馈和引导，支持他人发展自己的能力），以及担当变革触媒的能力（启动、管理以及领导变革的能力）。

如果我们将关注概念的"镜头"推近到霍华德·加德纳的多重智力模型，那么，我们就能更容易地将丹尼尔·高尔曼的情绪智力概念融入其他智力概念中了。此外，我们还能就此开辟这样一条途径：将各种智力协调起来，利用其增效作用，塑造出一个能力出众的人——真正的"文艺复兴时代的人"。

出于对霍华德·加德纳和丹尼尔·高尔曼所做贡献的尊重，我想，我们应该将两种互补的智力概念组合到一起。我们可以将情绪智力视为"内在能力"的一个方面，内在能力是指自我认知能力和巧妙运用自己情绪反应的能力。之后，我们就能根据"外在能力"清晰描绘出社交商的模型了。换句话说，要想取得人际关系的成功，我们需要以上两种智力。

确实，正如我们在前面谈到的，霍华德·加德纳教授恰恰也做了这样的工作：他将人的"内心智力"——也就是具有实用价值的情绪智力，与"人际关系智力"——也就是在各种交往情境中所表现出的能力，结合到一起进行了研究。他对不同概念更为明晰的界定，或许，为我们将两种智力置于同一类别进行研究，以及探寻它们之间的关联性提供了可能性，而不是将它们分别硬性归入同一个概念范畴。

比如，我们不妨看一看胆怯的人所表现出来的征候，胆怯的行为方式，与低水平的自尊、缺乏自信以及缺乏自敬存在着非常密切的关联性。学会与人更自如地互动，同时，也更自信地与人交往，不但需要全新的社交技巧——比如，目光对接、说话的声调更高亢、参与更多的场合等，而且还涉及如何改变一个人的自我评价问题——重获自尊、认识自己的价值所在，以及学会针对不同的互动背景做出不同的情绪反应等。总之，就解释诸如胆怯一类的人际关系病态，以及为其提供解决方案而言，情绪智力和社交商确实在"并肩作战"。

我们再来看看另一个例子，看看其个性被很多人视为"粗暴无礼"的一个人的情形。这个人粗鲁的行为——对别人横挑鼻子竖挑眼，总是与人辩论或者争吵，让别人深感沮丧，使用攻击性的语言，傲慢、专断——可能源自自尊水平很低，也就是情绪智力很低，与此同时，这个人对自己给他人带来的影响，可能确实缺乏足够的认识，此外，他可能完全不知道，帮助他人、让别人感觉良好，就是为自己铺就成功之路，这才是帮助他人、让别人感觉良好的价值所在。

从"毒药"到"营养品"

我个人在十多年前经历的一件事情，使社交商概念作为一个行为学的命题，引起了我的关注。在加利福尼亚州北部，我曾经在为一所大学开办的扩展培训项目中教授管理课程。这个培训项目要在连续五周的周末进行，培训时间为每星期五晚上和每星期六全天。所有接受培训的经理人都要参加。

在第一堂培训课上，我将自我评估调查问卷引入了课堂，问卷是我草拟的，目的在于描画出那些导致相互疏远、冲突和敌意的行为，并将其与那些引发心领神会、理解和合作的行为进行比较。期间，我还引入了"毒害性行为"和"滋养性行为"的比喻，以便接受培训的人对两种行为进行对比。

就其定义而言，"毒害性行为"，是指那些会导致其他人自觉无用、无能、恐惧、愤怒、挫败或者有罪的行为。"滋养性行为"，则是让他人觉得自己很有价值、有能力、被人所爱、受人尊重以及感激的行为。拥有高社交商的人——那些对社交情境有清楚的认知，同时，其行为主要是"滋养性行为"的人——对他人富有不同寻常的吸引力，对此，那则古老的表述可能更为恰切——他们拥有"磁石般的人格"。而社交商低下的人——那些其行为主要是"毒害性行为"的人——则会与人疏离、拒人千里之外。

参加培训的经理人要在课堂上填写调查问卷，并为各种行为打分。大部分人认为，弄清自己的行为特征非常有用，尤其重要的是，他们可以据此检视自己的行为。在接下来的培训课上，一位经理把自己刚刚经历的一件事告诉了大家：

> 我手下有一位很特别的员工，他与其他人的几乎所有互动行为，总是"毒性大发"。我曾经申请过很多次，一定要解雇他。我拿他简直毫无办法，直到现在也是。
>
> 上星期一，参加完我们在周末进行的培训以后，我让他到我办公室，和我一起坐下来，并把我们的那个调查问卷拿给他看。当时，我只是说，"我正参加一个管理培训，老师发给了我们一份调查问卷，我觉得这份问卷很有意思，所以，想让你也看看。"
>
> 当他阅读毒害性行为和滋养性行为的名录时，我坐在那里没说一句话。他看完以后，抬头看着我。之后，说："这说的就是我，不是吗？所有的毒害性行为与我一直以来的行为简直如出一辙。可我从来也没这么想过。"
>
> 我只跟他说了一句话："或许，有些事情你应该想想了。"
>
> 真的，在我的生活经历中，从来也没见过哪个人的行为改变得如此之快。第二天，他就从牢骚满腹的样子，一下子变得乐于助人、关心体恤他人，甚至对人非常友善了。他的同事总是不断问我，

"你给他施了什么魔法？你给他注射什么东西了吗？你是不是带他去看过心理医生了？他怎么一下子就变成魅力先生了！"

自那个小插曲以后，很多次的经历让我确信，造成人们社交商低下的最主导原因，就是洞察力的缺失。"有毒的人"常常受到自己性格缺陷的"蛊惑"，以至于他们就是看不到自己的行为给他人所带来的影响。他们需要得到帮助，以便明了别人如何看待自己。要让他们获得这样的洞察力，要弥补有些人在日常生活中的社交能力缺失，我们需要借助社交商模型。

盲点、透镜以及过滤器

尝试一下下面的这个实验：点燃一根很小的蜡烛，或者用一个能装在口袋里的袖珍手电筒，将拿着它的手臂伸直。之后，直视前方，将注目的焦点集中于随便什么目标或者墙壁上的一个点上，此间，不要转动眼睛。如果你用右手拿着光源，就闭上左眼，如果用左手拿着光源，就闭上右眼。接下来，将光源正对你睁开的那只眼睛的中心线，同时，眼睛继续直视前方，然后，将光源左右移动，从你鼻子中心线的方向向外移动。与此同时，让眼睛的注目焦点保持在正前方，但是，始终要想着光源的存在，你会发现有这样一个点——大概在中心线以外15°的方向——光源在这个点不见了。无论你将光源移动到"盲点"的左侧还是右侧，你都能再次看到光源，但是，在盲点的位置，你看不到光源。

这个生理上的盲点，存在于眼睛里视觉神经"看不到"的点位，在这个点位，你的眼睛中没有神经细胞，所以，在这个特殊的位点，你看不到任何东西。很少有人注意过这个盲点的存在，很多人甚至根本不知道自己还有这样一个盲点。就在我们视野正前方，怎么会有一个我们感知不到的区域呢？我们怎么会没注意到存在这样一个区域呢？答案在于大脑处理信息的过程。我们的眼睛运动的时候比静止的时候更多，我们的生存本能需要我们快速扫视周边环境，不过，当我们因为某种原因专注于一点的时候，特例就出现了。因为当眼睛运动的时候，它们会将一个完整的图像传送给大脑，大脑在处理相关信息时，会围绕着视觉盲点进行，同时，它会通过填补缺失的信息构建成一个完整的画面。

就像我们的大脑围绕着盲点处理视觉信息一样，它也会围绕着"社交盲点"或者"心理盲点"处理相关信息。我们看不到不想看到的东西，不过，我们总是能看到我们希望看到的东西。

在我们的文化背景中，我们使用的惯常表达方式表明，在某种程度上，我们很清楚，我们人类感知到的并不是现实的本来面目——"我们从感知之初，就在自行创造现实"。我们每个人都有"自己独特的现实"，它就是我们认知、反应、解读和曲解的结果。我们经常谈到自己的盲点，也就是封闭自己意识的经历，这个封闭过程，可能是因为疏忽，因为潜意识的压抑作用，也可能是因为彻底的拒绝———一种心理反抗机制。然而，虽然我们在日常交谈中常常谈及这些盲点，不过，这并不意味着我们真的就明白其中就里，也不意味着我们会有意识地避免它们的影响。

所有的人都有"盲点"、"透镜"和"过滤器"，它们永久性地安装在我们的感觉通道和大脑之间。我们各自独特的"盲点"，会将现实中我们不愿意看见的东西屏蔽在现实之外，而我们身上的"透镜"会放大现实中那些令我们痴迷的东西，我们身上的"过滤器"则会选择性地排拒现实中的某些东西，或者重新安排现实中的某些东西，以适应我们大脑接受信息的需要。

这些盲点、透镜和过滤器的运作是动态的，从一个时刻到另一个时刻，从一种情境到另一个情景，每时每刻都在变化，而驱动这些变化的程序，则源于我们的价值取向、信仰、渴望、期望、恐惧，以及我们对情境的评估。

我自己的一个经历，将社交盲点的概念，以一种非常直接的方式，径直推到了我面前。我发现，我的几个朋友觉得，我总是独占、控制我们的谈话，我和这些朋友曾经一起度过很多谈兴颇浓的愉快夜晚。在他们中间，几个平素很少说话的人觉得，我把他们的缄默视为他们把谈话权"让渡"给了我，所以，他们认为，我应该做出某些努力，把他们也拉到交谈中来。令人遗憾的是，他们都觉得自己不适合向我提出这样的建议和要求，事实上，我是根据其他表征判断出他们的心态的。当我据此征询他们的意见时，他们都认同我的判断。"你总是能找到饶有趣味的话题，总有有趣的观点。"他们告诉我。"但是，除非你保持一段时间的缄默不语，否则，其他人根本没有谈论自己观点的勇气。"

如果我们很清楚自己的盲点所在，那么，它们可能就不再存在了，至少，我们也可以能动性地调整它们，克服它们的影响。不幸的是，即使我们最好的朋友看出了我们的盲点所在，在想告诉我们的时候，也会再三踌躇，有时候，除了偶然的机会以外，我们确实没有其他办法自行发现自己的盲点。

现在，我开始有意识地消除这个特殊的"谈话盲点"，方法之一就是，在进入任何谈话之前，先默诵一段个人"符咒"："谈话并不是卡尔·阿尔布瑞契特的个人演讲。"这种方法非常灵验，至少从朋友们的反馈来看很有效。我希望，在帮助我发现特殊盲点以及减少特殊盲点时，大家能"知无不言，言无不尽"。

我还有类似的其他盲点吗？我怎么才能知道它们的存在呢？

口臭、响屁以及头皮屑

最近，当我坐在一家我很喜欢的咖啡馆，翻阅我正全力以赴完成的某个项目的有关资料时，两位先生走进来，坐在了我的邻座，离我所在的桌子有几英尺的距离。有几分钟的时间，其中的一个人和另一个人一直在眉飞色舞地说着什么。在他们谈话的间隙，一个人把身体转向我，说："请原谅，先生。你戴的戒指简直太漂亮了。是'莱匹兹（Lapiz）'吗？"

"谢谢"我说。"是莱匹兹"。

他立刻就把我的回应当做了对自己的邀请，他站起身，走到我的桌子边，之后，在我对面的椅子上坐下来。我摘下戒指递给他，他对那枚戒指的赞赏溢于言表。"我刚才看你写了很多东西。请问你是做什么工作的？"

在他话头不断、喋喋不休的时候，我很快发现，他是"带着任务"找到我的。果然，他以"神奇的全新商业机会"作为"引子"，开始了一次慷慨激昂的长篇演说，他所说的"商业机会"是指"利用互联网做生意的全新模式"。

"我说的可不是特许经销权。"他向我肯定地说。"也不是多层次的传销，而是一种美妙绝伦的挣大钱的方式，让这么多人实现了自己的财富梦想，我深感自豪。"

我一边听着他的陈词滥调，一边想，他根本不在乎我的好恶，而且被开发一个完全陌生客户的热情弄得神魂颠倒了。在一个梦幻般的离奇时刻，我似乎完全感知不到他的微笑和他的笑脸了，我看到的只是他脑袋上一张明亮的黄色"笑脸"，只是一个没头没脑的家伙，一个自我陶醉的家伙，完全无视自己在社交场合的失当举止。

社交场合的口臭

我将这种虚假的、毫不体恤他人的行为称之为"社交场合的口臭"，也就是在谈话时的"呼呼臭气"。我想，那位"笑脸先生"已经被自己新发现的挣钱商机完全蛊惑住了。我还觉得，他肯定常常暗自告诉自己，也告诉别人，"每个人都是这个商机的客户，我可以在任何场合完成销售"以及诸如此类的"誓言"。为了证实自己的能力，他甚至可以在咖啡馆随便找个人搭讪。

对我来说，那次谈话确实是一个非常滑稽的体验。他刚刚通过赞美我戒指的诡计为自己兜售商机做好铺垫，我就对他说："听起来你在推销，你是不是为了这个才和我搭话的？"

看来他还不习惯一个彬彬有礼的人会如此不客气地戳穿自己，所以，他愣了一下，不过，随后，他又回过神来。"噢，不。我只是想，你看起来确实是个很聪明的人，所以，你很可能会对一个挣大钱的项目感兴趣。我们都想成功，不是吗？"

然后，他再次沉浸在讲述他那个美妙绝伦的全新商业机会的激情中。当他收住话头喘气的时候，我说："看来你真的被弄得走火入魔了。"他再次愣了一下，之后，气急败坏起来。"是的，这个项目确实让我激动不已。我真是弄不明白，为什么还会有人对挣大钱的商机毫无兴趣。"

我说："好了，感谢你找上我，但是，我对此确实没兴趣。"最后，他终于泄气了，咕哝了几句告别词之后，又溜回到原来的桌子，去找另一个人了。

我觉得，这个小插曲可以为我们带来几个启示。第一，有些人很擅长把其他人当做"一件东西"、"一个家具"、"一个没有生命的物品"，他人的存在，只是为了实现自己的私利，这种行为和心态的根源在于愚昧无知，在于缺乏洞察力，在于对他人权利的故意践踏。

我不知道"笑脸先生"是否还能从"社交综合征"中恢复过来，但是，如果有朝一日，我发现他根本没有知心朋友，我不会感到意外的。他也许会醒悟过来，也许还会执迷不悟地奔向另一个"美妙绝伦的商机"——而他追随新商机的途径，很可能来自另一位"笑脸先生"向他的倾情推销。

这个插曲带给我们的第二个启发，也可以说是我从"笑脸先生"家族成员主动搭讪的经历中得到的结论是：当他们把我当做"一件东西"的时候，我根本没义务礼貌地听他们胡说八道。现在，我完全可以向他们直言相告：我不想听他们的故事。通常，我会有礼有节地告诉他们，不过，有时候，我态度生硬。

实际上，"笑脸先生"家族相当庞大。他们中的有些人，是规劝你皈依某个宗教派别的虔诚教徒，他们常常在公共场合主动和你搭讪，意在把你拉进一个满是陈词老调的对话，然后，向你"兜售"他们的教堂。多年前，一个名为 EST 的个人成长组织的很多成员，在为自己招募学员的过程中，因为表现颇似僵尸而"声名远扬"。我是从一次盛大的集会上碰到这个组织的一个人的经历而体验到他们噩梦般的方法的，当时，我很快就意识到，他们背诵招募条例的古怪方式，根本没有任何独创性，也没有能动性可言。

我并不是说，所有向陌生人推销的人，都应该被归入"以社交场合的口臭折磨他人"的群体，只有那些不能或者不愿意将活生生的人视为人的人，才能被归入此类。征兵者、汽车推销员、电话推销员，以及很多其他行业的人，都是通过向我们推销产品而获得收入的。两种类型推销员的区别在于，他们的"言外之意"——比如，词语如何选择，音调如何调整，如何调适语调，如何把握说话的节奏——怎样，他们表述的节奏、韵律、调子和抑扬顿挫告诉我们，我们是他们千篇一律的"高谈阔论"的受众呢，还是被他们当做了真正活生生的人。或许，如果他们的谈话听起来不像喋喋不休的高谈阔论，那么，即使他们意在推销，也没什么大不了的。

对我来说，当我听到电话推销员像机器人一样，"不过脑子"地照本宣科时，如果我还没有立刻打断他们的话头，还没有礼貌地挂断电话，那么，我会觉得自己简直就在欣赏一出滑稽剧。我想，他们虽然知道怎么说话，但根本不知道如何把握语调，成百上千次"背诵"之后，那些销售代表的脑子完全"掉线"了，其功能不过只是一台不用电的录音机而已。这种情形也部分解释了，为什么电话直销的成功率一直很低。

"社交场合的口臭"另一个让人不堪忍受的版本，就是有些人只有一个"故事"可讲，而且还要一遍又一遍地讲给"抓到"的每个人。有时候，他们觉得自己的故事主题如此之重要、如此之引人入胜，以至于他们会把别人表露出的些微兴趣——甚至假装出来的兴趣——视为让自己把完整的故事讲完的盛情邀请。因为不能或者不愿意讲述故事的"升级版"，因为不能或者不愿意把谈话转向其他话题，所以，结果便是，这些"只会讲一个故事"的家伙们完全沉迷于自己的讲述，同时，让听众不胜其烦。在他们中间，数量惊人的人从来感觉不到或者从来没考虑过，他们讲述的东西已经远远超过了人们的"承受能力"。

有些人的谈话完全被"宗教般的观点"把持住了。有时候，那些刚刚经受过生活磨难的人——比如，离婚，或者久病刚愈——会迫不及待地把"满肚子的苦水"倾倒给别人，此外，他们还常常"精心描绘"自己的经历，或者颇富戏剧性地表述自己的痛楚，而这样做反倒无法博得他人的同情。有些人只是偶尔犯社交口臭病，或者只是在某些场合"口臭熏天"，而有些人则积重难返、"病入膏肓"，潜意识的满足感，让他们难以割舍自己的疾病。

由此，我特别想到了一个人，她谈话的主题似乎只有一个：自己正在与之抗争的一种特别的身体失调症。为此，她还组建了一个由罹患同样疾病的人组成的援助小组，在我与她共同出席的任何社交场合，如果我在找到其他人之前碰上她，无例外地，我们之间的谈话一定是她最感兴趣的那种疾病。在谈话中，她会引用最新发病统计数据，会谈到最新研究进展，会让每个听者"享受"到她那个援助小组的故事。我注意到别人在听她讲述时流露出来想"抽身逃走"的微妙信号，但是，很显然，她对此毫无感知。

有些心理学家认为，只会讲一个故事的综合征是"隐秘恶意"的一种外在表现，隐秘恶意是一种折磨那些被交谈礼节所束缚的人的冲动，他们的这种冲动可能源于将"战利品"——也就是"受害者"——把玩于股掌之间的快慰，他们很清楚，大部分人都不会破坏约定俗成的社交礼仪的。

社交场合的响屁

好几年前，我在一次商务旅行中想顺便游览达拉斯。一天晚上，我和正与其合作的公司的一位市场代表一同外出，他是个让人喜欢的家伙，不过，举止不够优雅，嗓门很大，还带着浓重的新泽西口音。那时候，他也是刚刚来到达拉斯，对那个城市还不够熟悉。

我们先在中心商务区的一家酒吧喝了点儿酒，之后，准备找个地方吃晚餐。那时候，约翰·肯尼迪总统遇刺事件刚过去几年。

本尼（不是他的真实名字）想驱车看一看总统遇刺的地点，他问我知不知道怎么走。我告诉他不知道。

随后，他用地道的新泽西口音，朝着站在酒吧另一端的服务生喊道："嗨！肯尼迪总统遇刺的地方在哪儿？"

突然间，整个屋子变得鸦雀无声。所有人的目光都转向我们。我开始不自在地向着门口的方向扭转身体。服务生走过来，以很轻的声音告诉我们如何去迪利广场。当时的情景让我窘迫不已，还好，服务生没在乎本尼的愚鲁，真让我感激不尽。此前，我已经听说过，很多得克萨斯人，特别是达拉斯居民，尤其为总统遇刺事件感到悲伤，即使是在事发多年以后，他们中的很多人还在担心，其他美国人会不公正地将达拉斯视为有暴力倾向的地方。

本尼所表现出来的麻木和对社交情境认知能力的缺失，就是组织咨询顾问爱德华·汉普顿称之为"社交场合放响屁"的经典例证。爱德华·汉普顿用不够优雅的语言描述了这种症状，他谈道：

> 有些人有个绝活儿，那就是专门说些不合时宜、不体恤他人的粗野言辞，显示出对当时情境的愚钝无知，其行为简直就像是在教堂里、在婚礼上或者在葬礼上放响屁，我将其称之为"社交场合的响屁"。

对爱德华·汉普顿入木三分的描述，我深表赞同。"社交场合的响屁"源于无知，源于对情境感知能力的缺失，或者更糟糕的，源于对广为接受的行为准则的藐视。

社交场合的头皮屑

现在已经忘了当时是在哪个城市了，有一次，我乘坐观光巴士游览市容，那次，我真是倒霉透了，坐在了一个少女的后面，而那位少女决意要大张旗鼓地梳理她的长发。有几秒钟的时间，我一直看着她的长发四处飞舞，考虑到她应该保持美丽长发的卫生，我就拍了拍她的肩头，客气地让她别再把头发梳到我脸上了。还好，她停住了，可是，她沉着脸嘟哝了几句，以示不满，显然，她觉得我侵犯了她的公民权利，丝毫没觉得让一个陌生人分享自己的头皮屑有什么不妥。

用个人健康的两个比喻——社交场合的口臭和公共场合放响屁——来形容某些行为之后，我想，至此，我们可以提出第三个比喻了："社交场合的头皮屑"，这是一种将个人兴趣自私地强加给他人的行为方式。

我还可以举出很多类似的例子：在等绿灯的时候，你边上那辆车里的姑娘执意要让你分享她偏爱的音乐，手段就是将音响的音量调到最大；一个小伙子为了显示民族自豪感，手提轻便录音机，肆意大声播放自己钟情的本民族音乐；十个人一起拥进餐馆，之后，立刻"接管"整个餐厅，当老主顾正在平静享受美味佳肴时，他们则肆无忌惮地大声谈笑，在桌子上吵吵嚷嚷；一个同事不请自来，贸然闯进你的办公室，双脚往办公桌上一放，意在告诉你：没什么比跟他聊天更重要的了。

"社交场合的头皮屑"还包括这类行为：利用他人的有礼有节，利用他人"碍于面子"的心理，对两人的关系提出不合时宜的要求；"按我说的做"，比如，坚持为大家选定用餐的餐厅；肆无忌惮地让他人理解或者听到自己的政治观点或者宗教信仰；自我感觉极好，扭捏作态地走进房间后，希望所有人都停下手头的工作，或者收住话头，以欣赏自己的"驾到"。

以上三种毒害性行为——社交场合的口臭、响屁和头皮屑——都源自同样的社交能力缺失：对自己的行为给予他人的影响缺乏洞察力，或者毫不在乎。这些表征，是以自我为中心、自私、只顾自己不管别人行为的不同版本，是缺乏无私精神、缺乏体恤他人能力的具体体现。

"呆伯特"家族

在西方商务世界中，就一个重要的亚文化群体——工程技术人员——在社会生活中的动态而言，斯科特·亚当斯（Scott Adams）笔下的著名漫画人物呆伯特①，为我们提供了一个非常有价值的观察视角。呆伯特和他的"同族"，代表着一个非常典型化，同时也是人数众多的群体，在商务领域，我们还没有对这一群体进行过深入研究，也缺乏对他们的真正理解。虽然恶搞高技术人员的笑话和有关他们的奇闻逸事不计其数，不过，他们带给我们的影响同样也是难以估量的，此外，他们以其技术塑造着我们生活的方式，因此，他们这个群体确实值得认真思考。

正是这些人，设计了我们每天都要看到的网页和每天都要使用的电脑显示器，他们决定了我们使用的软件的工作方式，当我们试图弄清他们编写的软件时，当我们遇到麻烦时，我们也要翻阅他们编写的用户小册子，是他们在接听我们的求助电话，银行结算单还有作者版税报告的格式也是他们设计的，正是他们，决定了技术产品是否能让人们容易上手。嘲笑他们，或者鄙视他们，都不会给我们带来任何好处，我们需要做的是理解他们，并找到如何将他们成功融入我们这个世界的途径。

在这里，我们要暂时借用斯科特·亚当斯的那个标志性的角色，将他的特质推及到一个群体，以便弄清制约他们取得社会生活和职业生涯成功的障碍所在，同时，我们还要弄清，如何对"呆伯特家族"施教，以让他们有益于整个社会。

典型之所以成为典型，部分原因在于他们身上确实存在某些核心事实。尽管冷酷地恶意对待他们，或者轻率地利用他们的典型意义，有失偏颇和公允，不过，从另一方面说，否认他们身上的核心事实同样有害无益。尽管工程师、计算机专家、科学家以及技术专才并不全属此类，但是，他们中的很多人确实可以归入老古板、社会中的小丑以及愚蠢的书呆子之列。

需要说明的是，我们在这里讨论的以典型人物呆伯特为代表的群体，并不是指所有从事技术工作或者脑力工作的人，而是指那些或多或少符合一个独特社会心理特征的群体——也就是真正的老古板。极端情况下，"呆伯特们"会表现出下列行为特征：

---

① 一个30岁左右的电脑工程师，在加州北部一家高科技公司工作。他和一只和他很像的狗"狗伯特"（Dogbert）一起生活。呆伯特非常聪明，也很善良，所以颇显"异类"。——译者注

- 社交能力发展延迟或者陷于停滞，伴之以显著的内向型性格特征和自我认识的局限。
- 对社会交往的各种情境缺乏足够的认识，而且不了解他人的动机。
- 通过在智力上和技术上的成功确立自我价值，以补偿较低水平的自尊。
- 对社会和政治抱有古怪而不入流的意识形态，卖弄对社会习俗和通行观念的排拒，努力让自己显得与众不同、特立独行和独一无二。
- "聊发少年狂"式的幽默感，想象力平平，其表现常常让他人觉得古怪，而不是富有创造性。
- 对权威、法则和社会结构的轻蔑，颇能自圆其说；将出色的老板和非技术出身的权势人物视为愚蠢的、无知的、受私利驱动的家伙。

在斯科特·亚当斯的"呆伯特"系列漫画中，反复出现的人物主要有：说话结结巴巴的无能老板，他不择手段的诡计总是无视呆伯特型下属的人性；愚蠢透顶而且根本没有任何资格的高级执行官，他们推出的荒谬政策，简直就是浪费时间和资源；偶尔出现的人物还有卑鄙的权贵人物及其同僚。

那么，这些呆伯特们来自何方呢？什么原因让呆伯特们的行为如此不入流呢？我想，他们完全是我们这个漏洞百出的教育体系——中学教育和大学教育——的产物。我早年学的是物理学，根据我自己的经验，我能确证的是：过去，无论是中学教育，还是大学教育，都没有考虑到未来的呆伯特们将来所需担当的社会角色。尽管这种情形稍有改观，但是，在有些教育机构，大部分未来呆伯特们都是一成不变的教育体系的产物。因为有过与呆伯特们协同工作的经验，也曾经管理过呆伯特们，所以，我还发现，各种组织基本没有为让他们适应多元化的工作环境——他们生存于其中的职业环境——提供过任何帮助。

很多科学和技术专业的学生，之所以将选择职业的范围界定在工程、科学和技术导向型的领域，是因为他们更愿意"与东西一起工作"，而不想与人合作，或者最低也要和那些自己的同类一起工作。在他们所受的教育中，很少有人向他们提出这样的预警：有朝一日，他们要把自己的想法告知他人，要用自己的观点说服他人，要推销自己的创想，要推销自己。就像天真无知的羔羊一样，当他们进入大型组织错综复杂的环境中时，他们以为，自己"伟大的创想"一定有人"买账"，一定可以让自己出人头地，只有傻瓜才会无视自己贡献的价值。

反复碰壁之后，他们往往会得出这样的结论：命运残酷地将自己安置在了数量惊人的笨蛋中间。他们还往往通过退避到"呆伯特综合征"的荫蔽之下，为自己的失败和挫折找到自圆其说的理由："这些家伙们简直愚蠢透顶，无能得简直无可救药，根本不懂得理解我、赏识我。"呆伯特们倾向于蔑视"公司政策"，他们认为，那些政策应该遭到谴责和唾弃，而且毫无成效。从而，他们通常不会完善自身的为人处世策略，不会让自己变得聪明起来，以便推动自己职业生涯的发展。以他们天真、过度简单化的观点看来，一个人应该完全凭借技术能力获得自身的发展，而不是依靠"玩弄政治手腕"的伎俩。他们中的很多人，很晚才认识到真实的现实，有些人则干脆懵懂无知。

我们能成为交际场里聪明点儿的动物吗？

为了避免将我们的讨论偏离到哲学范畴的风险，我想，我们有必要仔细思考一下社交商科学更为宽泛的含义，同时，我们还应该弄清，对这样一个学科的研究，会将我们引向何方。

一个来自遥远星球的观察家——假设他居住的星球的文化，比我们地球的文化更先进、更成功——看到我们人类在相互协作上的无能，看到我们无法克制自己野蛮的行为时，或许会惊恐不已。公允地说，这个外星人应该赞扬人类通过通力合作和共同努力而创造出的奇迹，虽然他也会谴责我们不可饶恕的暴行。没有任何人敢于蔑视大金字塔、巴拿马运河、登月计划、互联网以及白雪溜冰团（Ice Capades）①。

不过，从另一方面说，这个外星观察家或许会指出，我们人类的行为已经证明，就像我们能够通力合作进行大规模的建设一样，我们同样也能进行大规模的破坏，同样能制造重大的苦难。比如，很多让我们骄傲无比的伟大工程，都伴之以"惨重的灾难"。在印度，很多才华出众的能工巧匠完成泰

---

① 美国著名的冰上舞蹈表演团体。——译者注

姬陵工程以后，惨遭沙贾汉国王的毒手，他弄瞎了主建筑师的双眼，以防止他们复制自己的杰作。史书记载，巴拿马运河的修建，夺走了五千多工人的生命。

如果纵览我们人类更久远的历史，这个外星观察家无疑会将我们界定为嗜杀成性的物种，马克·吐温曾经写道："……唯一为了肮脏的金钱可以冷酷屠戮自己同类的动物。"在过去的一个世纪左右中，每年在战争和其他暴力事件中丧命的人平均就多达一百多万人，这还只是直接受害者的数字，而间接受害者——饥饿、疾病和社会动荡造成的死亡——的数目更是无以计数。

英国著名作家和社会评论家 H. G. 威尔斯曾经说过："文明社会越来越像教育和灾难之间的一场竞赛。"已故人类学家史蒂文·杰·古尔德将我们人类定义为尚年轻气盛、不谙世事的物种，没有任何有力的证据表明，我们会比蟑螂存续得更久。

天马行空般地游历了一段时间以后，接下来我要说的是，作为一个物种，我们人类需要完成三件事情，以改善我们的生存境况，同时，它们还能让我们生活于平和的状态中。三者之中的任何一件，都无法独立解决人对人施予暴行的问题，即使将它们合在一起，也只是减轻暴行的严酷程度，但是，如果我们逐渐丧失它们，那么，我们只能在苦难的泥沼中越陷越深。

第一，我们需要社交商水平很高的领导者。我们特别需要能清晰表述发展前景和美好景象的领导者——尽管他们描绘的前景不会惠及每个人。我们需要那些能促进我们上进，同时，能引领我们个人以及整个社会健康成长的领导者，而不是那些引起我们深深的敬畏并迎合我们自私贪欲的领导者。

第二，我们需要一个尊重与高社交商水平伴生的原则和行为的教育体系，这个教育体系应该教导我们的下一代，让他们理解他们有朝一日必将行走于其间的现代文化和亚文化，这个教育体系应该强调，协作比冲突更富价值。我们需要的教育体系，应该训练年轻人清楚表达自己的思想，应该训练他们获得他人理解的方法，应该训练他们三思而后行——在对他人的行为做出反应前，要先行理解他人。除了在青少年中颇为流行的语汇——"太可怕了"、"不可思议"、"我觉得……"、"噢，天啊！"、"无论怎样"，等等——以外，我们需要的教育体系还应该为孩子们的语汇提供其他选择。

第三，我们需要一个代表文化更高价值的传媒环境，而不只是让媒体迎合公司的广告趣味，那些公司的执行官们自认为有权销售任何产品，自认为有权将产品销售给任何人，而且可以不择手段。如果我们将讨论的指向，从泛泛的、没有清楚界定的"媒体"，转向那些运作、操控以及管理环绕我们左右的传媒环境的业界领导者，那么，我们或许可以在某种程度上——很可能比我们现在的作为更有成效——让他们负起自己承担的责任来，此外，因为他们是我们的孩子、我们的领导者、我们的观点、我们的社会制度以及我们的政策代言人，那么，关注点的转变还可以减少我们对严重后果的忧虑。

法庭的规则

近来，人们似乎很少想到"端庄肃穆的法庭"这个短语了。看过很多名人庭审直播以后，我们知道了很多被告的名字（而不是姓氏），比如，橄榄球明星"O.J."（O.J.辛普森）、娱乐明星"迈克尔"（迈克尔·杰克逊）、电视烹饪节目主持人"玛莎"（玛莎·斯图尔特）、演员"罗伯特"（罗伯特·布莱克）、受到杀妻指控的"斯科特"（斯科特·彼得森）、运动明星"科比"（科比·布莱恩特），等等，看起来，在诉讼人和法律界人士中，依然坚守法庭礼节、规则和礼貌传统的人越来越少了。

因为特例常常有其特殊的价值，所以，我们不妨看看马里兰州巴尔的摩的法官安塞尔姆·萨多罗（Anselm Sodaro）（1910——2002）树立的典范。安塞尔姆·萨多罗法官之所以不但闻名全州，而且还成了全国知名人物，是因为他对每一个进入法庭的人都彬彬有礼、举止端庄，而且一直保持着良好的风范。

在一个无礼之风日盛、对规范和制度的尊重日益降低、粗鲁行为日渐频发的时代，安塞尔姆·萨多罗法官为法庭的礼节树立了一个完美的典范，1998年，马里兰州律师协会特创立了"安塞尔姆·萨多罗法庭礼节奖"。这个奖项颁发给那些以自己的行为完美证明自己在法庭上的身份的法官。

安塞尔姆·萨多罗早期的法律工作生涯，就以"公正但不留情面的公诉人"的典范闻名遐迩，1956年，他成为马里兰州巡回法庭的法官，1975年，升任审判长，直到1980年退休，他一直受到人们的广泛赞誉。

作为法官，他一直凭借礼貌而和蔼地对待民事诉讼人、刑事犯罪被告、证人、受害者、法警以及每位当庭律师而深受爱戴。每次庭审，他都会努力创造出一个对所有人都公允的法庭气氛。

或许，安塞尔姆·萨多罗的风范，就是对"法庭规则"真正含义的最完美诠释。

S. P. A. C. E. : 互动的技巧

接下来，让我们再回到对现实的讨论中来，我想通过提出一个相当简单不过相对全面的用于描述、评估以及发展个人社交商的模型，来结束本章的内容。

通过二十多年对社交商时断时续（大部分时间未曾认真思考这一命题）的思索，渐渐地，我将这一概念的多个层面构建成了一个颇有发展前途的理论框架，这一框架可以用来阐述、测评和发展人们的社交商。我并不是说基于这一模型和这一模型各个层面的统计结果和心理测试结论精确无比，相反，它们需要经历常识的检验，所以，随着时间的推移，它们的价值自有公论。

经过多年的思索，五个独特的层面，或者说能力的五个类别，浮出水面。我们会在以后的章节中逐一详细探究，所以，现在，我们只需将其罗列出来就可以了：

1. 情境感知：我们可以将社交商的这一层面视为"人际雷达"，它是人们解读社会交往情境以及恰当解读身在其中的人的行为的能力，解读的依据，是他人的意图、情绪状态以及与人互动的偏好。

2. 举止：常常被称为"举止风度"，是一个人语言和非语言行为、外貌、姿态、声调以及细微动作的总和，是人们据以评价对一个人印象的所有信号的总和。

3. 真实：他人的"人际雷达"会从我们的行为中收集各种信号，并据此判断我们是否诚实、是否开放、是否合乎道德规范，以及是否怀有善意。

4. 明晰表达：清楚说明自己的行为、精确解释自己的想法、清晰而准确

地传递信息以及阐释自己观点和行动计划的能力，这种能力可以确保
我们赢得他人的协作。

5. 心领神会：我们在本书中谈到的"心领神会"，并不是传统意义上的
"同情他人"，也不是对他人"表露悲悯情怀"，我们将心领神会定义
为两人之间的移情作用，是两人之间分享同一个感受——"感同身
受"，从这个意义上说，心领神会是指与他人"联通"的状态，是构
建积极互动和协作的基础。

将以通俗语言表述的社交商的五个方面组合到一起，我们就能得到社交
商有指导意义的定义，以及诊断社交商疾患的检测工具了，根据五个方面的
首字母，我们将其称之为"S. P. A. C. E."（Space 在英语中意指"空间"）。
在接下来的章节中，我们将逐一阐述、探究每一方面，同时，还要阐明它们
之间的相互关联性，此外，我们还会开辟将 S. P. A. C. E. 的架构作为诊断工
具的途径，并提出提高社交商的模式。

探索 S. P. A. C. E.

如果你想提升和实践社交商的五个方面——情境感知、举止、真实、
明晰表达以及心领神会，一个良好的开端，就是在日常生活中更为关注
它们。读完接下来的章节以后，你可以考虑用五个工作周的时间专注于
各个方面。

- 五周的每个星期一，对"情境感知"给予特别留意。此间，你
  可以在各种情境中观察他人，同时，仔细研究你自己经历的各种
  不同情境。
- 将五周的每个星期二用于仔细关注"举止"——无论是你自己
  的举止，还是他人的举止。
- 将五周的每个星期三用于观察和学习"真实"。
- 将五周的每个星期四用于学习"明晰"表达自己的思想和情感。
- 五周的每个星期五，你可以特别留意"心领神会"，观察它、体
  味它，并发展自己在这一方面的能力。

- 五周的每个周末，全面观察所有五个方面。

可用于提升你"S. P. A. C. E."技巧的其他方式还有：

- 随身携带一些便笺纸，随时记录你的观察所得、新发现和领悟。
- 与他人一同讨论这五个方面。将它们解释给他人，是加深你对它们理解的有效途径。你还可以将它们教给孩子。
- 构建一个讨论小组，与他人分享你的学习进展。
- 鼓起勇气，从他人那里积极寻求有助于你的反馈，从而提升自己的洞察力。如果他们需要，你也可以为他们提供颇有助益的反馈。
- 将每天观察、学习和提高社交商作为日常体验。

第二章

情境感知

在"S. P. A. C. E."中，"S"意指情境感知能力，也就是你的"情境雷达"。在不同的人际交往情境中，你能理解他人、与他人心领神会吗？你能感觉到他们的感受和他们潜在的意图吗？基于对人类特性的了解，你"解读"情境的能力如何？情境感知包括对文化"全息图"的了解，文化"全息图"是指对各种情境起决定性作用的不成文准则、范式和社会法则，**了解文化"全息图"意味着对他人抱持的各种观点有正确的评价，意味着理解人们对压力、冲突和不确定性做出反应的方式。**

拥有一个性能优良的情境感知雷达，就意味着尊重他人的志趣。如果你是个以自我为中心的人，全神贯注于自己的感受、需求以及自身的兴趣，对他人的感受、需求和兴趣拒不接受，那么，你想让他们接受你、与你共享某些东西、喜欢你并与你协作，就会相当困难。

对情境反应的迟钝和麻木不仁

天气很热，你已经筋疲力尽了。完成一次长时间的商务旅行或者度假旅行之后，你正准备搭乘航班回家。候机室拥挤不堪，毫无疑问，你乘坐的那次航班也座无虚席。广播解释着登机程序，你和其他人开始步履沉重地走过登机门，经过登机通道来到舱门。

在你和舱门中间，还有九位乘客，你看到，其中有一个人拉着一个硕大无比的旅行箱。他的座位在机舱的前部，所以，他停了下来，开始将那个像冰箱一样的巨大旅行箱往头顶的行李箱里塞。他完全堵死了座位在机舱后部的人的通道，不过，看起来，他对别人的白眼、频频看表的动作以及来回交换承重脚的动作毫无感知。这位"坚忍不拔"的旅行者根本不知道自己挡住了别人的通道，当他汗流浃背地进行第三次尝试的时候，机组乘务员却错误地告诉他，他的行李需要办理托运。由此引发的持续五分钟的争吵，更是将通道堵得水泄不通，最后，一位勇敢的乘客说："先生，请让开过道，要不，我们都过不去！"

发出一阵嘟嘟囔囔和冷笑以后，"大箱子先生"终于让开了过道，至此，134名乘客才得以通过。他的旅行箱最后被安顿在了行李舱，飞机也终于起飞了。

这是一个对情境反应极为迟钝和麻木不仁的经典例证。对情境感知的麻木还有其他值得注意的形式。

例证：某地一个部门的主管，素以华而不实、"不用扬鞭自奋蹄"的工作风格而著称，现在，因伤在家休养。为了制造自己工作勤勉的假象，为了让"团队成员紧密团结在一起"，他决定，在自己的家里召开一次职员会议。因为他在下班回家的路上出了车祸撞伤了脚，所以，行动要依靠拐杖，只有忍受剧痛并付出极大的努力，才能在房间里走动。

这次会议的参加者包括部门的其他主管及其支持者（均为女性），会议讨论了一系列议题。正当一位下属说着什么的时候，这位主管突然觉得要小便了（就这一点而言，或许，你会用"散漫和宽松"来描述他的领导作风）。他既不想也没有足够的力气从椅子上起身、架上拐杖、蹒跚走向洗手间，所以，他从身边拿起一个塑料瓶子，索性将小便排在里面。

毫无疑问，他的下属大感惊异。或许，在其他的场合，在大家轻松愉快的时候，此外，也得到了别人的允许，他可以拿块毯子盖着，把立体声音响作为背景声音调高，那么，他也许可以遮遮掩掩地解决这个问题。但是不，他决定将自己的"膀胱事务"展示给所有人。就缺乏情境感知能力而言，还有什么比这个例子更经典的呢？这位主管早晨起床的时候，是不是忘了开启自己的"情境感知雷达系统"了？还是他压根儿就没有？

在我们的文化中，到底是什么东西容许、引发或者纵容某些人，以粗鲁的行为、自私的行为戕害他人呢？是什么东西造成某些人对自己的言行以及自己的言行给他人带来的影响毫无感知呢？

我们为什么要与某些人——那些在电影院、教堂、餐厅、图书馆、书店、卫生间、体育场、机场、公共交通工具（从机场租用的大巴车是这类行为发生的另一个理想所在），甚至在公共厕所里与你紧邻的厕位，对着手机肆无忌惮地大喊大叫的人——为伍呢？我们为什么要容忍那些诸如晚会上的不速之客一类的人，以自己的愚昧，将我们的聚会、会议或者愉快的活动搅得一塌糊涂呢？

或许，一个更大的问题是：我们如何帮助他们认识到自己低下的社交商将会给他人带来破坏性影响呢？作为他们行为的影响对象和受害者，我们又如何与他们成功交往呢？此外，作为一个社会，我们如何才能培养出具有更有效与他人交往素养的一代新人呢？

搬起石头砸自己的脚：把情境弄到最糟

俗语"搬起石头砸自己的脚"可以让我们想到很多弄巧成拙的行为，其中的有些人是因为对情境的无知，有些则是缺乏历练，还有些则纯属疏忽大意。

例证：乔治·米莱（George Millay）是个梦想家，从1964年开始，他为全国多个海洋世界（Sea Worlk）主题公园的建设提供了帮助。他的创想包括沙姆——世界上第一条受过训练并能表演的杀人鲸、珍珠起子、水翼艇、鲸鱼形状的儿童车，还有训练有素的海獭表演。

他的某些天才创想从来没有机会展现在世人面前。在日本的时候，乔治·米莱观看了一场驯鸟表演，一群孔雀从山坡上一起优雅地飞下来。这些孔雀的美丽让他深受感染，所以，当他回到圣地亚哥以后，便让海洋世界鸟类馆的馆长准备三只孔雀，以推出自己的鸟类表演节目。

他们将孔雀带到 320 英尺高的观察塔上，进行排练。

"放开孔雀！"乔治·米莱大声喊道。

孔雀被放开了，随后，它们像石头一样，径直从塔顶摔向地面，无一存活。

和在场的其他人一样，乔治·米莱对当时的情景深感震惊，有好几天的时间，他一直在琢磨，为什么亚洲孔雀比美洲孔雀的飞行能力更强呢？后来他发现，鸟类馆馆长对孔雀表演的创想根本不感兴趣，所以，在彩排前，馆长就把孔雀翅膀上的羽毛剪掉了，孔雀因此在劫难逃。在这个"节目"中，鸟类馆馆长得到了四分，他"搬起的石头""砸在自己脚上"得两分，"砸在乔治·米莱的脚上"再得两分。

情景喜剧作家约翰·沃豪斯在《喜剧工具箱》一书中谈到，在很多喜剧作品中，都有一个深受喜爱的角色：也就是总能把话说得"恰到坏处"的人。很多优秀的喜剧作品（也包括许多低劣喜剧作品）都有这样一个角色。他总是在"恰当的时刻"说出"最不恰当的话"，也正是这个特点，让他们看起来非常滑稽可笑。他们专攻"搬起石头砸自己的脚理论"，甚至"沉迷于"对情景毫无感知的状态。很多最为流行的电视剧集都有他们的身影：

- 《宋飞转》（Seinfeld）中的科兹莫·克莱默（Cosmo Kramer）。
- 《出租车》（Taxi）中的出租车司机吉姆·伊格纳托斯基（Jim Igna-towski）。
- 《干杯》（Cheers）中的酒吧服务生伍迪·博伊德（Woody Boyd）。
- 《M. A. S. H. 》中的下士马克斯·克林格（Max Klinger）。
- 英国广播公司的《弗尔蒂旅馆》（Fawlty Towers）中的"少校"。
- 《六人行》（Friends）（也译为《老友记》、《朋友》）中的乔伊·特雷比安尼（Joey Tribiani）。
- 《辛普森一家》（The Simpsons）中的卡通人物霍默·辛普森（Homer Simpson）。

这些角色总是在错误的情境"恰到好处"地使用错误的技巧，作为"搬起石头砸自己的脚理论"的典型，观众的每次爆笑就是他们得到的最高奖赏。

避免成为他人笑料的方法，就是尊重并学习情境感知的艺术。你需要清楚何时开口，何时保持缄默，要相当快速地评估自己所处的情境，同时，根据你"本能性的雷达"和对情境的即时感知能力，做出最佳反应。所以，如果在公共场合对着手机大呼小叫的就是你，那么，你最好还是先把手机关掉，直到离开人群之后再开机（除非你是器官移植外科医生，身上正带着鲜活的肝脏或者心脏，否则，你的手机完全可以等飞机停稳了以后再开机。）

对情境感知的麻木不仁，大多源自缺乏对即时情况的体察，也就是说，没有注意到他人已经说出来的和"不需表述"的意蕴。如果你进入的房间里，有两个人正背对背站着，其中一个人面红耳赤，而另一个人正擦眼泪，那么，邀请他们和你一起喝咖啡就不是个好主意。

解读社交场合的背景

人们之间任何互动的发生都有其特定的背景。无论互动的双方是谁，也无论他们的互动发生在哪儿、如何发生，一定有特定的缘由将他们联系到了一起。如果我们清楚，人们之间的互动不可能脱离互动发生的背景，那么，我们就可以弄清互动背景如何生发含义，以及这些源于背景的含义如何塑造人们的行为了。

例证：一位先生把车停好，锁上车门，打开后备箱，之后，拿出一把左轮手枪。他先看了看四周，随后，检查了一下手枪，以证实子弹是不是已经上膛，然后，把枪揣进大衣。他关上后备箱，再次往四周看了看，之后走进了办公楼。

他刚进门，有人就告诉他："老板正找你呢。"

"噢，是的，我也正在找他。"他回答。

他穿过大厅，走进位于一角的办公室。

这是一个怒火中烧的员工吗？他是不是想开枪打死老板？不，事实上，这是一个刚刚换上岗的保安人员。

如果不明白事情发生的背景，我们就不知道这个人意欲何为，就不理解他的行为。

为什么孩子的父母来学校开家长座谈会的时候，孩子会变得沉默寡言、闷闷不乐呢？因为父母的出现，改变了孩子所处环境的背景。因为教室里有"权威"在，所以，孩子的言行便不会像在朋友们中间那么自如了。父母的出现，使孩子从一个小群体中充满自信的成员，"降格"成了一个处于从属地位的"附属物"。这也是为什么很多孩子——尽管不是所有的孩子——在商业街被人看见正与父母一起购物时，会觉得是件"很丢脸"的事情。在他们看来，跟随在父母左右，"磨灭"了自己已经"长大成人"的形象，同时，那种情形更凸显出他们还只是孩子。

　　管理顾问和企业培训者，为什么总是告诫经理们不要在下属的同事面前斥责他们呢？因为比之在一个大家一起工作的空间召开的集会来，一个私密的对话环境——关上门的老板办公室——可以创造出差别极为显著的背景。你的言辞和行为可能没有什么不同，但是，不同的背景却为你们之间的互动赋予了完全不同的意蕴。

　　提高情境感知能力的一个重要技巧，就是体察、关注并明智判断情境及其生发的意蕴。所有正常人都对背景的重要性有所体认，但是，有些人对情境的理解力确实较差。我们大都知道，不应该在葬礼上开玩笑，我们不会光着屁股跑到公共场合，我们知道如何在餐厅把握自己的行为举止。但是，有不少人如此自我沉迷，以至于就是不能准确解读各种背景的重要性，从而不知道如何得体地把握自己的行为举止。

　　例证：当我和朋友们在一家主要供应汤和沙拉的自助餐厅共进晚餐的时候，我听到背后传来巨大的哗啦哗啦声——那是杯盘和餐具被重重地收拢到一起的声音。我们都不由自主地环顾左右，看到一个服务生——一个十八岁左右、精力充沛的小伙子——正满头大汗地卖力清理餐桌，餐桌上满是晚餐高峰时间用餐的顾客留下的狼藉杯盘。他逐一清理着桌子，抓起桌上的餐具，然后，扔进放在两张餐桌之间的大盆子里。

　　我们中的一个人注意到了小伙子的行为，对他说："请原谅，我知道你正在卖力地工作，我不想冒犯你，不过，你弄出来的声音让我们都听不清说话了。你能小点儿声吗？"

　　小伙子停下手里的活儿，看着我的那个朋友。之后，把脸沉下来，他似乎不知道，是应该发火呢还是应该觉得难为情。他嘟囔了一句："我只是在干我的活儿。"随后，就继续做自己的工作去了，不过，弄出的声音小了点儿。

我们觉得，他收拾餐桌的时候制造出这么大的噪音和混乱有两个理由：（1）他为自己工作的努力以及在很短的时间内完成那么多工作感到自豪（我想，是年轻人的热情和睾丸激素使然）；（2）他对自己的行为会给他人带来什么样的影响一无所知。他关心的唯一事情就是"自己世界"的中心：把餐桌收拾干净。推测起来，我们的朋友和他交谈过以后，他拓展了自己头脑的"带宽"，从而把他人的需求和利益的信息也收罗进去了。

观察的重点

如果我们能训练自己对各种社交场合的观察能力，并有效利用我们的观察所得，那么，对我们弄清观察重点将会大有裨益。分析典型社交场合背景的方法信手拈来。

虽然社交场合的情况可能极为复杂，而且颇富多样性的特点，不过，我们依然可以从一个相当简单的细分部分开始，也就是从社交场合的一系列不同维度开始。为简单起见，观察社交场合的实时情况时，我们可以从观察以下三个维度或者"亚背景"开始：

1. 空间关系背景：意指观察人们发生互动的物理空间的动态，观察人们构筑空间的方式，以及空间对人们行为的影响。
2. 行为背景：意指观察在特定的情境中，发生互动的人表现出来的行为方式、情绪、动机以及意图。
3. 语义背景：意指人们在交谈过程中使用的语言范式，它们可以公开或隐秘地表明人们之间关系的状态和属性、地位和社会阶层的差异、起到统治作用的社会规范和潜规则，可以表明人们之间通过语言习惯达成的相互理解程度。

接下来，我们将逐一深入讨论以上三个亚背景，并将它们重新组合起来，以探究它们合为一体后的运转机制。

空间关系背景

空间关系学，名词。

1. 动物之间，或者文化群体成员之间，可以忍受的身体接近程度。
2. 指文化中对空间利用的方面。
3. 研究人们之间沟通时，在身体距离、接触、相对位置等方面的差异的学科。

    如果你曾经去过梵蒂冈的圣彼得大教堂，我想，你当时一定会对其内部空间的宏阔立刻产生某种反应。你会仰望、探寻、再仰望，高耸的巨大圆柱，宏大的石质结构，随处可见的华丽金饰，还有华美的装饰，合在一起，会顿时让你感到自己的渺小和卑微。这个宏伟的建筑，会让人立刻成为"侏儒"。这就是空间的力量。

    如果你注意观察一下其他或走动、或站立、或正在参加当时举办的宗教典礼的参观者，你轻易就可以看到，他们从行为上是如何对空间背景做出反应的。他们谈话的声音会很轻，他们会把孩子领在身边，他们会告诉孩子保持安静，通常，他们会对教堂的宗教意味表现出极高的崇敬。我们很少会在那里听到人们与站在远处的朋友高声交谈。

    人类设计的所有空间都有其显见的含义——也就是它对进入其中的人"表述"的意思。一个日本花园"表述"的可能是"宁静"，一条商业街"说"的可能是"花钱"，一个饭店大厅"表达"的或许是"豪华"，一座王宫可能在"宣告""权力"，某些装修得像博物馆一样的家庭或许在"说"："小心你坐的地方。这可是个许看不许摸的地方。"有些家庭的风格似乎在"告诉"客人："请随便，我们很欢迎你来这里。"

空间关系政策

    西班牙国内战争（1936—1939）结束以后，以铁腕统治西班牙的佛朗哥将军（General Franco）授命建造一座宏伟的大教堂，名义上是为了纪念战争的亡者，同时也为了与罗马天主教堂达成和解。在马德里北部阵亡谷（Valley of the Fallen）的一个山顶上，高耸着一个 500 英尺的十字架，下面，就是宏伟的长方形廊柱教堂，教堂直接嵌入了山体的花岗岩中。

为了做出和解的姿态——同时也为了自我称颂——佛朗哥将军死后要埋葬在这里，与战败的敌对派领导人共同长眠。此外，在国内战争期间，100 万士兵中的 40 万名阵亡者也将被埋葬于此。

教堂完工以后——这个历时二十年的庞大工程几乎花光了政府的金库——梵蒂冈派来的代表声称，这间教堂不能用于献祭仪式，教堂也因此而闻名遐迩。

禁止的理由是：教堂的长度——也就是从大门到后墙的距离——是 252 米（860 英尺），这个距离比罗马的圣彼得大教堂还要长。

为了安抚梵蒂冈的代表，教堂设计师特意设计建造了一堵安有第二道大门的假墙，以"缩短"教堂的长度，并使其短于圣彼得大教堂。

人类既能构筑空间，也能解释空间的意蕴。人们会根据自己所在空间传达出的"信号"，来把握自己的行为方式。通过安排自己掌控的空间中的相关元素，人们可以有意识或者下意识地向他人传达自己的意图。

例证：有一次，我和一家航空公司的几位经理共同出席一个会议，会议召开的地点是一位资深项目经理的办公室，他负责统筹不同工作小组的工作。这位经常在自己办公室召集会议的项目经理，将一个工作台摆放在自己的办公桌前，与自己的办公桌呈"T"字形，将椅子分别安置在工作台两侧。这样的排列可以让他坐在自己的办公桌前主持会议，其空间关系背景强化了他才是房间里的权威角色的效果。当我们挺直坐在工作台两侧时，我们的笔记本在桌子上一览无余，他则可以舒服地向后斜靠在椅子上，同时，还能把脚放到桌子上，因为他是老板。在那种情境中，我有这样一种感觉：我们就像一艘巨型海盗船上奋力划桨的水手，而他就是那个不停击鼓、督促我们好好干活儿的家伙。

互动区域

我常常注意到，很多总经理会通过自己办公室的布置，向他人传达自己的态度，表明对权力、身份、地位的意图，显示与他人交往时的距离偏好。

电视新闻节目有时会报道两个强大政党之间举行的重要谈判，比如，处于战争状态的国家中不同派别之间的谈判，画面显示，双方分坐在巨大会议桌的两边，俨然两军对垒的样子。或许，只要简单地改变一下座位的安排，就能在一定程度上消除双方的分化、缓解双方的敌对状态。

人类甚至还会构筑虚拟的空间，这种空间是空间构筑元素虚构出来的空间，构筑的方式是：以某些特别的途径先行确立自己的位置，之后，将他人"安置"在其他位置。研究空间关系学的科学家，确证了人类划分的四种基本空间区域，人们利用这四种空间区域表达和掌控相互之间的关系：

- 公共空间——范围延展的空间，在公共空间中，即使不以任何意图明确的方式产生"正式"互动，人们也可以和平共处。比如，一条商业街，一家百货商场，或者一个公园等。

- 社交空间——与人们更为切近的空间，在社交空间中，人们之间以某种直接的方式产生互动，或者希望能发生互动反应。比如，餐馆中一张餐桌周围的区域，一群正在相互交谈的人围成的空间，一间起居室，等等。有趣的是，某些边界界定清楚的空间，比如，机舱，既是公共空间，也是社交空间，飞行途中，旅客们能清楚感觉到"被迫形成的密切关系"，但彼此漠然。电梯也会"强迫"人们产生某种程度的互动反应，或者身在其中的人至少承认，彼此陌生的一群人免不了要在几分钟内分享一个小空间了。电梯本是公共空间，但是，门一关，就变成了社交空间。

- 个人空间——围绕在一个人周边的空间关系"保护罩"，它为个人划定了边界，在个人空间中，人们希望他人意识到自己的独立存在状态。比如，站在拥挤的公共汽车或者火车上的人周边的空间，工作中的理发师和牙医周边的空间，正在一起讨论文件的两个人之间的空间。不言自明的是，不同的文化，人们"空间保护罩"的大小也不同。不同文化的潜规则，对靠近他人的特权，甚至对接触他人的行为，解读的结果也相去甚远，文化的潜规则还包括如何不言自明地表现出职位或者身份的差异。

- 亲密空间——围绕着一个人并与其身体直接接触的很小空间，一个人在亲密空间中与另一个人的直接接触，意味着两个人、两人的情感或者性关系的密切互动。当和一群陌生人一同站在拥挤不堪的火车车厢中时，你就不得不将自己的"亲密空间保护罩"与两三个陌生人共享了，不过，这时候，普遍的社会规则会消除其中的亲密行为意蕴。

人类除了划分上述四种可见的互动空间以外，还会为满足各种心理需求和社会需求而把自己置于某种空间中。

例证：几年前，我曾与一群日本经理会面，他们是来美国学习优秀服务企业的管理经验的，当时，他们认为我是他们想了解的一个主题的专家之一。为了检验我提出的概念和理论，他们要求召集一次为期半天的会议，其实，那次会议有些像非正式的研讨会。会议召开前夜，我和日方雇用的有两种文化背景的翻译见了一面，这位年轻女士曾在美国和日本两个国家学习、生活过。她和我谈到了会议最可能的程序。

"我还没和他们见过面，不过，因为他们是日本人，所以，我能猜到他们会如何组织这个会议。"她说。"这次出行之前，他们彼此都没见过，可是，他们会设法了解每个人在企业中的职位，当他们聚在一起的时候，大家会据此排定人们在这个考察团中的社会地位次序。"

"他们会让你坐在会议桌的一端，职位最高的那个人会坐在你的右边，职位次高的人坐在他的右边，以次类推，职位最低的那个人的座次排在最后，我会坐在你的左边。"

她对会议座次的预测，让我充满好奇。第二天，我发现，她的预测精准无比，他们对座次的安排与她之前的预测如出一辙。

此外，她还告诉了我在会议上提问和回答的程序。"当你让他们提出问题的时候，一定要给他们留出足够长的时间。他们所有的人都会看着在座的第一号人物，他应该是第一个提出问题的人。如果他没有任何问题，那么，他会按座次依次往下看。如果第二号人物有问题要问，这时候，他就会提出的，如果他也没问题，他便会把无形的'接力棒'往下传。如果你觉得他们都没问题要问，从而很快接着往下讲，那么，职位最低的人就没有提出问题的机会了。"

她的预测再一次得到了精确的验证。彼此陌生的一群人，没有经过任何讨论，便对空间安排原则、行为准则表现出了没有任何争议的一致性。

下意识的空间

只要留意观察，你会发现，空间关系无所不在，或许，正是因为它们无所不在，我们才很少感知到它们。不妨看一看驾车者之间的互动所形成的空间关系变化过程。你是否注意到，当你驱车追上别人并开始超车的时候，被赶超的很多司机——尤其是男性——都会提高车速呢？是不是有很多驾驶者在从辅路驶上高速公路的时候，会加快速度，赶到你前面，之后，再慢下来呢？他们似乎在宣称："嘿，瞧着点儿，这个'地盘'归我了，你休想把它夺回去。"如果你看出了他们的企图，并驶向另一个车道避让，他们便会在这时候加大油门，依然会赶到你的前面。

对很多人来说，空间关系意义上的"保持领先"是个很重要的下意识倾向。驾车过程中改变空间关系的行为，似乎关乎驾车者对一个"移动"地盘的统驭权或者"所有权"，这个区域通常位于汽车前面的一段距离，距离的长短取决于当时的车速，同时取决于驾车者之间本能反应的水平。在大部分文化背景中，人们总是认为，那些站在自己身后——或者在自己后面开车——的人，比自己"低一等"，或许，他们努力让自己"领先"他人，就是因为想获得"强势"的感觉，就是因为要获得空间关系上的"优越感"。

除了物理空间以外，空间关系背景还包括其他一些因素，比如，空间的附属物，更确切地说，是与空间交织在一起的东西，还有声音、光效，甚至各种气味，等等。我们可以想一想劲舞俱乐部或者迪斯科舞厅空间关系的情形，光怪陆离的频闪灯、缭绕的烟雾，还有撼人的音乐，所有那些因素，都会影响到空间内发生互动的人的感受和行为。教堂或者寺庙内的昏暗光线，熏香的气味，赞美诗或者圣歌的鸣响，也影响着我们对空间关系的感受。

行为背景

就人们对行为背景的反应方式而言，我很久以前——那还是我上七年级的时候——经历的一件事，给我留下了终身难忘的印象。那件事既涉及空间关系背景，也与行为背景密切相关，它让我认识到，我们人类大部分时间并不明了自己的行为，虽然我们自认为一直在有意选择自己的行为方式，但事实并非如此。通常，我们对行为背景——空间关系背景和行为背景——很多暗示的反应完全是下意识的，很少有意思考自己的反应方式。

我上七年级的时候，居住在马里兰州的小镇威斯敏斯特（Westminster），是每天都要坐校车往返于学校和家之间的"乡下孩子"。每天，校车都会去接孩子们上学，孩子们则站在自己家的房前或者通往自己家农场的路口等校车。我们彼此都很熟悉。

在一个不同寻常的一天，出了一件奇怪的事情。我想，应该完全是出于偶然，我和另外十几个第一批上车的孩子刚巧都坐在了校车的左边。随后，第二批上车的孩子——大约十几个人——上车以后，也坐在了左边。很显然，当时没人想坐到右边去。每一个或者几个刚上车的孩子，上车以后都会四处看看，之后，坐在左边的座位上。

车上人越来越多的时候，我们都注意到了令人迷惑的情景，我们都在仔细观察，每个刚进入车厢的孩子都选择了左边的座位。我从倒车镜里还看到，司机对当时的情形同样觉得匪夷所思。他是个少言寡语、脾气暴躁的家伙，一直在倒车镜里观察着车厢里的情况，随着情势的发展，他的脸色变得越来越难看。终于，他火了。

左边的座位除一个空位以外，都被坐满了，刚刚上车的一个孩子想坐在左边的那个"硕果仅存"的空位上，可是，坐在空位旁边的孩子不想让他坐进去，他吼叫道："坐那边去！"刚上车的孩子不知道到底出了什么事，可能怀疑大家在搞恶作剧，所以，坚持要坐左边最后一个空位。接着，两人推搡起来，空位旁边的孩子执意要让刚上车的孩子坐到空空如也的右边去，而刚上车的孩子则坚持要他让开。

整个情势变得越发让人莫名其妙。最后，司机大发雷霆。他停下车，对我们大声喊叫："你们这些孩子简直快把我逼疯了！往右边坐些人！"他强令我们分坐到车厢的两边。"你们，坐那边！"在那以后上车的孩子对此前发生的一切一无所知，所以，他们在选择座位的时候，完全是随机的。

直到今天，我也说不清当时到底出了什么问题，是什么原因导致了问题的出现，以及我们的群体行为为什么会那么古怪。

通过对那些人们带有特异期望的情境的观察，我们可以看到空间关系背景和行为背景的清晰展现，也就是说，在这种情境中，某种行为模式会居于统治地位。

例证：我的一个朋友曾经在 20 世纪 70 年代当过几年英语教师，教母语是非英语的人。因为有社会工作的背景，所以，她主要教亚洲难民，特别是一个赫蒙族人（Hmong）① 群体，他们来自老挝的高原和山地地区。赫蒙族人一直是个与世隔绝的民族，拥有非常鲜明的民族传统，此外，他们对外界了解甚少。他们中的大部分是"双文盲"，也就是说，既不能用自己的语言阅读，也不能书写，而且一点儿英语也不会说。因为学生都是双文盲，所以，她不能使用教外国人说英语时使用的书面教学材料。她还发现，那些刚到美国不久的难民，在完全陌生的环境中，大部分人不知所措，他们不知道在西方人视为"一切都理所当然、不言自明的环境"中如何把握自己的行为。有些人从来没有见过公共汽车、电视机，甚至没见过铅笔和纸张这类西方人再熟悉不过的用品。"女人们会带着婴儿来上课。"她说，"他们觉得，上课就像开会一样。很多人根本不知道上课是怎么回事，他们甚至不知道坐在教室里时应该面向前面。在课堂上，他们想说什么就说什么，我得先让他们安静下来，才能教他们背诵练习。"

就像在公共汽车上一样，无论在什么情境中，大部分行为范式——身体

① 居住在中国南部及邻近的越南、老挝和泰国山区的民族。——译者注

的姿态、动作、手势、面部表情、声调等——都是不言自明的。比如，或站或坐的位置、如何站立和落座、谁站立谁落座，谁有权触碰他人，谁先进入房间和走出房间，等等，聪明的观察者可以发现很多这类表明职权高低和地位差异的行为背景。人们会通过各种姿势、表情和互动性行为，来表现相互关系，同时也能表现出相互之间缺乏关系。看到两个人坐在餐厅的餐桌边，你能猜到他们是刚刚认识的，还是相知许久了吗？

社会学家还发现了很多表明所属阶层的其他表达系统，比如，与着装、配戴珠宝、帽子、文身以及其他配饰相关的系统，这些系统都能清楚表明人们从属的亚文化群体。某种着装风格表明，这个人属于街头帮派，属于某个种族，处于某个经济阶层。在商务这个亚文化群体中，商务套装一直是本阶层人士的标准着装。

普通技术人员呆伯特的创造者漫画家斯科特·亚当斯告诫经理们，一定要"穿出成功"来，尤其是那些既没头脑又没才华的经理。呆伯特的伙伴狗伯特①在《狗伯特的终极管理秘笈》中说：

> 是衣服成就了领导者。员工从来不会因为你是个人而尊重你，但是，他们会因为你的衣服对你敬重有加。历史上的杰出领导者都深谙此道。
>
> 就拿教皇来说吧，如果把他令人敬畏的帽子拿掉，他的权威将大打折扣。你不妨自问一下，你会从一个戴着约翰·迪瑞（John Deere）式帽子的家伙那儿讨教避孕的事情吗？我想你一定不会。

无论在什么样的情境中，行为背景都是得到大家认同的法则、传统、期望以及行为规范的总和。如果参与其中的人遵从同样的行为准则，那么，他们通常都会融洽相处。在某个情境中，如果其中的一个人或者几个人并不遵从——或者违反——某些行为准则，那么，随之而来的往往是冲突。

例证：人们认为，英国女王的身体是不可触碰的，只有某些人、在某些

---

① 与呆伯特生活在一起的一条狗，像呆伯特一样，狗伯特也很聪明，不过有些愤世嫉俗。对人类的天性有着犀利的洞察并喜欢一语道破。——译者注

特定的情境中是例外，享有这种特权的人，或者与女王有特殊的家族关系，或者是那些为女王提供个人服务的人。1992 年，澳大利亚总理保罗·基廷（Paul Keating）因为触碰了女王的后背，而被英国媒体刻薄地称之为"蛮荒之地的蜥蜴"。事情是这样的，当保罗·基廷陪同英国女王参观某些公共建筑时，为了给女王指路，他将自己的胳膊环绕在女王后背，将手掌置于女王的体侧。尽管很多人只是将其视为友善的姿势，不过，女王的身体却僵住了，她停下脚步，看了保罗·基廷总理一眼，很显然，女王的目光传达出了这样的信息：你超越了官方行为准则。很多英国人为此愤怒不已，认为女王受到了冒犯。与此形成鲜明对照的是，很多澳大利亚人同样为此大为光火，认为英国人简直就是"势利小人"，这件发生在政要之间的事情进而引发了澳大利亚人和英国人之间的持久对抗。

纽芬兰和拉布拉多省省长布赖恩·杜宾因为抚着女王后背的照片，同样让英国人大生反感，照片中，布赖恩·杜宾正陪同女王登上舷梯，他辩解说，自己只是想扶助一位年长女士，以防摔倒。2000 年，另一位澳大利亚总理约翰·霍华德觉得，自己有必要矢口否认曾经触碰英国女王的后背。

跨文化沟通研究专家提出了很多独特的行为准则，在某些文化背景中，人们会下意识地遵从这些准则，但是，在其他文化背景的"外人"看来，这些准则简直"不可思议"。比如，在很多阿拉伯国家，人们不会用左手拿食品，也不会用左手把食品递给他人。通常，他们用左手来解决如厕等某些"身体上的问题"，即使拥有现代化的卫生设施，人们也保持着现代卫生习惯，不过，传统观念依然认为，左手是不洁净的。

与此类似的，在很多地中海国家，人们将一个人把自己的脚底或者鞋底暴露给他人，视为是对他人严重的无声侮辱。坐在他人面前时，如果将鞋底暴露给对方，或者将脚放到他人的办公桌上，那么，别人会将其视为对自己的大不敬。

巴厘岛人认为，人们的灵魂驻留在人的脑袋里，因此，如果陌生人拍抚小孩子的脑袋，人们会将其视为严重的冒犯行为。如果一个人站立的位置高于他人的头部，或者只是将自己的脚置于高于他人头部的地方，便会被巴厘岛人认为是非常愚蠢的行为。在这种文化背景中，最刻毒的侮辱就是对人说："我会揍扁你的脑袋！"

在体系严格的伊斯兰文化中，行为准则规定了什么时候男女可以单独相处，甚至还规定了什么时候男女可以同处一室。比如，在沙特阿拉伯从事商务活动的西方人或许会发现，不允许男女员工同处一室工作的法则着实让人沮丧。国外公司的女性代表、女外交官以及女记者，常常觉得这些严苛的规定令人难以应付。

语义背景

内科医生弗雷德里克·卢密斯在其经典著作《会诊室》中，讲述了这样一个故事——一句单纯的话引发了激烈的"语义反应"：

我在职业生涯早期经历的一件事，让我领略了寻常英语的错综复杂。有一天，一位三十五岁的女士告诉我，她想生个孩子，但是，她已经被告知患有一种心脏病，这种病可能不会影响正常生活，但是，如果她想生育，这种病会将她置于非常危险的境地。根据她的表述，我立刻想到了二尖瓣狭窄。这种心脏病的特征是，在心脏顶端的位置可以听到特点非常鲜明的低沉的隆隆声，触诊患者胸部的时候，可以感觉到特异性的颤抖，这种颤抖就是二尖瓣狭窄"震颤"（常伴随某种心脏和循环异常的可触知的轻微振动）。

当这位女士脱掉外衣，穿着宽松的长袍躺在床上的时候，我从听诊器里很快就听到了我预想到的声音。我将诊断结果口述给护士，描述很详尽。之后，我将听诊器放到一边，迫切地想验证患者左胸部一个很小的区域中是否有那种典型的震颤。

我闭上眼睛，以集中精力，长时间仔细捕捉那种颤抖症状。不过，我放在患者裸露胸部的手没感受到，最后，我抬起手，转身对护士说："没感觉。"［英语用于表述病理"震颤"（Thrill）的词语，与用于表述"刺激、激动的感觉"（Thrill）的词语相同。］

那位患者突然圆睁双眼，刻毒地说："摸起来还不坏吧？是不是因为你没有？我到这儿来可不是让你干这个的。"

护士完全被患者惊呆了，我的解释也是"越描越黑"，无济于事。

语言远不只是毫无生命的符号和信号，"它们是思想的构造物"。很多著名领导人都深谙语言心理学的奥妙并能善加利用，他们常常据此激发和动员民众，无论是为了高尚的事业，还是出于邪恶的目的。诗歌、文学作品、流行的口号、隐喻和爱国歌曲，都有让民众群情激昂的神奇力量。

修辞学主要研究语言的范式，以及如何用一句话巧妙地传达出超过词语意思的含义。比如，美国宣布脱离英国独立的时候，本杰明·富兰克林就用"双关语"发表了最令人难忘的动员："先生们，我们必须团结一致"，本杰明·富兰克林说，"是的，必须团结一致，否则，我们将会被一个个地绞死。"

阿尔佛雷德·科尔兹布斯基是一位在语言心理学领域备受尊敬的学者和研究者，他在其出版于 1933 年的著作《科学与理性》中，提出了学识"相对论"理论。他创造了普通语义学概念，用于描述语言的结构如何塑造人们思想的理论，特别阐述了某些语言习惯如何导致冲突、误解甚至心理失调的问题。

阿尔佛雷德·科尔兹布斯基认为，我们生活在"语义环境"中。这个环境由得到认同的语言习惯、语言传统、符号、含义、暗示和言外之意构成，我们就是在这种环境中发生互动，并试图达成相互理解的。实际上，我们大都要"游历"不同的语义环境，环境之间的差异取决于我们结交和互动的对象。

阿尔佛雷德·科尔兹布斯基坚持认为，根本没有"普遍的事实"或者"普遍的学识"，与苏格拉底、柏拉图、亚里士多德等众多西方哲学家的理论相反，他认为，语言的结构和语言心理不可能让任何两个人体认到完全一样的"事实"。他主张，说英语的人，不能以自己的词汇，构建出与说日语、斯瓦希里语①或者西班牙语的人完全一样的事实，因为不同的语言是以不同的方式表达概念的，这些语言结构上的差异，不可避免地限制了我们表述事实的心理模式。

阿尔佛雷德·科尔兹布斯基经常谈到"语言地图"这一概念，他所说的

① 坦桑尼亚官方语言，在东非或中东非被广泛地用作通用交际语言。——译者注

语言地图是指，我们表达出来的东西——无论是口头表达还是书面表达——是"描绘"存储在我们神经系统中的知识和含义的企图，并试图通过这种尝试构建一个交换信息的媒介。比如，当你想向一个人描述他从未见过的一个小孩儿时，就像阿尔佛雷德·科尔兹布斯基经常谈到的，你会认识到，"地图并不是真正的领土"。无论你使用了多少词汇，也无论你调用了多少方法，以便用语言准确表达出你对那个孩子的认识，你永远也不能把描述做得"很圆满"。人们从对话中获取的"语言地图"从来都不会是清晰完满的，他们得到的不过是你个人对那个孩子认识的模糊印象和不完整的近似印象。

更令人沮丧的是，阿尔佛雷德·科尔兹布斯基认为，任何两个说同种语言的人，都不会对同一个事实形成完全一致的认识，因为每个人在成长过程中，都用自己的"本地语言"，形成了自己对很多词汇意思的独特理解。

阿尔佛雷德·科尔兹布斯基认为，尽管作为一个历史人物，亚里士多德备受尊崇，但是，他依然没有逃脱自己未能察觉的"心理框框"的桎梏，这个心理框框就是本土语言的结构。阿尔佛雷德·科尔兹布斯基认为，亚里士多德对诸如真理、美德、责任以及人与自然和上帝的关系等抽象概念的定义企图注定会失败，因为他无法摆脱已经深深浸润在希腊语言中的古希腊世界观的制约。阿尔佛雷德·科尔兹布斯基将其轻蔑地称之为"亚里士多德式思维"。

多语义

我们不妨这么简化普通语义学理论：

> 没有任何两个头脑对任何词汇或者概念会解读出完全一样的"意思"，词汇或者概念的含义存在于人的头脑中，而是不在词汇中。

如果你留意，你会发现，语言对人类思维的影响随处可见。比如，我们可以看看不同的语言——也就是不同的"语言文化"——是如何用不同的语汇来描述血统关系的。在英语文化中，"叔叔"一词通常是指父亲或者母亲的兄弟。在人们广泛使用的英语语汇中，没有哪个词，也没有哪个清晰的概念，用于表述"叔叔"是指父亲的兄弟，还是母亲的兄弟。然而，在有些文化背景中，则专有用于表述"叔叔"是父亲的兄弟还是母亲的兄弟的词语①，但没有泛指这种关系的词汇。可能还有其他词汇——某些程式化的"头衔"——用于表述与一个人的父母拥有类似兄弟关系的人，在那些文化中，人们认为，没有专属的词汇用于表述家庭的这些重要血统关系，而只是"泛称"这种血缘关系，是不可理喻的事情。

语言对人们的思想和行为的影响，还会引发严重的问题。比如，对诸如"民主"、"资本主义"以及"公正"等抽象概念的论争往往一无所获、无疾而终，因为不同的人对这类概念有不同的解读结果。不计后果地使用会引发强烈反应的语言，常常成为战争和种族冲突的导火索，或者部分原因。

当我从事关系咨询顾问工作时，我常常听到人们就"管理"和"领导力"之间的差异而展开的争论，他们似乎觉得，每个概念都有根本性的、"颠扑不破"的定义，我们要做的就是发现它们的终极定义。他们似乎不明白，任何符号——一个词语，或者一个由多个词语形成的连缀——都有其内在的含义，而其含义存在于说出或者听到词语的人的神经系统中，这也是为什么对某些语汇"真正"含义的论争往往毫无结果的缘由。童话故事《爱丽丝梦游仙境》中的"红皇后"一语中的："一句话的意思就是我要说的意思，既不多，也不少。"但是，她错失了更重要的问题——自己的话对他人而言是不是意味着同样的意思。

大部分政治论战都会退化到自以为是的论争——每一方都想将自己偏好的"语言地图"强加给对方，双方都会构建有利于自己首尾一致的语言体系，为了避免被论敌压倒，双方都会驳斥对方的"语言地图"，只有找到各方都在使用的"语言地图"，并就几个关键"语言地图"达成一致，论争才会归于沉寂。

经验告诉我们，人类倾向于使用多重"语言架构"，也就是由某些词汇和语言使用风格构建的"语义版图"。这些语言架构同时也是一种典型标志，我们可以据此判断一个人所处的社会经济阶层和文化阶层。某个语言架构可能包括很多粗俗的语言，会用"奇异"的语言向外人表明自己的从属关系。

---

① 比如，我国通用的"伯伯"、"叔叔"和"舅舅"一类的称谓。——译者注

某个语言架构则可能偏好使用显示博学的语言或者学术语言风格，将粗俗的秽语视为更低社会阶层或者更低智力阶层的标志。每个语言架构都有自身的法则——某些表达方式能被接受，某些则被视为"异类"。

例证：我一位同事与承包人签订了一份粉刷房屋的合同，他很久以前就认识那个承包人了，不过，这次是第一次与他合作。承包人——一个精明能干的男人——在市政部门有一份全职工作，业余时间打理粉刷业务。他手下有六到八个工人，其中有一个叫"戴夫"的小伙子。

因为那位承包人知道我的同事撰写商务书籍，所以，一定对戴夫提起过。粉刷工作间隙，戴夫走到我同事那儿，想聊一会儿。

戴夫一边清理刷子，一边对我同事说："我听说你是个'阿瑟'（Arthur）（他就是这么说的。）"

我同事："对不起，你说我是个什么？"

戴夫："我说我听说你是个'阿瑟'。"

我同事："对不起，我弄糊涂了，什么是'阿瑟'？"

戴夫（有些失望）："是的，'阿瑟'，就是写书的人。"

我同事（终于恍然大悟）："噢！我明白了，你说的是作家（Author）。是的，我写书。"

如果你能在多种语言架构间游走自如，那么，你就会很清楚，和小孩儿说话时应该使用哪种语言，和少年说话时应该用什么样的语言，和给你修缮屋顶的工头儿说话时应该使用哪些语言，和超市收银员说话时应该使用哪种语言，和医生又该用什么语言交流。

不只是逻辑

除了使用不同的语言架构以外，每个人的语言地图——将他或她内心中的事实转变成信息的符号译解过程——还能反映出自己的情绪状态以及逻辑体系。比如，心理学家就发现了与语言使用相关的一个非语言表达环节——一个与人们正在表述的词语不相关联的因素，这一因素就是"表述外信息"，也就是我们常说的"言外之意"，是指"字里行间"的意蕴，它们能显示出说话者的潜意识心理状态、情绪以及试图隐藏的忧虑。通过观察他人在语言使用过程中的转换过程，我们可以发现他们的潜意识心理与社会行为之间的相互影响。很多人在谈论自己的行为，以及表述自己将来可能出现的不被社会接受的行为时，常常从"第一人称"形式——"我如何如何"——转换成与自己联系不那么直接的"第三人称"形式——"人们如何如何"，或者转换成非特指的形式"你"，以暗示听者就是"故事的主人公"。

一则新闻报道的片段生动展示了"转换"现象——通过转换表述的人称形式，而将自己"拉到了对话之外"。这则报道载于 CNN. com 的新闻部分，报道的事件是饱受争议的 2004 年美国总统大选，报道引述佛罗里达州棕榈滩县的选举监督人的话说：

> "我们的工作人员很清楚，我们要坚持很高的工作标准，我们会竭尽所能，以确保万无一失，""蝴蝶选票"的设计者勒波尔（LePore）说，"但是，我们也是常人，有时候，错误是在所难免的。"

你可以注意到"人称"的转换——很可能是无意识的转换，他从"我们也是常人"，转换成了"错误是在所难免的。"人确实会犯错误，但是，讲话者并没有说"我们会犯错误"。

在人们的表述行为中，这种"转换"情形发生得极为频繁，这种行为是为满足"自我防卫"的需要，也就是讲话者试图通过这种方式，避免可能会受到非难的压力。如果你能辨识出这种表述行为，并留意倾听，或许，你会对它们出现的频率之高以及人们使用这一技巧的娴熟程度大感惊异。

高明的审问者很清楚，语言表述方式的微妙转换，可以传达出接受审讯的人试图掩盖的愧疚、忧虑、压抑的愤怒以及其他情绪状态等内在感受和无意识感觉。正因为此，在审讯过程中，他们常常与接受审讯的人谈及范围广泛的话题，以期诱导出这些内心冲突的无意表露。

好了，现在，我们还是回到情境感知的主题吧，我们知道，解读空间关系背景，捕捉那些能传达深层意蕴的语言线索，是非常实用的技巧。据此，我们可以快速辨识出人们在不同情境中——比如，孩子们之间的对话，商务会议，晚宴，教室，聚在酒吧的一群朋友——使用的语言架构，同时，借助自己的情境感知能力，通过与他们使用的语言的合理"匹配"，从而达到与他们的心领神会。从某种程度上说，我们需要拥有用一种语言变换出"多语言"的能力。

在不同的文化群体和亚文化群体中游走自如

你对一个内集团——也可以视为一个"圈子"——的了解越多，就越容易明白其成员在某些情境中的反应方式。看一看下面罗列出来的我们社会中一个亚文化群体的特征，你能猜出它们描写的是哪个群体吗？

- 不信任非集团成员。
- 过分溺爱子女。
- 比起与"外人"交往来，更喜欢与群体内的其他成员相处。
- 将自己视为硬心肠、顽强的人。
- 男性居于统治地位。
- 具有军旅色彩。
- 使用特殊的语言和工具。

如果你猜这个群体是"专业运动员"或者"海军战斗机飞行员"，那么，你的答案就已经很接近了。如果我们再给这个群体加上"需要更大的个人空间"、"受约束而且是行动导向型的"、"倾向于非黑即白、是或否、支持或反对、合法或非法的两元判断"等特征，那么，你便会认为我们表述的是"警官群体"，是的，你答对了。

每一个亚文化群体都是我们这个大文化群体的一部分。但是，尽管他们从属于我们这个庞大的世界，不过，他们常常认为自己的"小圈子"更重要。亚文化群体的每个成员都倾向于将自己视为独特的、不一般的、特殊的或者拥有专长的个体，从社会地位和所起的作用角度而言，他们往往认为自己比群体以外的人更重要。

那么，生活在这些特色各异的各种群体中的人都是谁呢？除了司法界的成员以外，还有消防员、军人（在军人这个亚文化群体中，还有一些拥有自己文化特色的分支，比如，海军陆战队军人不会与陆军军人"在一起混"，空军军人不会和海岸警卫队的人打成一片，等等）、摇滚明星、影视名人、专业运动员、内科医生、学者（博士学位拥有者），也包括帮派成员。

从某种程度上说，这些亚文化群体是不是与街头帮派十分相似呢？很多由普通民众构成的特色鲜明的群体，与人们最先想到的这个群体确实非常相似。都很难进入，进入之后都很难立刻退出，都有统一的"制服"、专属的行话和特殊语言，都有自己的行为规范——如有违反，都将被剔除出去。

街头帮派——典型的暴力亚文化群体——遵从一系列严格的"准入要求"。要想加盟，你必须生活在他们居住的街区，必须有和他们一样的肤色，必须认同他们的信条。他们的运转恪守"流着血进来、流着血出去"的法则，意思是说，当你加入的时候，他们会给你"放血"（仪式化地打入会者）；当你想"早些"离开时，他们会给你"放更多的血"。

当进入的门槛很高时，亚文化群体会呈现出繁盛发展的态势。因为并不是每个人都能进入，所以，群体的既有成员们会产生强大的凝聚力、强烈的自豪感和自尊。内科医生、警官、消防员、战斗机飞行员、演员、歌星和体育明星群体成员，会本能地意识到自己的圈子很特殊，范围很小，而且自认为是精英分子。他们觉得，并不是每个人都能做他们的工作，只有像他们一样的"一小撮"才能通过严苛的"准入标准"，留在其中并取得成功。

这些信条助长了群体成员"我们对他们"的心态。群体成员之所以一起吃饭、群聚、在业余时间交往、穿着相似，并在成员之间约会甚至结婚，是要表明自己与"外人"的固有距离。"除非你做我做的工作，否则，你不会明白我的感受的。"某些群体成员的这种表述和归属感，甚至让他们的家人和朋友也难以理解，而且把那些"不明就里"的人拒之千里之外。

某些亚文化群体的边界极为鲜明，一个大群体还会分割成不同层次的小群体。比如，警察通常不会和公园巡警打成一片，医生通常不会和护士一起外出吃饭（除非他们之间正在恋爱），飞行员通常不会和机组乘务员外出共进晚餐（同样，他们正在恋爱除外），教授不会和自己的研究生助手过从甚密。羽毛不同的鸟永远不会聚在一起，尤其是当一种鸟认为其他鸟不怎么像鸟的时候。

亚文化群体的专属特质形成了规范化的行为模式，这种模式在确保你留在其中的同时，还阻止了他人的进入。获得这类亚文化群体的成员资格通常困难重重，试图加入的人需要拥有特殊能力（良好的视力，出众的身体控制能力，惊人的勇气，勇敢无畏，等等）、优秀的基因（美丽，聪明，漂亮的头发，等等），以及常人难以企及的坚定不移和百折不挠（在医学院的寒窗苦读和多年的实习医生经历，高等教育、新兵训练营和飞行学校的历练，经年默默无闻、不断失败的表演生涯，从儿时便开始的表演和演唱训练，在小俱乐部里的多年沉寂）。

所有这些都来不得半点虚假，这也是群体成员为什么会奋力抗争，以捍卫自己的独立，同时排距外人的原因，也因此，留在群体内的成员需要遵从群体的操守。从注册会计师群体，到滑板一族群体，无论何种亚文化群体，融入群体的最佳途径，就是赞同与合作。

违反行为准则等于引火上身

每一种文化群体，实际上，每一种情境和每一个行为背景也一样，都有人们赋予自己的行为准则。无论是正式的，还是非正式的，无论是有意识的，还是无意识的，这些行为准则都能让人们的行为更容易预知。确实，如果人们没有就如何行为的问题在潜意识层面达成的无数"互惠交易"，那么，任何有组织的社会都无法正常运转。适应了某种特定文化的人，实际上已经将这个文化群体的行为准则"内化"（或者说吸收）到了自己的心底，并能不由自主地、下意识地遵从它们。而那些僭越某个重要社会准则的人——也就是违逆、背叛社会准则，对其采取过激行为的人，几乎无例外地会引来当然的谴责，甚至会引发那些遵从准则的人的憎恶。

例证：几年前，我曾经在加利福尼亚为来访的一群日本总经理举办一个非正式研讨会，研讨会于下午 5:15 ——一个为期一天的国际性会议结束以后——在一间小型会议室召集。这群总经理是以团队形式来美参会的，但是，在这次旅行之前，他们之间大都互不相识。研讨会开始之前，他们陆陆续续来到会议室，所有人都穿着正装，系着领带，这是日本经理人在商务场合的典型装束。不过，其中的一个人，一个在西方文化背景中工作阅历丰富的热情洋溢的年轻人，决定在开会之前先回自己的房间换衣服。

当他穿着短裤、旅游鞋和 T 恤衫走进会议室的时候，在场的所有人都把头转向了他。不止一个人在打量着他，不止一个人深表不解地盯着他，他们的目光传达出强烈的意蕴：你破坏了我们的着装准则。

他们充满责难意味的盯视似乎在说："嘿！你犯规了！如果我们都穿正装，凭什么你想怎么穿就怎么穿？"不过，这些否定似乎并没有影响到那位年轻人。几分钟以后，有些人开始脱掉自己的上衣，开始解下自己的领带，自此，一个新的着装准则形成了。

然而，有些社会准则比其他准则对管束对象的"法力"要大得多，违逆者受到的惩处也远比"充满否定意味的盯视"要严重得多。

例证：前些年，当我在澳大利亚工作的时候，曾经看到过一篇关于原住民部落审判的报道，无论是澳大利亚政府，还是对更为广大的民众而言，那件事都颇具社会意义和政治意义。北领地（North Territories）——也就是澳大利亚人称为"内地"的地方——的一个原住民群体要经过审判处死几个本族人。他们的罪名是未能阻止别人对"神圣之地"的亵渎行为，"神圣之地"是本族一直以来崇敬的精神家园，对人们的精神和心灵的意义非同寻常。

很显然，牧场对"神圣之地"——当然，白人牧场主并没有将其视为神圣之地——的合并造成了归属权的易主。而这块土地的新主人注意到，"他的"土地上有居住设施（像很多原住民一样，澳大利亚的土著人从来不承认土地的私有权利），因此决定将其清理掉。他弄来了推土机，将所有东西铲平，并重新修建了围篱。

报道指出，原住民部族的几个人负责保护和维护"神圣之地"，在部族长老们看来，这些人未能完成神圣的使命，没有承担严肃的职责。部族理事会因此宣判：他们将被处死。

这一事件引起了媒体的广泛关注，迫使地方政府和联邦政府给予干预。因为澳大利亚没有死刑刑罚，所以，这个事件使联邦政府和各个原住民部族之间的政治关系再度趋于紧张。

尽管政府的多个机构从中斡旋，以使部族成员免于死刑，不过，面临刑罚的那几个部族成员看起来却能坦然接受自己的命运。在接受采访时，其中一个人平静地说："我们的工作就是保卫'神圣之地'，就是这样。但我们未能完成使命，它遭到了破坏。所以，我们理应为此受到刑罚。"

最后，政府阻止了死刑的执行，并为逃脱了死刑惩罚的那几个人找到了保全面子的方法。这一过程生动表明了社会准则的强大力量。

多个世纪以来，在很多文化背景中，妇女一直饱受男性居于主导地位的压制性行为准则的桎梏。

例证：2004年10月，在满目疮痍的阿富汗第一次试图建立一个民主政府期间，至少从理论上说，妇女获得了选举权。但是，在这个国家的很多地区，尤其是远离中心城市的偏远地区，古老文化的社会准则，与全新的而且是"前无古人"的社会准则——允许妇女以与传统观念大相径庭的方式行使自己的权利——产生了冲突。

在很多地区，部族长老和军队首领——他们的话具有法律效力——就是不允许妇女参加投票选举。严苛的伊斯兰文化和部族准则规定，妇女不能自由出入公共场合，她们想外出，必须从家庭中的年长男性成员——父亲，丈夫，甚至哥哥——那里征得允许。在很多情况下，社会准则规定，除非有男性家庭成员陪同，否则，女性不得自行离家外出。

有些年长男性可能允许自己的妻子、女儿或者姐妹外出投票，但是，她们只能为某些候选人投票。很多女性在接受记者采访和调查人员的询问时说，她们觉得自己永远也不可能冲破家里年长男性设置的"准则藩篱"。有些女性认为，因为与社会生活的隔绝，接受教育的机会很少，再加上缺乏了解政治事件的途径，她们根本不可能对选举人做出客观的判断。

妇女确实推举出了一位女性候选人，尽管她胜出的机会，比那些反对美国扶持的总统的男性候选人更为渺茫。有些善于思考的女性领导者和选举组织者确信：虽然妇女投票权所产生的结果影响微乎其微，不过，妇女行使在政治生活中的权利却象征着一个重大转变。很多人认为，从现实的角度而言，她们必须从一小步开始，因为她们需要清楚看到，当全新的、难以接受的行为准则，与旧有的、牢固的行为准则之间的冲突，会产生什么样的结果。

孩子们在成人（老板、父母、老师，等等）把持的世界里成长的部分内容，就是学习得体的行为举止。这就意味着孩子们要遵从成人们创建的行为准则。很多时候，我们是通过最为普遍同时也是最为古老的方式来学会"正确"的行为方式的：审问和错误，犯错和惩罚。作为孩子，当你做得很好的时候（你克制住了去摸婚礼蛋糕的冲动），你就得到嘉奖（一块蛋糕）；而当你行为失当的时候（故意把足球踢到凶恶无比的邻居家的后院），你就会受到惩罚（再也不给你买足球了）。

同样，成人也有类似的行为准则。在下列情境中，是不是成人也有行为准则呢？

- 当你和新来的老板单独会面的时候。当你和其他人一起与新来的老板会面的时候。
- 在姻亲面前的时候，在最好朋友面前的时候。
- 与在晚会上深深吸引你的人面对面的时候。
- 在一个孩子很害怕你同时也感到困窘的场合，比如，孩子的家长会，与孩子老师的会面，孩子正在场上比赛的运动会。
- 在一个你正试图给其留下良好印象的客户面前或者同事面前的时候。

当亚文化群体中的某些准则加入进来的时候，情况会变得更为复杂。亚文化群体成员面临的问题之一是：成员们已经完全熟悉了群体的准则、自身的角色和承担的责任，所以，一旦有人"出偏"，随之而来的一定是混乱。践踏亚文化群体准则的行为，是失宠于群体并被驱赶出去的最快方式，僭越准则会让你无所归依。不妨看一看下面这些发生在亚文化群体中的例子：

- 某些律师起诉另外一些律师玩忽职守。
- 某些医生批评其他医生的手术错误或行政错误。
- 某些警察向内部事务部门状告其他警察利用职权践踏法律或者伤害他人。
- 在法庭上，某些专家为批评另一些专家的发现和结论作证。
- 黑手党成员向联邦公诉人告密，声称自己同伙的罪行还没有得到惩罚。
- 在劳资纠纷中，工会成员与"套装"（意指穿套装的管理层）"私通"，通过设置罢工纠察线，让他们避开与支持工会的兄弟姐妹们的正面遭遇。

我想到的最后一个例证，是职场中的行为准则。在其描述装配线工人内心世界颇富洞见的著作《铆钉》中，通用汽车公司的员工本·海姆坡给我们讲了很多"套装"（意指管理人员）与装配线工人之间紧张状态的故事。每个亚文化群体都会寻求惩处另一个亚文化群体的机会，而且往往采用独特的、令人痛苦不堪的方式。

有一次，正值劳资矛盾处于最激化的时期，公司管理层认为，让其他"套装"们巡查一下通用汽车公司的卡车装配厂，对他们的工作会大有助益。这些巡查的"套装"包括来自通用汽车公司各个工厂的总经理、供应商、汽车经销商、政客以及其他对公司很重要的人。

一些颇感无聊和痛苦的员工，通过向这些巡查者投掷螺钉、螺母和其他或热或尖锐的金属零件取乐。巡查者们的脑袋、脖子和后背刚刚遭受几次工人的"射击"之后，巡查就草草收场了。

当然，为"公平起见"，管理者没忘了"以其人之道还治其人之身"，其后，每当工会代表工人向管理者提出某些要求，或者要求管理层为工人在乏味、重复性的工作中增加休息时间的时候，他们总是很快就得到"不可能"的答复。你往我们身上投掷螺钉，你的日子也别想好过。

践踏某些职场准则所受到的惩罚可能更为诡异，但是，程度并不更低。因此，无论你是工作在生产一线的员工，还是身处管理阶层，保持你"情境感知雷达系统"的高效运作，都会有助于你减少遭受冲突和压力的打击。

提高情境感知的技巧

你可以通过下列方式，提高自己情境感知的技巧：

- 当你坐在机场、商业街或者其他公共场合的时候，可以留意观察过往的行人。你可以判断男女之间、家庭成员之间以及一群人的个人之间的关系状态。他们如何表达相互之间的关系和从属关系？他们传达出的是友情、爱情和积极的关系呢，还是冷漠甚至敌对？
- 研究你所处空间的空间关系背景。空间和结构的安排是如何影响人们的行为方式的？在商务会议上，什么人坐在什么地方？一个人办公室的布局是如何传达主人的地位和职权的？

- 在日常生活中，练习与你遇到的不同的人使用不同的语言架构。不同层次和不同社会地位的人，是如何通过他们的语言、行话、表述方式、使用或者避免使用粗俗的秽语以及专属的语汇，来反映自己从属的群体的？

- 研究人们用于界定和强调自己与他人关系的非语言信号。老板是通过什么方式传达自己的职权以及是否容易接近的？人们是如何传达自己对更高职权和更高地位的顺从的？

- 看电视节目或者看电影的时候把声音关掉。注意演员的动作，看看他们是如何表达自己与他人的关系的，看看他们是如何"无声"地演绎自己的角色的。他们非语言的行为，是使画面更有感染力呢，还是虚假做作？

第三章

举 止

> 如果我们只能像别人看我们那样看自己，就会铸成大错，而且也是个愚蠢的想法。
>
> ——苏格兰诗人罗伯特·彭斯

在"S. P. A. C. E."中，"P"意指举止，是指你如何以自己的外貌、情绪和风度、肢体语言以及对空间的利用方式感动他人。你容易接近吗？你的举止传达出的，是信心、专业水准、亲切、友善呢，还是羞怯、不牢靠、敌意和冷淡？我们都需要特别注意自己的行为举止传达出的意蕴，尤其当我们渴望被人接受、希望获得他人好感的时候。

"摆设"

在好莱坞，崭露头角的影视明星要想取得更大的成功，他们必须拥有一种称之为"银幕风度"（也被称之为"表演风度"，是指演员所具有的自信和引人瞩目的能力，这种能力使他们与观众水乳交融。）的特质。这是一个抽象的概念，但是，当这种特质展现出来的时候，我们一眼就能看出来。罗伯特·雷德福在谈到米歇尔·菲佛——于1996年主演《因为你爱过我》（Up Close and Personal）——时说："你看她，摄像机对她就是'情有独钟'。"

拥有银幕风度的演员，能用最细微的动作或者面部表情，以非常自然的方式传达情感，他们能打破银幕的限制，塑造出可感可触的生动形象。

但是，银幕风度并不完全是个人举止风度，而是一种独特的能与摄像机"联通"的特殊能力，是另一种与人"联通"的能力，是一种与广大人群

"联通"——形成"一人对多人"的心领神会状态——的能力。有些知名影星拥有其中的一两种能力，拥有全部三种能力的人少之又少。

对我们常人而言，因为我们并不是生活在摄影机前，所以，个人举止是个更为实用的问题——我们需要利用自己的风度、举止和姿态传达我们对他人的尊重和关注，同时，也需要据此获得他人的尊重和关注。它是一种即时能力，需要倾听的能力，需要创造和传达自信、给人以深刻印象的能力，以便让你与另一个人或者一个群体达成联通。个人行为举止最简单的形式只是一种时常挂在脸上的表情。冷漠、阴沉的表情可以让他人在与你接近之前就退避三舍；极端压抑的、退缩的表情同样可以将他人拒之千里之外；此外，粗鲁的、"唯我独尊"的行为举止也可以吓退他人。一个人的外貌自然很重要，但是，反映他积极、正面的首要因素——或者，至少我们可以掌控的一个因素——依然还是有吸引力的行为举止。

例证：几年前，当我和一群来访的日本总经理一起开会的时候，我注意到了亚洲人性别立场的某些表征，日本女性应对商务场合的行为准则尤其引起了我的注意。

我是和我的日本经纪人一起出席会议的，她是位离异的中年女性，我们已经合作了几年的时间，此外，一起出席会议的还有一位专业翻译，也是位女士。

与会者中，除她们两人以外，仅有的一位女性是考察团团长的行政助理，年龄有二十五六岁的样子。从始至终，她一直坐在团长身边，随时准备提供协助。

会议进行过程中，我一直在注意她如何以非语言行为传达和强化自己的从属地位。她一直一动不动地坐着，面向前，双眼低垂，双膝和双脚并拢，两手放在大腿上，面前摆着一个小小的笔记本和一支圆珠笔。只有让她说话的时候她才会开口，只有团长要求，她才会偶尔记录些什么。

这位既聪明又有能力的女性把自己变成了"一件家具"。我把她与我的经纪人和翻译做了个比较，她们两人都在与日本男性总经理们打交道的过程中，成功实现了自己的职业理想，她们两人都学会了在会议上如何"占有一席之地"，尽管她们同样表现出了日本人的礼貌和顺从。她们两人都在会上主动坦承自己的想法，都会提出问题，而且一直都在积极参加讨论。

而那位年轻的助理，不知道出于什么理由——可能是文化背景的原因，可能是情绪的原因，可能是自尊的问题，也可能是那个特别团体某些不成文的规定的原因——却选择了将自己的行为降低到最大限度的方式。为了更好地展示自己的风采，为了表明自己的存在，作为起始步骤，她完全可以增加一些活动的空间，也就是采用一种更为开放、不那么拘谨的姿势，完全可以在自己面前摆上几件个人物品，更自如地动动面前的东西，不时环顾一下会议室，而不是一直像一棵用于点缀的盆栽植物一样静静地坐着。之后，她还可以更进一步，比如，主动说些什么，而不是受命开口，提些问题，加入到讨论中去，或许，还可以走到白板前，将会议的某些结论记录下来。在她所在的文化背景中，某些一度被当然地视为不可忍受的行为举止，在商务领域已经渐渐被认为是正常的了，因此，她完全可以用更自信的举止来展示自己。

个人魅力是不是被过分夸大了？

麻省理工学院经济学家鲁迪格·多恩布什教授将经济学家定义为"精于数字，但缺乏会计师魅力的人"。实际上，不愿意抛头露面是造成人们之间疏离状态的特别"东西"。

在日常生活中，个人魅力是定义最为模糊的概念之一，也是我们不甚了了的概念之一，我们大都认为对这一概念已经很熟悉了，但是，却很难根据其简单定义把握其精髓。我们都知道，在涵盖范围宽广的"魅力谱系"中，位于最低层的，是有些人的下列表现：毫无与人交往的激情，心理学家将他们的情感状态描述为"情感平淡"（或"情感淡漠"），无论是使用的语言，还是身体动作，这类人都显现出明显的"单调"、"单色"特征。这种情感平淡的情状通常源于一个人的自我压抑，是克制激情的结果，而压抑和克制往往与缺乏自尊密切相关。

在宽广的魅力谱系中，很多种魅力，尤其是处于谱系高端的魅力，让人很难抗拒。为了便于更好地理解魅力，根据魅力对他人的影响，我们可以将其划分为三种截然不同的形式，即："职权魅力"、"人为魅力"和"赢得的魅力"。每一种魅力都有其特异的吸引力、形式和令人瞩目的特征。

"职权魅力"是世界级的领导人、知名的政治家、声名卓著的企业家以及所到之处必然会举行重大典礼的人所拥有的魅力。无论是现任美国总统，还是英国伊丽莎白女王，他们所拥有的魅力都远远超过了他们本人的魅力。

例证：当美国总统走进座无虚席的房间，从"空军一号"的舷梯走下来，或者步出"海军陆战队一号"（Marine One）① 舱门的时候，在场的人很难排拒"从骨子里"升腾而起的由衷敬畏感，这就是他魅力的神奇所在：即使你从个人角度并不认同总统的政策，即使你并不喜欢他的人格，但是，在你看到"群情激昂、万众欢腾"的场面时，在你听到"震耳欲聋的欢呼声"的时刻，当你看到美国总统展现出的令人敬畏的力量时，你的敌意顷刻间便会烟消云散。大批的特勤处人员②，遍布各处的警察，让你印象深刻的现场布置，随处可见的隔离墩和警戒线，还有人们的欢呼声，所有这一切可能都会让你的政治见解产生暂时的动摇，即使是那些最坚定的政敌也会转而想："毕竟，他还不是个特别坏的家伙。"这就是职权魅力的神奇效能，有时候就是不可抗拒，而且相当有用。

"人为魅力"是指媒体的现时宠儿"制造"出来的魅力。这种魅力的根基，主要是时机，而不是才情；是重大新闻事件，而不是值得推崇的行为；是比那些不想以牺牲自己的人性和尊严为代价换取名分的人更漂亮、更不同寻常、更煽情的能力。在我们这些寻常人中间，有些人——往往是徒劳地——常常通过穿着名贵的衣服、戏剧性的行为方式以及招摇过市，来展现自己的个人魅力。各种人为魅力的"黄金偶像"就是那些发型怪异、媚俗妖冶、满身珠光宝气的电视"布道者"，著名乡村吉他歌手切特·阿特金斯在其名为《上帝在电视里也会戴着劳力士手表吗?》的歌曲中，曾令人忍俊不禁地讥讽过这类人。

"赢得的魅力"是极少数人的"专属"，他们很清楚自己拥有这种魅力，不过，并不有意利用它，他们所拥有的魅力是靠自己工作的重要性而赢得的。这种魅力深深植根于他们所取得的成就、他们的伟大，源于他们的自我感觉——"我要做这个工作，并不是它能给我带来什么回报，而是因为它能让

---

① 也被简称为"海军一号"，总统专用直升机。——译者注
② 财政部特勤处：美国财政部的一个部门，其工作特别涉及对总统进行保护。——译者注

我给予"。他们的魅力与金钱或者他人赋予的政治权力无关。甘地、特雷莎修女（Mother Teresa）并不是因为"做这个工作能让我上电视吗？"才取得显赫成就的，他们的强大魅力源于他们的人格。

富有"赢得的魅力"的人，并不想获得显赫的众多荣誉，也不是为了感召大量的追随者，他们的魅力是他们生命的总和。甘地会见英国王储的时候，身上穿的不是套装，而是自己祖国手工生产的称之为"卡迪"的印度土布衣服。他称赞说，土布卡迪拥有"变形的神奇力量"，"穿着它的人能真的变得更值得尊敬"。

1997 年，当特雷莎修女在印度的修道院去世时，全球很多国家的领导人都参加了葬礼，而不仅限于东亚国家。为什么这么一位矮小、瘦弱女性的影响会远远超越自己所在的加尔各答，遍布全世界呢？诺贝尔评奖委员会为什么会把 1979 年的诺贝尔和平奖授予她呢？特雷莎修女的力量并不在于她的显赫声名，而是在于她最细微的行为——在她整个生命历程中，她一直在抚慰穷苦的人、被人遗弃的人以及处于弥留之际的人。

真正富有魅力的人的特征是，魅力就是他或她的一部分，是在重压之下的优雅、活力、追求目标的激情，以及所到之处无不激发出他人的活力与关注的特质的罕有融合。只有谦逊的人才拥有它（不妨再想一想甘地，那样一位矮小、柔弱的人，就是那样一位包裹在土布长袍中的人，领导人民成功完成了非暴力反抗运动），而自吹自擂的人永远无法得到它，无论他们的吹捧多么动听。

或许，个人魅力的真正精髓，也就是赢得的魅力，是能浸透到人们心灵深处的东西。那些能真正理解积极乐观、令人钦佩、无法抗拒的魅力特质的人，能给外部世界带来积极的影响，能将他们内心深处的使命带到现实生活中去。能深深理解伟大的精神领袖——比如，甘地、特雷莎修女——内心感受的人，会追随他们的脚步，会投身到他们为之奋斗的事业中去，无论其他人做何选择。或许，人们之所以追随他们，并不是因为他们是领袖，而是因为他们深知自己是谁，自己将去往何方。

相貌真的很重要吗?

生命太快，英年早逝，留下一具美丽的尸体。

詹姆斯·狄恩（James Dean），演员

　　如果你想在当今这个媒体主宰一切的世界"大出风头"，我想，长得很帅没有什么不好。不容否认的事实是，如果你的相貌并不出众（也就是说，你不是比较英俊的男人，不是比一般人漂亮些的女人），那么，你就必须更勤勉地工作，必须更聪明些。

　　好莱坞电影永不过时的一个题材是：单单是姣好的容貌，就可以演绎出无数引人入胜的故事。无论是否属实，人们老生常谈的一个话题确实是：在地方或者全国性的电视网中，"相貌英俊的老年绅士"可以在新闻节目中"稳坐"数十年，而女性新闻节目主持人的年龄开始受到关注的时候，她就得把位子让给年轻人了。富有的老年男人拥有一个"像战利品一样的年轻妻子"的故事，远比相反的情形常见得多。就相貌问题所进行的一个又一个社会学研究表明：肥胖的人在工作面试中、在电视征婚中、在影视试镜中总是处于下风，甚至在公寓、健身中心以及航班上也会受到"歧视"。类似的研究还证明，身材高大的人更容易得到高薪工作，职位的升迁更快，而且比身材矮小的人在组织中更有影响力。因此，我们可以得到这样的结论：身材高大、相貌英俊而且魅力四射的人，在职场中会"一帆风顺"。

　　当然，这并不意味着那些没有影视明星外貌的人，就不能凭借自己的人格和高水平的社交商在商场中取得成功，现实只是说明：他们在竞争中没有得到"加分"。

解读（并制订）"互动的规则"

　　人们之间产生的任何互动，都涉及一方对另一方行为方式的预期——也就是"互动的规则"。当参与互动的各方都很清楚，而且也都能遵从大家认同的互动规则时，互动就能以友善的方式进行，并取得成功。而当一方或者

多方以无法得到认同的行为践踏互动规则时，严重的冲突就会随之产生。

互动的规则可能是既有的——"约定俗成"的行为方式，也可能是在一方或多方的影响下逐渐形成的。而拥有影响、制订或者确立互动规则能力的人，就会被推举为领导者。最低限度，我们也应该有能力预见到互动规则，或者当它们逐渐形成时，我们应该有能力觉察到。要想获得制订规则的资格，我们则需要让自己的行为举止更富影响力。

例证：我在美国陆军服役期间，我们的部队驻扎在华盛顿特区附近，当时，我常常有机会出席在五角大楼召集的会议。通常，这类会议的参加者既有军官，也有非军方的专家。因为从驻扎的基地离会场还有一段距离，所以，为避免换装的麻烦，参会时我总是穿着全套制服，在秋冬季节，我们穿的是美国陆军的绿色标准制服——军裤和制服上装（军人们把上装称之为"外套"）。

一般情况下，只要会议一开始，我很快就能猜到讨论的议题，我判断的依据是，与会的高级军官是穿着制服上衣，还是把它脱掉。如果他穿着制服上衣，将军衔徽章清楚显露出来，我便会推测到，会议不会是畅所欲言、各抒己见的讨论会。他的着装传达着这样的信息：在与会者中，拥有最高职衔的人是"不容质疑"的人，而我们这些军衔较低的军官要想发言，只能听命。

如果最高军官脱掉了制服上衣，其余的人也会如法炮制。没有了别有徽章的制服上衣，也就意味着人们的军衔差别"消失"了，只有军裤上的黑色条纹还能显示出一个军官的官阶。在这种没有了制服上衣的行为背景中，人们很容易意识到，这是一个不太正式的讨论会，而且会议会包容各种观点。我还注意到，有些高级军官经常在会上脱掉制服上衣，而有些，则总是穿戴得一丝不苟。

你从下面两个对照鲜明的例子可以看到，一个人的行为方式是否能满足情境的需要，可以决定他是否能影响互动规则的形成。

　　例证1：一位在某个大城市巡逻的警官，看到一个驾驶高级轿车的人闯了红灯。这位警官马上打开了警车的顶灯，那个驾车者见状，紧张不安地找地方停车，驶过了两个路口之后，他才把车停下来。他刚把车停稳，警官就从车里下来，懊恼地踹了一下他的车窗，一脸狂怒。

"嘿！伙计！你是瞎了眼了，还是怎么的？你没看见我的警灯吗？我让你停车你为什么不听？把驾照和行车证拿出来，快点儿！"

那位忙乱而窘迫的驾车者把驾照递给警官，警官给他拿传票的时候，他一直怒气冲冲地坐在车里。当警官让他在传票上签字时，他草草写上自己的名字，一把从警官手里夺过传票副本，大踩油门，扬长而去，他知道，这一天算是毁了。回到办公室，他拨通了警察局的电话，投诉了那位警官，向一位警督极为详细地描述了那位警官的行为、动作和肢体语言。

例证2：另一位警官在一个犯罪高发区巡逻，正值深夜，而且独自一人。他看到了一个高大的男人，肌肉发达，身上刺着在监狱犯人身上常见的文身图案，正从一个便利店前的停车场走过。根据以往的拘留记录，他认出了那个人，知道他正在假释期，而且很清楚他是个臭名昭著的坏蛋。

他将巡逻车停在那个人身边，让他站住。当他下车和那个家伙说话的时候，那个假释犯转过身，开始大骂警官。

那位警官对假释犯说："先生，你不能那么和我说话。我是代表法律的警官。这时候开口大骂是不合适的。请你过来。你被捕了。"

怒气冲冲的前犯人冲向警官，从后兜里拔出刀子。警官意识到，自卫战开始了。

两种结果都基于这样的事实：某些警官先是选择了错误的语言，之后，又对自己面临的情况采用了错误的方式。

在第一个例子中，那位警官的反应明显过激了，他大发雷霆，任情绪干扰自己的职业操守。在第二个例子中，那位警官没有采用足够"有震慑力的举止"，没有通过自己的言辞、职业符号（徽章、制服、武器）以及娴熟的行动，在危险的情境中制服危险分子。

警官常常要面对严峻的心理挑战。很多时候，在同一天中，他们就要根据不断变化的情境多次调整自己的"行为方式"。当一位警官进入一家餐厅用餐时，在其他顾客面前，他或她不能采用具有威胁意味的行为方式，在这种情境中，人们希望他们扮演友善的角色。

而在不同的情境中，或者在发生突发情况时，他或她则必须将自己迅速"切换"为"掌控局面"的行为方式。在普通人中，很少有人能自如应对这种心理挑战以及情境突发变化所带来的压力，事实上，也并不是所有的城市官员和警官都能对此应付自如。

丑陋的美国人综合征

瑞克·史蒂夫斯一直主持知名的旅游电视节目和广播节目，为了制作《瑞克·史蒂夫斯的欧洲》节目，每年，他的大部分时间都是在境外度过的。因为长年在国外工作，所以，他拥有研究各种颇受非议的有些美国人行为举止的独特视角，而这类人就是众所周知的"丑陋的美国人"。

丑陋的美国人是来自美国的旅游者，他们在国外或者某些不熟悉的环境中（身处充斥着"外国人"的"异域"文化环境中），其行为往往与在本国的大街上漫步没什么区别，他们的行为常常显示出"别指望我适应你们的国家和文化，我有自己国家的文化"的特征，这类"美国先生"和"美国女士"的行为显示出，不屑于理解所游历的国家及其文化，甚至根本不想学习几句外语，以便与当地的人建立友谊或者进行初步的沟通。"只要告诉我最近的麦当劳在哪儿就行了，我想弄点儿'真正的东西'吃。"

并不奇怪，这种社交商低下的行为，向当地人透露出了这样的信息："我并不真想在这儿待着，我并不想游历新景观、倾听不同的声音，我也不想品味其他的趣味，我只是想来这儿买件T恤衫，用我的新数码相机拍几张明信片一类的照片，我很快就会回到有超级沃尔玛的国家的。"

瑞克·史蒂夫斯写道：

> 如果美国人更多地外出旅行，那么，我们就会更深刻地理解我们在这个复杂星球中的地位，就能更融洽地融入其中。最终，我们或许并不需要无所不用其极地调用军事力量，以确保自身的安全无

忧。虽然很多美国人喜欢出行，但是，数百万人从未踏出过国门，从未见识过或者体验过外部世界。有近 80% 的美国人根本没有护照。他们中的很多人顽固抱持的全球观只是来自电视新闻。就观察外部世界的复杂性和应对外部世界的挑战而言，旅行可以为我们提供"第一手的视角"，可以让我们更明智地消化新闻。旅行有助于我们融入多元化的世界，而不是对其唯恐避之不及。

令人尊敬的举止包括尊敬你周边的人，并由衷地对他们产生兴趣，而不是虚情假意。西方人，尤其是美国人，常常抱怨说，自己在工作中要和那些在国外出生的人打交道，或者必须与他们交往。如果我们能解读他们的念头，或许，我们可以听到这样的声音："他们为什么不能像我一样呢?"

如果我们能听到那些在国外出生的人的内心独白，或许，我们会听到："我一直在努力试图弄懂这个令人迷惑的文化，为什么这个人不能付出些努力，也弄懂我们的文化呢?"

社交商中的"举止"不止是平衡"给予他人"和"从他人那里索取"的问题。解决美国人面临的文化多元化问题的方案之一，或许只是需要耐性。

你越多,我越少

毋庸置疑，克林特·伊斯特伍德当然拥有绝佳的"银幕风度"，否则，他的表演生涯就不会如此显赫了。他的演员、导演生涯跨度长达六十年，出道之初，以饰演电视剧《皮鞭》中的牛仔角色而开始小有名气，其后，多次获得表演奖和导演奖。

部分得益于他跨度颇长的职业生涯，使他不但学会了如何导演影片，而且还深谙"导演演员"之道。他自己的表演风格——简约、直接，被评论家们赞誉为"极简抽象派"——让他的作品锦上添花。

克林特·伊斯特伍德的导演方式既简单经典，又成效卓著：组织优秀的演职人员，确保他们完全清楚影片的需要之后，放手让他们去干。他的制片队伍和摄制班底已经和他合作了数十年，所以，他很清楚要让他们做到什么程度。此外，他很尊敬演员，尊重他们的表演技艺，因此，他觉得根本没必要对他们大喊大叫。他只是把剧本发给男女演员，同时，让他们从第一天起便进入角色。

克林特·伊斯特伍德对通常的"导演手法"颇不以为然，他甚至不喜欢在设置现场高喊"开始!"他只是说"好了"、"我们开始吧"，或者用"你准备好了我们就开始"来示意演员表演。他认为，自己完全没有必要让演职人员更加紧张，因为他很清楚，表演已经是很艰难的工作了，为什么还要用大喊大叫让他们备受煎熬呢?

因为不想进行反复的彩排，不想一遍又一遍地拍摄同一个镜头，所以，他的工作总是既节俭又精确。克林特·伊斯特伍德认为，如果很快就得到了自己想要的东西，重拍毫无必要。他总是使用自己的既有资源，摄制自己需要的场景，之后，换到另一个场景，最后，按时完成工作。如果光线渐弱，他就会"收工"。如果演员提出改进的建议，他会认真考虑。克林特·伊斯特伍德认为，正是这种工作方式，让自己成了优秀的导演（一个镜头拍摄三十遍，不但浪费大量的胶片，而且还要看大量的样片），而且和演职人员之间建立了良好的合作关系。1992 年的获奖影片《不可饶恕》、2005 年的获奖影片《百万宝贝》以及 2004 年获得提名的影片《神秘之河》都表明，他的工作方式非常奏效。那是一个传达尊重的过程，他遵从的系列工作准则都显示了对他人贡献的尊重，同时也显示了对他人表演才能的尊重。

与克林特·伊斯特伍德（或者史蒂文·斯皮尔伯格、伍迪·艾伦——两人的工作方式同样成效卓著、看重协作）的工作方式比较起来，某些同样很著名的导演，则因为唯我独尊、自我陶醉的工作作风，使影片的摄制过程成了令人厌烦的、压力沉重的体验。当然，《奇爱博士》和《闪灵》的确赢得了广泛赞誉，但是，演职人员觉得，已故导演斯坦利·库布里克似乎总是喜欢让他们一直处于焦灼不安的状态。

1999 年，汤姆·克鲁斯和妮可·基德曼在拍摄《大开眼界》的时候，就遭遇了斯坦利·库布里克的"经典做戏方式"：对场景令人匪夷所思地不断调整，十六个月的拍摄周期（拍摄周期最长的故事片之一），同时，强迫演员把一个镜头拍上五六十遍（汤姆·克鲁斯和妮可·基德曼因为在该片中耗时过多，从而损失了很多片酬，因为他们过长的档期让他们无法在其他影片中担任角色）。

就像认为自己施加的压力可以提升大厨的想象力，从而以"铁腕"统治厨房的厨师长一样，那些总是大喊大叫的导演们也同样觉得，比之被人爱戴来，被人惧怕或许更有益于工作的完成。很多时候，良好举止的展现方式要更为微妙、更为含蓄。

姿态当然很重要

　　著名天才作家、保守杂志《国家评论》的创办人之一和主编威廉·巴克利，就能凭借自己的睿智"吓退"他人的非难。威廉·巴克利出身望族，在国外接受过良好的教育，深深得益于自己知识家庭的背景和导师的严格训练，同时，他还是耶鲁大学一位技巧高超的辩手，使他成了保守知性主义的标志性人物。

　　在他主持的电视节目《火线》中，他常常以自如挥洒的知识精英风度，加之以谦逊、冷面幽默的机智，与诺曼·梅勒、杰曼·格雷尔和格劳乔·马克斯等思想家展开激辩。

　　在一期特殊的辩论节目中，接受访谈的嘉宾试图以"断章取义"的方式解读威廉·巴克利的言外之意。他说："巴克利先生，刚才你说到了什么什么，我想，你的意思是说什么什么，是吗？"

　　威廉·巴克利以其特有的贵族神情打住话头儿，说："如果我的意思是那样，我会直接说出来的。"

关于心态的一个例证

　　虽然我们常常以"外部视角"——他人对我们举止的判断和认识——来观察自己的行为举止，不过，就我们自身的行为举止而言，还存在着一个重要的"内部观察视角"。一个人自身的心态，或者说他或她的"情绪行为"，同样也会对行为举止产生影响。这就涉及与情绪智力的一个姊妹概念的重要联系。

　　从某种程度上说，令人尊敬的举止，是对你的配偶或者情人、你的孩子、你的同事或者同行、你当时需要的人所面临的问题或者需求的即时感知，而这种感知不但需要行为上的表现，而且还需要你情感上的投入。此外，良好的举止还是一个"平衡的问题",在那些需要建立"人们之间联通状态"的情境中,需要你仔细分析自己的情绪状态,而不是对他人做出过度反应或者完全丧失洞察力。这种举止需要你在情绪上的准确自我认知和清楚判断。

或许,我们可以从禅宗思想中获得某些启示。禅宗一个重要的原则就是完全彻底的现时投入。禅宗——很多人更愿意将其视为一种哲学,或者"一种方式",而不是一种宗教——告诉人们,要全身心地投入到现时情境中,无论当时的情境如何。

禅宗式的生活取向鼓励你专注现时情境,它有助于你从生活中的某些简短时刻获得快乐:清晨一杯美味的咖啡,驱车上班的路上听到了一首久违的美妙老歌,一个清洁、舒适同时安宁的工作场所,一顿美味的午餐,一个友好的注视,一个绝妙的笑话,当你外出的时候阳光柔暖,或者一场暴风雨来临的时候你正舒服地安坐家中。

不妨看一看下面这种禅宗式的态度取向——一种对现时情境的思考方式,看看它能为你做出更好的选择——无论是在和他人打交道的时候,还是处理重要情况的时候——带来什么样的启发。

一个常见的例子:你驱车去购物,刚下车关紧车门,你就意识到,自己把车钥匙锁在车里了。

通常的反应(重击车顶,或者猛踢轮胎):"简直不可思议!我怎么可能把钥匙锁里面呢?我可真够笨的!妈的,倒霉透了!我怎么能这么愚蠢呢?真不敢相信这是我干的!现在该怎么办?"

禅宗式的反应(看着车里的钥匙):"真希望没把钥匙锁在里面,可是,它确实被锁在里面了。"(有一段时间,你感觉到自己的愤怒油然而生,之后,又渐趋缓和,慢慢消失了。来几次深呼吸,耸耸肩膀,之后,面对现时情况)"现在,我能向谁求助呢?我的配偶?汽车俱乐部?警察?我可以叫一辆拖车,或者找一个锁匠吗?我可以从超市弄个金属衣架试试吗?没关系,我手里不是还有手机吗?再说,今天的任何事情也还都没耽误。我也还没有买鲜奶或者冰淇淋一类的东西,所以,车里没什么东西会坏掉的。而且我还有时间来处理这个问题……"

在如此显见的事实(车钥匙就锁在里面)面前,这种"内心对话"看似根本不可能,也不实用,或者太过天真了,所以,你不妨换个角度想一想:

1. 大发雷霆有助于你解决问题吗？不能。

2. 对自己的无情批评，可以让你把钥匙弄出来吗？不能。

3. 重击/猛踢汽车能让你把钥匙弄出来吗？不能。

4. 不断嘟囔"简直不可思议！"可以让你把钥匙弄出来吗？不能。

5. 总是抱怨不可逆转的事实，对你有什么帮助吗？没有。

6. 你能让自己油然而生的愤怒渐渐平息下来，并让其最终烟消云散吗？你能。

7. 事实上，如果你能冷静对待，你是不是可以找到很多办法？是的。

8. 你能做些"不同寻常"的事情吗——比如，找个地方去吃午餐，钥匙问题先抛诸脑后，或者走回家取备用钥匙？你能。

9. 能不能把这个事件往好的方面想？当然能（没人受到伤害，这还远不是世界末日，不过只是一把钥匙而已）。

10. 禅宗式的思考方式是不是有助于你考虑其他办法和其他因应之道，而不只是让自己陷于过去的错误中不能自拔呢？是的。

很多人要花费相当长的时间，才能学会这种面对现实、专注现时情境以及专注于诸多可能性的思考方式。对有些人而言，面对这类情景，愤怒油然而生、懊恼不已是典型的心态，当他们血脉贲张的时候，就总是欲罢不能。对那些抱持消极态度的人来说，将钥匙锁在车里（再一次）证明，这个世界是不公平的，是不友善的。

禅宗哲学认为，"人类遭受的苦难"以及"苦难的根源"是欲望。终结苦难的方法，就是永远放弃"拥有一切"的念头。投入于现时情境，你会感到自由无限。因此，享受就在眼前的乐趣，哪怕只是拂过面颊的一缕清风，才是明智的。

或许，你母亲常和你说到的"应该常常想想你的福气"听起来有些老生常谈，但是，其中的真意确实是不变的。那些生活在富有世界里每天都被"个人问题"弄得焦头烂额的人，可能恰恰是其他地方的人艳羡的对象。

我们很容易把抽水马桶、电力、清洁的饮水、电视、互联网和美味的咖啡视为理所当然的东西，尤其是当你从未在没有这些奢华设施的环境中生活过的时候。更难以理解的是，有些人在享受这些设施的同时，还认为国家就应该提供所有这一切。我们所有人都应该严肃对待这样的警示："因为我没有鞋子，所以一直在怨天尤人，直到我遇到了一个没有双脚的人。"

在这个世界最富有的国家之一，甚至美国的贫困线——每年收入9300美元——都比苏丹、伊拉克或者海地的最好标准高。美国人口是全球人口的5%，但是，却控制着全球50%的财富。而这个星球上有近一半的人，每天的生活费用还不到两美元。

就调整态度取向而言，我听到的最具价值的建议之一，来自多年前我的一个朋友。当时，我觉得自己的问题堆积如山，压力日渐增加，她的建议则是："想一想让你抱怨不断的事情的高度吧。"

如果我们都能很自觉地专注于现时情境，都能享受我们现有的乐趣，那么，我们就能真正理解良好举止的内涵了。毫无疑问，良好的举止——无论是情感上的，还是行为上的——会让我们向他人施予援手，有助于我们与他人建立真正的"联通"，从而不但有助于我们自身的成功，也对他人取得成功大有助益。

训练良好举止的技巧

你可以通过以下方法锻炼自己的良好举止：

- 不要试图让自己的行为举止像个电影明星（或者任何其他人），通过站立、行走、交谈、着装以及互动，确立表明自己是谁的最自然方式。找到并表达你自己的"声音"。想象一下，对另一个人而言，第一次与你会面，他会有什么样的感觉。你希望留给他人什么样的印象？
- 就像某人遇到你之后对你有个描述一样，你可以自己描述一下自己。你希望别人怎么说到你？你可以从那些自认为表现完美的方面开始。
- 在你的语音信箱中录制一段较长的话，过几天之后，再回过头来听一听，你可以从中了解到一个陌生人听到你的声音会有什么感觉。然后将你认为需要改进的环节记录下来。

- 和朋友录制一段谈话，可以是录音，也可以是录像，录制的时间要长些，这样，对方会忘记自己的谈话正在被录音。然后，研究一下自己和对方的表达方式，同时，将那些有助于表达心领神会、清楚表述思想以及真实的习惯和行为方式记录下来。
- 询问一位或者几位关系密切的朋友（这个过程最好一对一进行），让他们告诉你，第一次见到你时有什么印象。这种方式还可能有助于让他们透露出你需要改进的环节。

第四章

真 实

> 我就是我，我就是这个样子。
>
> ——大力水手波比（动画人物）

在 "S. P. A. C. E." 中，"A" 意指真实。它揭示出，在任何情境中，你对他人和对自己是如何表达真实和真诚的。你是不是只对那些能在未来给你带来好处的人——也就是拥有你想得到的某些东西的人——表示友好？你是那种大量收集名片和电话号码的人吗——那种建立了很多联系，但几乎没有任何真正的友谊和深厚关系的人。你是不是在利用他人或者被他人利用？无论你的真实感觉怎样，你的行为总是为了获得他人认同吗？你对自己真诚吗？

如果你总是坚持自己的需求和特权，如果你觉得他人——无论是有意识地，还是下意识地——不会接受你、不会喜欢你，也不会与你达成协作，那就说明你的行为在他人眼里就是缺乏真实和真诚的行为。从另一方面说，如果你尊重自己，恪守自己的价值观和信仰，并能与他人"直面相对"，那么，他人就会将你的行为视为真实的行为。

大力水手波比的启示

在美国娱乐界，动画人物大力水手波比已经成了一个经久不衰的形象。不像民用波段电台、电子宠物、魔方以及彩色文身等风行一时的东西，这个大吃菠菜的水手形象，自 1929 年由 E. C. 西格创作出来以后，一直在电影动画片、电视动画片甚至在当代银幕上大放异彩。波比以其行动说话："我是个真实的人，是个有原则的人。我没头发，有一双大脚，乱七八糟的文身，前臂硕大，永远半眯着右眼。我的声音听起来就像在叽里咕噜地漱口，我的语法可不怎么样，我也吃饭，我也睡觉，我用嘴里的一根管子洗澡。但是，我很清楚我是谁，我很快乐（你能听到我在歌唱），而且，做自己，我很满足。所以，你必须接受本来的我。"

在马克斯·弗雷舍创作的 109 集动画片中，除了尽显其偶像力量之外，大力水手在每一集中都以自己的行动诠释出了什么才是真实。他从不打扰他人，他总是尽心竭力地与他人交好，此外，他还坚守自己的原则。当受到攻击的时候，他会奋起而反抗，而且常常以胜利告终。他对妇女和儿童倍加呵护。如果他被惹急了，他会立刻做出反应：跳出菠菜罐头，挥舞着肌肉发达的手臂，大干一场。或许，这个"不谙世事"的家伙是真实的最好象征。

换句话说，大力水手是个真实的人——一个直来直去的家伙，一个愿意公平竞争的完美典型，他的行为总是无可挑剔，同时，他还坚持自己的原则和信念。除了在北美俚语语境中常盛不衰以外，大力水手在其他文化背景中同样象征着我们赞赏的某些品行，是值得我们尊崇的榜样。比如，在澳大利亚，人们将大力水手视为"诚实的，公平的，光明正大的"（Fair Dinkum）化身。而在犹太文化背景中，大力水手被称之为"受尊敬的人"（Mensch）。

"诚实的，公平的，光明正大的人"是个很有意思的表述。如果一个澳大利亚人说你是个"Fair Dinkum"的人，那就是对你的极大褒奖。一个人被视为"诚实、公平、光明正大"，或者，如人们常说的，被视为"一个真正的澳大利亚人"（dinky－di Australian），那就说明是个你可以依靠的人。这样的人是出色的人，他们言必行，行必果，无论遇到什么样的艰难和阻碍，都阻挡不住他们。因此，大力水手确实是个"诚实的，公平的，光明正大的人"。

此外，大力水手还是个"受尊敬的人"。在犹太文化悠久、丰富而且麻烦不断的历史中，很多旧有的词汇和短语融入到了英语口语文化中。我们西方的语汇总是荡漾着希伯来语和意第绪语①的涟漪。"乱出主意，多管闲事"（Kibbitz）（意指打断别人的谈话，或者未经允许地提出建议）、"艰难的旅程"（Schlep）（意指自己或者携带笨重的东西走很长的路）以及"无耻之极，厚脸皮，厚颜无耻"（Chutzpah）（意指厚脸皮，完全不知廉耻）等现在广为使用的词语，就是经典例证。"受尊敬的人"（Mensch）就是犹太流行语汇中最受喜爱的词语之一。

一个人被视为"受人尊敬的人"，就是"一个可靠的人，一个值得信赖的人，一个拥有令人钦佩品行的人"。简而言之，"受人尊敬"意味着真实。因此，"做自己"的大力水手除了是个"诚实的，公平的，光明正大的人"以外，同时也是个"受人尊敬的人"。

不过，奇怪的是，虽然"诚实的，公平的，光明正大的人"没有明确的性别指向［你可以是个"诚实的，公平的，光明正大的小伙子"（男性），也可以是个"诚实的，公平的，光明正大的女郎"（女性）］，但"受人尊敬的人"却总是被用来评价男性。的确，这一词汇的词根可能来自古高地德语的"Mennisco"，这一词汇是"男人"（Man）的另一种表达方式。

虽有涉入"文化深层水域"的风险，不过，在这里，我们还是想提出这样一个问题：在希伯来语/意第绪语/犹太语系中，为什么没有一个与"受人尊敬的人"（Mensch）相对应的用于表述女性的词汇呢？在父权制文化居于统治地位的语言历史中，就如何描述或者谈论一个女性或者一个女性群体的语汇问题，确实还有很多悬疑，对此，我们不应该感到奇怪。语言学家、社会学家以及某些社会语言学者，将这些问题称之为"性别不对称"语言。

的确，在英语中，很多性别不对称语汇看起来确实很古怪，而且多源于历史原因，看似完全不合逻辑。有"男演员"和"女演员"，为什么没有"男医生"和"女医生"呢？有"女裁缝"，可是，为什么我们很少听说"男裁缝"呢？我们有"卡车司机"，但没有"女卡车司机"。词汇"服务员"有一天会既包括男性服务员，也包括女性服务员吗？它会最终将"女服

---

① Yiddish，也称为依地语，历史上中欧和东欧的犹太人所用的语言，是多种语言的混合，主要来自于中世纪日耳曼方言，其次来自于希伯来语、阿拉姆语和各种斯拉夫语、古法语及古意大利语。——译者注

务员"中用于表示女性的词缀去掉吗？词汇"主人"（Host）最终能用于指称两种性别吗（在英语中，"Hostess"用于指称女主人）？

为什么我们常常听到"起来，像个男人一样！"而很少听到"起来，像个女人一样！"呢？卡通人物大力水手波比对应的女性人物是谁呢？

语言既表征文化，也塑造文化。语汇并不只是毫无生命的符号，它们还蕴涵着使用者的信仰、价值取向和偏好。随着文化的进化，我们很可能会看到，用于表述男性和女性社会角色和行为的术语也会发生同步进化。社交商的一个方面——真实——能否成为推动这一变迁的先锋呢？也就是说，它是不是应该承载指称两种性别的人的兴趣和感受的重担呢？

与高社交商的人为邻确实很美好

真实是让自己名副其实、不虚伪、不矫揉造作的渴望和能力。真实关乎你如何与他人形成互动，从而赢得他们的信赖；真实是"真品"和"赝品"的分野；真实是依靠自己、相信自己，是真正掌控自己所处空间和自身地位的根本。

在美国，让自身角色得到完美诠释的例证，就是弗雷德·罗杰斯①，对那些曾经在1967年到2001年间经常看电视的人来说，就是"罗杰斯先生"和虚构的街坊四邻。

罗杰斯先生之所以极具感染力，原因相当简单：他总是以孩子的身份和孩子交流，其语言既不令人作呕地甜腻，也没有任何屈尊俯就的优越感，无论他想告诉孩子们的是什么，他总是能非常恰当地把握自己的语气。他的感染力完全冲破了"第四墙"②，而且他总是和孩子们交谈，而不是训诫。

从进入"自己的房间"，将皮鞋换成休闲的网球鞋开始，在接下来的所有时段中，罗杰斯先生都能恰到好处地传达真实。当他脱掉套装上衣，换上让你觉得亲切、舒服的套头衫时，观众知道，他到"家"了。每天至少有三

---

① 弗雷德·罗杰斯被尊称为"儿童电视之父"，他每天主持的电视节目《罗杰斯先生的街坊四邻》影响了几代人。该节目初创时，尚不存在儿童电视的概念。他在主持该节目33年之后退休。——译者注

② 意指分隔观众与戏剧演出的空间，传统上是一道假想墙，将舞台整个围住。——译者注

十分钟的时间，他都会以平静而亲切的语调告诉孩子们，要懂得分享，要懂得彼此照应，也就是说，他每天都要给人们带来至少三十分钟的平和与抚慰。当他 2003 年去世的时候，哪怕是最无情的美国人也会感到惊奇，作为精神导师、老师以及电视先锋，他的一生的确一直在忠实地表现着自己。

因为他和孩子们的简单沟通方式，在美国文化中，弗雷德·罗杰斯已经成了一个善良的化身，甚至还是一个幽默的典型。在影片《儿子是自己的好》中，布特·雷诺茨扮演一位富裕的单身汉，他想通过一位替身母亲生个孩子。当他沉迷于自己的想象时，对孩子变得非常痴迷，而且总是着迷地看儿童电视节目。片中有这样一个镜头，他走进房间，女佣正在干活儿，之后，他前言不搭后语地说道："你知道我为什么喜欢罗杰斯先生吗？因为他很像我，简直就像我一样。"他的女佣看了他一眼，眼神流露出来的意思是：他的样子就像幼儿一样，这个镜头之所以能引起很多共鸣，就是因为罗杰斯先生的形象已经深入到了很多观众的心里。

在生活中，你也有自己的罗杰斯先生（或者罗杰斯小姐）吗？你是别人的罗杰斯先生或者罗杰斯小姐吗？不妨想一想你认识的其行为最富"滋养性"的人。

- 在你的生活中，心态最积极的人是谁？为什么他或她总能看到事情积极的一面？为什么他或她从不先去看事情——无论什么事情——消极的一面？

- 在你的生活中，最慷慨的人是谁？如果在你急需帮助的时候提出请求，谁会不问为什么、毫不犹豫地向你施予援手或者把钱借给你？

- 在你的生活中，最值得信赖的人是谁？如果你真的需要，谁会直奔机场、买上机票，第二天就不远万里飞到你身边？

- 在你的生活中，谁是精力最充沛、最积极的人？谁的声音会掩饰不住激动的颤抖，迫不及待地跃跃欲试、急切地要去往某个地方、摩拳擦掌地要大干一场？

- 在你的生活中，谁是最富热情的人？谁会对生活和其他事情充满热忱？

- 在你的生活中，谁是最深思熟虑的人？谁并不会为了某个特别的理由才和你简短接触？（比如：握手，给你发张明信片，拥抱你，送你一份小礼物，和你一起喝杯咖啡，给你打个电话……）

- 在你的生活中，谁是最善良的人？谁对每个人都充满爱和尊重，能看到每个人的优点所在？

- 在你的生活中，谁是最聪明的人？你会向谁寻求问题的答案、支持、建议和指导？

- 在你的生活中，总对他人表达出由衷兴趣的人是谁？是谁总在告诉你，你的生活、工作、目标和梦想非常重要？

- 在你的生活中，谁是最让你开心的人？和谁在一起玩耍、尽显自己本色时，你可以不必担心受到任何道德判断、否定、惊吓和批评？

- 在你的生活中，最滑稽有趣的人是谁？谁能让你由衷地开怀大笑？

如果你"鸿运当头、福星高照"，那么，所有这些溢美之词可能会给予一个人：一位最好的朋友，配偶，或者与你的关系不能再密切的人（从身体上，或者从情感上与你最为密切的人，或者身心与你同样最密切的人）。

如果你的运气一般，那么，你会罗列出几个人，这些人很可能与你交往经年。无论他们是你的朋友、家庭成员，还是既是朋友也是家庭成员，最可能的是，这些人非常专注于现时情境，很懂得如何享受周边的东西，会使身边的人深感愉悦，而他们这样做并不需要什么理由。他们就是生活在我们周围的罗杰斯先生。在这个人们非常需要心领神会、同情和真实的世界里，毫无疑问，罗杰斯先生非常令人怀恋。

你能假装真诚吗？

在社交商中，真实并不只是展示本色的自己，它还需要你拥有与他人真正"联通"的能力，这种能力要求你与他人达成深层次的神会，要对他人寄予很多同情。所以，一个人即使"与人相处的技巧高超"，从社交商的角度而言，他或她依然可能被认为缺乏情感深度。

我们不妨以罗纳德·里根为例来说明这一问题。在很多美国人的心目中，甚至在很多外国人的心里，里根是个深受爱戴的领导人，尤其是在他担任美国总统期间。他离任以后，甚至在他的健康每况愈下最终离开人世的期间里，人们对他的爱戴并没有因此而减少。人们在他的葬礼上投注了不同寻常的感情，美国大部分媒体都盛赞他是一位慈父般富有悲悯情怀的领导人。即使是在很多不满他政策的人的心目中，他的形象也被提升到了"伟大的领导者"高度。

然而，里根最亲近的同仁却认为，他的情感和他所担当的社会角色之间，存在着显见的矛盾。一方面，无论面对个人，还是面对群体，他都非常擅长挥洒自己的魅力，深谙激励之道，但是，从另一方面来说，能深刻理解他、与他有过深交的人却寥寥无几。总体说来，他与家庭成员之间的关系是疏远、紧张的。与他每天共事的人谈到，里根对他们个人没有任何兴趣。里根的一个传记作家也曾经多次听到过完全一样的故事，而讲述者的表述方式也毫无二致——同样的语汇，同样的抑扬顿挫，同样的短语，同样的姿势和面部表情。

基于这些观察，下面的结论看似是完全成立的：至少从行为学的定义而言，里根是一个拥有不同寻常的高社交商的人，但是，情商低下。很显然，当我们把情商和社交商综合起来评价一个人的时候，它们得到的是大相径庭的结果。

在关于里根及其生活的著作和文章中，传记作家埃德蒙德·莫里斯对里根的公众形象和个人品性进行了鞭辟入里的比较，结果令人沮丧。虽然从表面看来，里根是个伟大的领导者和政治家，但是，从社交商的真实角度而言，生活中的罗纳德·里根却是个不讨人喜欢的"矛盾体"，至少，是个"自相矛盾的人"。埃德蒙德·莫里斯写道：

> 或早或晚，与他关系密切的每个人（包括他的四个孩子：莫林、迈克尔、帕蒂和雷恩）都会发现，里根真正关心的人只有一个，那就是他的夫人南希（在里根的母亲去世之后）。在迈克尔·里根中学毕业那天，里根是这样祝贺自己的儿子的："我是罗纳德·里根，你叫什么名字？"
>
> 里根的小女儿帕蒂·戴维斯在其1992年的自传中写道：
>
> "通常，我走进他房间的时候，他会从正在阅读的卡片上抬起

头来，以一种怪异的眼神看着我，似乎不知道我是谁。当雷恩天真、快乐地跑向他的时候，我能从父亲的眼神中看到同样的困惑，似乎他需要弄清雷恩是什么人……有时候，我真想提醒他，莫林也是他的女儿，而不是一个和他抱有同样政见的随便什么人。"

里根的小心谨慎、拘泥细节，让总统日记读起来味同嚼蜡。在洋洋洒洒的五十万字中，我找不到任何对孩子示爱的痕迹。

讨厌的赞扬

"嘿，你的领带真漂亮。好好留着吧，说不定哪天就会流行这种款式的。"

有些人就是不愿意慷慨大方地赞扬他人，他们似乎觉得，赞扬是一种"零和游戏"——他们下意识地认为，赞扬他人，就等于贬低了自己。

那些争强好胜、总想高人一等的人，常常表现出情绪上的"小气"，他们太想用什么东西来支持自己摇摇欲坠的自尊了，所以，根本不会用自己的言行滋养他人、支持他人。

有些缺乏自尊、缺乏自信的人，甚至找到了用"赞扬"让他人大感沮丧的招数。他们能将毫无诚意的赞扬花招儿自如地把玩于股掌之间——这是一种比只是吝啬赞扬更加难以消受的社交花招儿。明褒实贬的赞扬初听起来很真诚，但是，很快，其"险恶用心"就昭然若揭了。

善于把玩明褒实贬招数的人，甚至能够自如调配"酸甜比例"，这样，被"赞扬"的人就无从判断自己受到的是赞扬呢，还是奚落了。这是一种颇为受用的技巧：如果被"赞扬"的人注意到其中的毒害成分，那么，赞扬者就会"安全身退"："哦，你太敏感了，我实际上是在赞扬你。"

下面就是他们惯用的经典方式：

你的体重减轻了不少嘛——这样你就可以暂时保持一段时间了。
你的衣服可真棒——我以前也穿过这个款式。
我看到你长了很多灰白头发——让你看起来确实高贵了许多。
这么说，你还是跟那个家伙分手了？——我很高兴你能恢复理智，可我不知道你以前到底看上了他什么。

你现在在看什么书？哦，是那本啊。还有比它好得多的呢——我会发邮件告诉你书名和作者的。

你的整形手术看起来很成功。谁做的？哦，他呀……真希望你当时能给我打电话——我会把城里最好的人推荐给你的。

我看到你买了辆新车。我看过那种车的模型，不过，《消费者报告》杂志说，那款车的得分并不高。

如何应对这类明褒实贬的赞扬呢？确实，我们采用的应对策略大都不怎么有趣。当然，首先，我们可以置之不理，在你对他们怒目以相或者采取防卫措施之前，你应该先培养自己戳穿他们险恶用心的能力。你母亲当年让你学会稍稍有点儿"厚脸皮"的用意就在于此。

第二个策略就是直接"戳穿"他们，并让他们为自己的毒害行为做出解释："听你的意思，好像不是赞扬，更像是在损我。你到底什么意思？"你很少听到有人会承认自己成心想让你不痛快，他们几乎毫无例外地会说，自己完全是无辜的。然而，如果你经常戳穿他们的动机，你会发现，他们以后会收敛许多，至少对你是这样。他们使用这种招数的效果，取决于其行为在受害者身上引发的模糊感觉的强度，如果你将所有的含糊不清都祛除了，那么，他们也便觉得毫无乐趣了。

如果你伶牙俐齿，而且反应敏捷，你还可以尝试第三种策略：以其人之道，还治其人之身，也就是说，也"含糊其辞"地应对他们。你可以将赞扬的部分——虽然这一部分并非他们的本意——当做"诱饵"，并只对这一部分做出反应，假装根本没听见其他的部分。比如：

善于明褒实贬的家伙："你儿子对体育项目感兴趣真不错。不过，要想进少年棒球队个子有点儿矮，你说呢？"

你："噢！谢谢你这么说。我会把你的鼓励转告给他的，我想，他知道你对他这么有信心，一定会很高兴的。"

这种策略可以将含糊的感觉回敬给对方。你的言外之意是："我知道你葫芦里卖的是什么药，不过，我并不直接对你的毒害行为做出反应，相反，我以其人之道，还治其人之身。"

第三种策略需要进行演练，的确，这种方式确实很灵验。这种策略的主要副作用是：你可能会转而使用挖苦、讽刺的方式，运用贬损的手段，凭借自己的机智报复对方，从而发现自己也陷入了不够真诚的境地。一般而言，以真实应对虚伪是更为高妙的策略。总体上说，一个人应该选取适应当时情境的应对策略，应该选取那些符合自己价值标准的手段。

宠物狗综合征

虚伪社交方式的另一个变种就是"两条腿的宠物狗综合征"。这种人喜欢表露出一种"踢我呀，再来一脚，求你了！"的可怜相，他们似乎很喜欢别人贬损自己，之后，让他人为自己的行为感到愧疚。我们来听听这样一段对话：

你："从你说的看，你和戴夫的关系好像不怎么样。"

两条腿的宠物狗："是的，确实不怎么样。他对我很不好。我还丢了些钱和珠宝。我想，他对我不忠。"

你："哇！看来情况很严重。那你怎么还和他在一起啊？如果是我，早就和他分道扬镳了。"

两条腿的宠物狗："可是，我实在不想再经历一次关系破裂了。我还没做好独处的准备，我可不想像上次那么狼狈。再说，他也不是不可救药，也许，我们可以和好如初的。"

你："和好如初？你刚说他偷你的东西！你们怎么和好？"

两条腿的宠物狗："我确实不善于处理这种事情。我不知道，也许，他会先和我闹翻的。如果是那样，我就不是首先提出分手的人了。"

某些人那副"宠物狗"一样的可怜相简直让人发狂，而且，完全令人迷惑不解。因为他们非常害怕冲突、惧怕对抗，所以，他们总是有意"受虐"。

他们从中能得到什么呢？他们的情感能从这种冒险的行为中获得什么好处呢？

除了"踢我吧"以外，这种人还有另一个诉求：让他人自责。两条腿的宠物狗是使用这两种招数的大师，他们能为他人设置这样的自责圈套："你怎么能这么对我呢？我都已经这样了，你怎么还能这么伤害我呢？"

他们能通过曲解他人的语言，制造让他人自责的圈套，同时，满足自己扮演宠物狗角色的需要："好了，你走你的阳关道吧，我自己在这儿没事儿的，不用担心。如果我摔断了腿，我会照顾自己的。"这种招数，辅之以惯常的身体语言（深深的叹息，低垂的肩膀，因为受到伤害而悲观厌世的表情，等等），总是让他人觉得根本无法一走了之，必须再次"回来"营救两条腿的宠物狗。

两条腿的宠物狗之所以缺乏真诚，是因为他们能制造和使用隐秘的套路，不是公然的威吓对方，也不是与对方当面对质，相反，他们通过对他人意思的扭曲，而获得内心的快感。你不知道他们为什么那么做，因为连他们自己也不清楚动机何在。

自恋：唯我独尊

自恋和利他是两种相互对立的动机。没人是完全利他的，不过，我们大都有某种程度的自恋倾向。如果自恋阻碍了我们与他人建立良好的相互关系，那么，它就成了一种病态。自恋和利他之间的平衡状态，反映了我们的情感健康状态，尤其表明了我们的自尊状态。

古罗马诗人奥维德通过这样的描述为我们揭示了自恋的本原：

> 那喀索斯是河神赛菲索斯和宁芙女神的儿子。十六岁的时候，那喀索斯出落成了一个无与伦比的美少年，但是，因为骄傲，他对所有的追求者——无论男女——都不屑一顾。仙女埃科全身心地爱着那喀索斯，但是，她无法向他表白。最后，那喀索斯拒绝了她。为此，仙女埃科日渐憔悴，只留下了自己的声音。一个遭受同样冷遇的年轻人祷告，要让那喀索斯永远只爱自己。复仇女神接受了这个年轻人的祈祷，让那喀索斯的生命止于赫利孔山的清泉边。当那

喀索斯看到自己在水中的倒影时，立刻陷入了对它的爱恋，忍不住拥抱自己在水中的影子。因为不愿离去，最后，因饥饿而死。但是，他没有留下尸体——他死后变成了一朵水仙花。

那些试图帮助罹患严重自恋症的心理医生谈到，患有自恋症的人有以下特点：

- 在与他人沟通时，明显表现出以自我为中心的倾向。
- 很难与他人建立和保持关系。
- 缺乏情境感知的能力。
- 缺乏与他人共鸣的能力。
- 不能像他人看待自己那样客观审视自己。
- 对任何实际的和想象的无礼都表现出过度的敏感。
- 不知廉耻。

某些心理治疗医生称之为自恋症或者"不可救药的自我迷恋"的病态，在社交商的专业术语中，我们将其称之为"缺乏真实"。

在美国以及西方某些传媒异常发达的国家，因为传媒人的极力渲染，我们有很多机会看到某些名人自恋症的"特写"，我们总能看到名人的结婚和离婚、口角和调停、风流韵事、性活动以及毒瘾的"八卦"和新闻。我们无数次看到，某些名人和富翁——人们通常认为已经"拥有一切"的人——最后走进戒毒所，或者变得一无所有，甚至黯然死去。在好莱坞，尽管花费几个月的时间最终戒除了毒瘾，或许会被视为一种"光荣"，但是，在人们的寻常生活中，如果你因为"自我毁灭的行为"而丧失了工作、配偶、终止了职业生涯，实在是没有什么吸引力的事情。

美国流行文化的承载者——传媒——既喜欢英雄，也对"反英雄"颇具兴趣，而且"反英雄"的曝光率似乎更高。比起低调而为人谦和的金融奇才沃伦·巴菲特的消息来，我们更经常看到的，是地产大亨、亿万富翁唐纳德·特朗普的自恋丑剧；我们听到的关于有"粗鲁大亨"之名的霍华德·斯特恩的新闻，远多于说话温文尔雅、善于表达、博学多才的主持人比尔·梅尔斯的消息；比起严谨的美国公共广播公司主持人吉姆·莱勒、C - Span 的布赖恩·莱姆、国家广播公司的提姆·拉瑟特以及美国广播公司的艾伦·布朗来，我们听到的更多的是声音刺耳的公共广播公司 MSNBC 脱口秀主持人克里斯·马修斯和福克斯电视台比尔·奥雷利的新闻。我们听到的有关导演斯坦利·库布里克——他以在《闪灵》一片的拍摄过程中，让才华横溢的杰克·尼科尔森将一个镜头拍摄了 147 遍而闻名——的新闻，远比关于肯·伯恩斯——一位引领历史纪录片风范的技艺精湛的艺术家——的新闻更多。

或许，我们可以得到如下的判断：斯坦利·库布里克们的世界是唯我独尊的世界，而肯·伯恩斯们、比尔·梅尔斯们和吉姆·莱勒们，则"一切都是为了作品"，在此，引用一则古老的拉丁文非常恰切："事实自己会说话。"

谦卑的价值

富有传奇色彩的喜剧演员兼制片人梅尔·布鲁克斯和演员泽罗·莫斯特尔在工作中总是争论不休，不过，他们都对对方的才能深表赞赏。1968 年，在《制片人》的拍摄现场，当梅尔·布鲁克斯发现演员的表演不能满足自己的要求时，大发雷霆。

根据当时的记录，泽罗·莫斯特尔要离开拍摄现场。

梅尔·布鲁克斯问他："你要去哪儿？"

泽罗·莫斯特尔怒冲冲地瞪着他说："我要去化妆间，等你的怒气消了我再回来。"

梅尔·布鲁克斯被即将突然停工的事实吓坏了，他说："你是说，你要去化妆间，让全部拍摄停摆，让我们损失好几千美元，直到我不再大发脾气？"

"是的。"泽罗·莫斯特尔气哼哼地回答。

梅尔·布鲁克斯脸上堆起独具特色的微笑说："我脾气发完了。"

或许，那些偶像和名人们比令人生厌的"顽固"自恋症更为不耻的，就是他们死死抓住"站不住脚的事实"不放。美国职业棒球联盟的传奇巨星，冷漠而缺乏热情的乔·迪马吉奥死前，有好几年的时间一直在欲罢不能地担心人们把他当成了摇钱树（他认为，那些钱应该归自己所有）。

O. J. 辛普森在大学和职业橄榄球场上的风采，永远将处于自己与妻子尼科尔·布朗·辛普森关系恶劣的阴霾中了。无论法庭的结论是什么，他到底在多大程度上涉嫌参与了对妻子和罗纳德·高德曼的谋杀，可能永远都不会大白于天下了。有一点是毋庸置疑的，那就是辛普森确实是个自负同时自恋倾向明显的人，无论在镜头前如何伪装，他虚伪的矫揉造作都是无法掩盖的。

毫无疑问，特德·威廉姆斯是个沙场英雄，是棒球史上最伟大的击球手，同时，他也是个难以相处、羞怯而冷漠的人。当他在自己棒球职业生涯的最后一场比赛中，为波士顿红袜队打出一个全垒打以后，自己悄然隐入运动员休息处，拒不向芬威公园球场的球迷脱帽致意。正如约翰·厄普代克在他那篇著名的专栏文章《波士顿球迷与小子道别》中记述的：

> 就像陷入旋涡的一根羽毛，特德·威廉姆斯在我们震耳欲聋的恳请呼声中匆忙离开球场，就像他的本垒打一样，动作急促、面无表情、低垂着头，我们的赞扬似乎是他避之唯恐不及的暴风雨。他没有脱帽向众人致意，虽然我们高声呐喊、哭泣，虽然在他回到球员休息区后的几分钟内我们一直在大喊："我们要特德！"但是，他始终没有出来。我们的声音从激动变成了绝望的哀号，他的不朽声名是无可替代的。报上说，其他球员，甚至连场上裁判，也都曾恳求他出来向球迷致意，不过，他总是拒绝，这次也不例外。要知道，"上帝是不会给你回音的。"

心理游戏、角力以及操控

我们每个人都认识几个"游戏者"，不过，我们这里所说的"游戏者"是指这样一种人：他们在社交场合中或者在处理与他人关系的时候，带有明显的欺骗倾向性，他们常常巧妙地将他人的行为引导到满足自己私欲的方向上去。这种诡计的"精髓"在于，他们往往通过"遮遮掩掩"的手段，而不是借助坦率的协作，来达到自己的目的。为描述这类人将我们带入困境的"智慧"，"头脑游戏"一词已经变得越来越流行了。

多年前，心理学家埃里克·伯恩曾对人们之间产生互动的一种形式——

他将其称之为"交互作用心理游戏"——进行过深入研究，这是在人们互动过程中一种经常出现的程式化模式，其中一个人通过攻击对方毫无感知的弱点，以获得心理上的些许优势。他的著作《人们玩的游戏》以及他的"交互作用分析方法"，在商业性组织中已经颇为流行，在培训员工如何与不诚实的人打交道，以及培训员工如何保持自己行为的诚实性等方面，这本书及其方法很好用。

埃里克·伯恩以通俗的日常语言，为各种"游戏"起了名字。他用很简单的表述方式来为一种互动心理游戏命名。他简称为"NIGYYSOB"（Now I've Got You，You SOB.）的"现在，我逮住你了，你这个狗娘养的！"的心理游戏是说，一个人利用另一个人之前的错误对其实施报复。

> **妻子**："我真该换换这个房间的窗帘了，它们太旧了。"
>
> **丈夫**："好啊，为什么不呢？我们一起去商场转转，看我们能不能买到合适的吧。"
>
> **妻子**："不，我们现在还没钱买。你买那些高尔夫球杆已经花了太多的钱。"

埃里克·伯恩认为，这类游戏有三个组成部分：

1. "设套"，就是为游戏设定前提，这一部分常常以毫无恶意的对话作为伪装。
2. "入套"，就是指对方毫无察觉的回应，通常，受害者总是试图解救、安抚游戏者，或者支持游戏者提出的前提。
3. "收紧"，情势突然发生转变，从而使"受骗的笨蛋"——也就是钻入游戏圈套的人——感觉恶劣。

从根本上说，正如其隐秘目的所在，交互作用心理游戏会让他人感觉很差，会激起他人愤怒、挫败、愧疚以及其他具有"毒害性"的情感。埃里克·伯恩认为，因为游戏者不能通过与他人直接而坦率的互动方式达到自己的目的，所以，他们常常借助消极的情绪实施报复。积习难改的游戏者通常是那些在孩提时代未能树立起强烈自尊的人，他们因为在儿时曾经被人漠视、虐待、恐吓，因为缺乏他人对自己的爱，所以，他们便下意识地做出了这样的选择："整个世界都曾对我不公，所以，有些人要为此付出代价。"而这里谈到的有些人可能会是任何人。

在极端情况下，游戏者会在自己遇到的每个人身上"大展拳脚"，他们对实施报复的渴望永不餍足。通常情况下，他们都有为自己恶劣的游戏行为开脱的充分理由，而且能将那种具有毒害性行为的责任推卸到他人身上。

根据埃里克·伯恩的建议，与这类"职业游戏者"过招儿并赢得胜利的唯一法宝，就是对其置之不理。人们应该学会判断"设套"的迹象：抱怨、发牢骚、博得同情，或者提及过去的某些情境或事情，将其当做让你感觉恶劣的心理武器。一旦你识破了这类游戏者，并识破他或她的游戏套路以后，你通常都能戳穿他们设定的圈套，并免于让自己陷入其中。

做个真实的人其实很简单

　　罗伯特·福尔格姆在其 1986 年的畅销书《那些人生中最重要的道理我在幼儿园里都学过了》中，罗列出了他在幼儿园学到的"生活、行为以及如何成为某种人"的行为准则，因为这些准则非常简单，所以，颇具说服力。

- 分享一切。
- 光明正大地行动。
- 不打人。
- 把东西放回原处。
- 收拾好自己的东西。
- 不要拿不属于自己的东西。
- 如果你伤害了他人，要说对不起。
- 饭前洗手。
- 便后冲水。
- 热甜饼和凉牛奶有益健康。
- 安定而和谐地生活——每天都学习、思考、画画、唱歌、跳舞、游戏和工作。

- 每天午睡。

- 外出时要小心车辆，要拉紧大人的手，不要走失。

- 充满求知欲。要记住泡沫塑料花盆中种子的生长规律：根往下长，茎往上长，没人知道它们怎么长、为什么那么长，不过，我们很喜欢它们生长的样子。

- 金鱼、仓鼠、小白鼠，甚至泡沫塑料花盆中的种子，最终都会死的，我们也一样。

- 最后，要记住"迪克和简丛书"中的故事，不要忘了你学会的第一个单词——也是最重要的词语——"看"。

表明真实的技巧

你可以通过下列方式增加自己在他人心目中的真实性：

- 留意那些他人试图将你的行为引入歧途——让你的行为违背自己的价值观——的情境。你在这种情境中如何应对？你如何坚守自己要保持真实的原则？

- 留意那些你稍后对自己刚才的行为感到心神不安的情境。你是不是屈从于自己欠妥的行为？在这类情景中，你是不是放弃了自己的行为准则，而选择了一种纵容自己的行为方式？你是不是因为担心冲突而苟同他人、避免与他人直面相对呢？

- 罗列出你自己的"情感输入"——从他人身上找到你自己需要的、有助于让自己变得更可爱、更有才能、更容易被人接受的行为方式。其中的有些行为方式会不会让你误入歧途呢——总是寻求得到他人的赞许、避免直面相对、操控他人，或者不能诚实面对自己的价值观和行为动机？

- 找一本有关价值观的书，仔细判断一下自己的主导价值观以及自己最为看重的东西都是什么。你的行为方式是不是忠实反映了那些价值取向呢？

- 写下自己的使命——你生活在这个星球上的目的是什么？你优先考虑的事情是什么？你如何才能让自己的生活更有意义？反复修订它，直到你认为它已经准确表达出你的生活要义为止。之后，将它打印出来，贴在墙上，或者贴在冰箱门上，每天都看看它，并向自己提出这样的问题：我现在的生活是我渴望的吗？

第五章

明晰表达

> 用词准确与用词几乎准确之间的差异，就如闪电与萤火虫之间的差异。
>
> ——马克·吐温

在"S. P. A. C. E."中，"C"意指**"明晰表达"**。这一环节主要检验你清楚表达自己的思想、观点、设想以及意图的能力。

你说出来的，是你要表达的意思吗？你想表述的意思说出来了吗？你是不是说得太多、太快了，或者说得太少了？你的表达——音调、节奏、音量和抑扬顿挫——是激发出他人对你的信心呢，还是缺乏对他人的尊重？你能巧妙地使用语言吗？你能以一种明晰而富有说服力的方式表述概念和论点吗？你能通过专注而巧妙地倾听弄清他人的观点吗？

通过增加自己的词汇量，有助于你更好地表述思想和意图；恰当地使用比喻也能帮助你将自己的想法清楚地传达给他人。

一种表达方式

在接受《纽约客》一位记者采访时，前副总统艾尔·戈尔曾谈到自己对前苏联的观点。他的解释为我们提供了一个"繁冗费解"——以艰涩的词汇把意思弄得复杂难解——的完美例证。

戈尔副总统谈道：

> 其一个结果就是在那些市场原教旨主义者中出现了突然的必胜

信念他们抱持一种绝对可靠和傲慢自大的态度这种态度会导致其信
徒鄙视和轻蔑那些他们不能接受他们的意识形态而形成的价值观。

啊？无论是在 2000 年的大选之前还是之后，人们对戈尔最常见的批评一
直是他不自然的演说风格，以及不能用简单的语言陈述复杂的问题，甚至不
能用简单的语言表述简单问题的能力。毫无疑问，他是个很聪明的人，但是，
他明晰表达的技巧着实让人无法恭维。或许，正是不知道如何在某些场合恰
当使用语言，让他与总统宝座失之交臂。

下面这段文字摘自一篇学术论文，这篇论文刊载于一个很受尊敬的期
刊，具有讽刺意味的是，作者是一位才华横溢、经验丰富的沟通教授：

> 就沟通的能力而言，沟通的效能并不是罕见的同义语。尽管这
> 一标准看似很简单，不过，它的面纱下面隐藏着几个复杂的问题。
> 首先，沟通者可能并没有意识到自己的目的，从而可能不能认识自
> 己沟通的效能如何。其次，不清楚自己的目标，意味着他们偏好的
> 结果可能只是偶然所得，但是，这样的结果可以归结为能力和努力
> 的表征。另外，也是密切相关的，效能是力量的同类，因此，是将
> 自己确认为原因所在的归因原则的一个扩展。

是不是可以与艾尔·戈尔媲美？就我们如何表达、如何相互沟通的问题，
还有比这更"精到"的解析吗？这样一篇关于有效沟通近乎无法理解的论文
是不是颇具讽刺意味呢？

告诉我认表

我五六岁的时候，我哥哥自告奋勇，要帮助我学会认表。直到今天，我
还清楚地记得我当时的挫败感，因为他越解释我越糊涂。我哥哥完全不得要
领的方法包括画一个表盘，在表盘上画了一条通过圆心的直线，将表盘分为
两半，之后，告诉我："好了，表盘的左边是'差'，右边是'过'。"之后，
他接着给我解释"差"和"过"，直到我让他停下来。我当时说了一句话，
相当于成人在说"你说的到底是什么他妈乱七八糟的?"

实际上，他确实是在以极大的耐心努力尝试，也就是说，他确实想找到一个切入点，由此，他可以教会我像他那样自如地看表。其实，他可以指着表盘上的两个表针告诉我，它们走行的速度不一样，那个"短针"转一圈需要十二个小时，而那个"长针"转得要快得多，每一小时就转一圈，可令人遗憾的是，他根本没想到从这个更高的层次开始。从"长短针"开始，他接着就可以告诉我，"长针"表示一小时内的分钟数，之后，再告诉我，"长针"走过十二点的位置以后，走到什么地方代表走过了多少分钟。在这个前提下，他说的"差"和"过"也许就更容易理解了，他的解释也会变得更容易，可是，他确实不明白我有多么糊涂，我也不明白他有多么沮丧。

很多年以后，我意识到，在这个星球上，他只不过比我多生活了一年，所以，要求他拥有将某些概念清楚解释给他人的技巧未免不合情理。不过，我常常碰到从未学会这种技巧的成年人。

喜剧演员罗布·施奈德在表演时，就曾将语言和语调进行过完美的结合。他向人们准确展示了俚语"花花公子"可以以不同的方式表达出来，而各个不同方式所表达的意思取决于当时的情境：

- 拉长声音，同时，似有所悟地点点头："花——花——公——子！"（表示"满足、满意"）
- 声音简短，同时，不赞同地摇摇头："花花公子！"（表示"厌恶、反感"）
- 以疑问的方式说出来："花花公子？"（向着躲藏在暗处的持刀人）

作为成人，我们都生活在一个由词语构成的世界里。然而，令人惊异的是，我们中很少有人能真正明了语言——作为思想和表述媒介的语言——的强大力量。屡见不鲜的情形是，一个对话、一个论点的陈述或者一个观点的表达，不过只是"杂乱无章的念头的倾泻"，也就是说，只是把涌进头脑的词语倾泻而出。学会将语言当做关键资源的人——通常也是表述效果很好的人——则少之又少。

"臭嘴症"：有时候，沉默是金

情景喜剧的一个典型情节，是主角正在向另一个人眉飞色舞地大说丈夫、妻子、女朋友、男朋友、老板或者熟人的坏话，我们从画面上只能看到听者的表情在生动的变化。主角通常问到的痛苦问题是："他/她就站在我后面，是吗？"（之后，录制好的笑声随之响起）

关于"臭嘴"，关于当事人试图挽回影响的老旧笑话，不胜枚举：

一群老顾客正坐在当地的酒吧里看大学生橄榄球赛的电视直播。看到两队的队员分列两队严阵以待，一个人对自己的朋友说："哈！大学生有什么了不起！去那个学校的除了橄榄球球员，就是贱女人。"

站在他们旁边的一个身材魁梧的男人听到了，气愤地说："嘿！伙计！我妻子就是那个学校毕业的！"

"真的吗？"发表评论的那个人吃惊地问。"哦 …… 她在场上打什么位置？"
……

一个人招呼超市的售货员，让他把大棵卷心菜切开，自己要买一半。"为什么要一半？"售货员问。"我用不了一整棵，只要一半就够了。"买菜的人说。售货员拿着卷心菜，走到肉食柜台。"嗨！拉里！有个傻瓜要买半棵卷心菜。你能帮我把它切开吗？"售货员用眼睛的余光看到，买菜的那位顾客也跟他来到了肉食柜台。"这位优雅的绅士要买另一半！"

当你回想自己生活中的某些社交情境时，你可能轻易就会想到几个例子——他们在"恰到好处"的时间，说出了"恰到坏处"的话。其实，我们自己也都曾有过这类经历。如果你说的"恰到坏处"的话没有给你和他人的关系、自己的职业生涯、你的朋友或者婚姻造成负面影响，那么，你真该为自己的运气感到庆幸了。

有时候，少说话反倒能取得更好的成果。老到的销售人员就很清楚何时应该停下话头，让客户自己去"完成做出购买决定的工作"。有时候，只需说出某个设想的"引子"，让他或她自己完成设想的其余部分，就能达到说服他或她的目的。有时候，通过让他人总结要点、完成陈述或者将散乱的意思接续起来，也能从他们那里获得对你想法的支持。

下面这则人们常常听到的充满哲理的说法，在社交场合中颇为有用：

> 比起口若悬河、滔滔不绝来，比起消除一切疑点、把一切都表述得清楚无疑来，保持缄默、被人视为傻瓜要明智得多。

美国空军战斗机飞行编队成员的座右铭是：

> 保持沉默从来也不会错失任何一个机会。

劳伦斯·考弗林（这一表述可能来自佛教的教义，还可能源于其他渠道）说过：

> 除非你能使沉寂的窘境得到改善，否则，保持缄默。

有时候，无论你说的是什么，都可能引火上身。因此，你必须根据对事情背景和当事人意愿的准确理解，来"领会"正确的反应形式。不妨看看下面这种屡见不鲜的例子，这种情形处理起来就相当棘手：

> 你一个处于半歇斯底里状态的朋友："我觉得我的男朋友在骗我！最近，他的行为太奇怪了，我想，他可能和某个同事有一手！"
> 你："是吗，那真是太糟了！你知道，我从来都不喜欢那个家伙。我一直认为他在欺骗你。事实上，他就是那种非常让人讨厌的人。"
> 你那个处于半歇斯底里状态的朋友："你说得太对了！他对我一直很不好，今天晚上我见到他，就要当面戳穿他。"

（一星期以后）

你："对了，你和你男朋友怎么样了？"

你那位现在变得异常愤怒的朋友："哦，我们和好如初了。顺便说一句，我把你说他的话告诉了他，他说，他再也不想见到你了。事实上，我也不喜欢你那么说他。我爱他，而且他也爱我。你怎么能那么刻薄地说他呢？"

下面，我们以"精挑细选"的词语重新演绎一下上面的故事：

你一个处于半歇斯底里状态的朋友："我觉得我的男朋友在骗我！最近，他的行为太奇怪了，我想，他可能和某个同事有一手！"

你："是吗，那真是太糟了！你想怎么解决这个问题呢？"

你那个处于半歇斯底里状态的朋友："今天晚上我见到他，就要当面戳穿他。"

你："是吗？祝你好运！我希望你能圆满处理好这个问题。"

（一星期以后）

你："对了，你和你男朋友怎么样了？"

你那位现在看起来心满意足的朋友："哦，我们和好如初了。我真的很爱他，而且他也很爱我。"

你："太好了！我们可以点菜了吗？"

有时候，不予置评的巧妙艺术是一种颇为好用的策略。

政界的"臭嘴"症

2004 年，在美国总统大选期间，民主党候选人约翰·克里忠心耿耿的妻子特丽莎·海茵茨·克里，总是以自己欠考虑的评论以及与媒体人——他们很擅长激发起特丽莎·海茵茨·克里的激动情绪——的争论，给丈夫造成很多麻烦。作为一个富有的继承人，自然很熟悉如何从他人那里接受殷勤和好意，不过，当她面对他人对自己未来美国第一夫人身份的挑战时，当她面对丈夫胜出可能性的问题时，她的脾气似乎未免太暴躁了些。

在与媒体一次"无望获胜"的惊险邂逅中，特丽莎·海茵茨·克里曾对现任美国总统乔治·W. 布什的夫人劳拉·布什出言刻薄，在居住在白宫的女性中，劳拉·布什是争议最少、最受爱戴的人之一，职业生涯体面、可敬，她曾作过图书馆管理员和教师，她利用这种职业经验投身于教育进步事业和旨在专注于孩子特殊需要的重建项目。

特丽莎·海茵茨·克里将自己的"臭嘴"能力发挥到了极致，谈到第一夫人时，她说："我觉得她从来都没从事过真正的工作——我的意思是说，自她长大成人以后。所以，她的经验和资格虽然也来自很重要的事情，但却是完全不同的事情。"

她的口无遮拦把自己拉进了一个两难处境：要么承认自己不知道，或者忘记了第一夫人的早期职业生涯，要么就必须面对新闻报道——媒体将她的评论视为对教师这一令人尊敬职业的贬低——引发的人们对她的愤怒，以及受到贬低的数百万美国教师对她的怨怒。

几天以后，特丽莎·海茵茨·克里试图以苍白的辩解挽回影响："我忘了布什夫人曾经做过教师和图书馆管理员，那是再重要不过的工作了。"

更让特丽莎·海茵茨·克里下不来台的是，劳拉·布什以颇不寻常的优雅态度接受了她的道歉："她道歉了，不过，她其实大可不必道歉，我知道这类事情有多么棘手，而且我确实很清楚，媒体那些问题诡计多端。"

"官方腔调"和"真实表达"

在新闻节目中，你是否听到过警官解释案发情况呢？是否听到过他们解释如何抓捕罪犯，或者解释案件目前的调查进展呢？有些警官的解释简明扼要，同时使用容易理解的术语。有些人则是一口"警察腔"——呆板僵硬、没有任何感情色彩的机械化风格。"大约凌晨2：45，嫌疑犯驾车沿第54大街西行，根据某某先生的指控，嫌疑犯被警方巡逻车拦截。嫌疑犯现已被羁押在县拘留所。"很显然，这段话的意思是说"我们逮捕了那个家伙，并已将其关押"。

在摄像机开动之前，呆板僵化的警官很可能已经向记者解释过了案情，而且，使用的语言很可能也是呆板僵化的。那么，为什么他要用另一种"人造的"个性——一种语言和非语言表达的手段——将自己作为一个活生生的人的性格遮掩得严严实实呢？

当必须以官方角色讲话时，无论面对的是公众，还是媒体，虽然不是全部，不过，有很多警官的表达方式确实就是典型的"官方腔调"——没有任何个人色彩的表述方式。地方检察官、市长、立法者、总统、总理，以及范围广泛的官员，在面对外界的时候，都可能自然而然地操这种"官方语言"。而面对媒体访谈的首席执行官、经济学家和其他专家、为颇具新闻报道价值的名人辩护的律师，则不但在自己要说什么上精挑细选，而且还在如何让自己的表达方式更值得信赖、更富有吸引力上大下工夫。

官方腔调现象引发了我们对讲话者下意识选择表达方式的思考，讲话者可能会认为，自己精心选择的表述方式会给自己带来好处。有些人或许认为，那种"有一说一，有二说二"、不带有任何个人情感色彩的语言，能向听者传达出精确的信息和思想；有些人或许认为，那种表达方式是一种能有效保护自己的"盾牌"，据此可以抵御那些"随时准备找碴"的人的抨击，比如，媒体对警方的含沙射影；还有些人或许认为，这种只说明可核实的事实的表达方式让自己觉得更自在。然而，无论在什么场合下，这种语言本身都会让听者觉得讲话者在压抑自己的情感、完全受制于他人，而且缺乏展示自己智慧的勇气。

每天，在媒体与代表官方的各种人的访谈中，在诸如协商会之类的商务场合，我们都能看到两种截然不同的表达方式。我们将这两种表达方式分别称之为"官方腔调"和"真实表达"。"真实表达"看似需要某些额外的技巧：讲话者必须将一系列事实——他们可能还要选择将哪些事实告知听者——转化成一个故事，而这个故事要能打动听者，要能激起他们的兴趣。为此，他们或许需要借用一个简单比喻来组织自己的解释，或许需要将某个情境戏剧化成一个"道德剧"或者演绎成一个有关道德的故事，或许需要构建一个颇富吸引力范例——一个有关讨论的范例，一个没有讲话者的帮助，听者就不解其意的范例。

历史上的很多名人就以其论断、讲述的故事或者激发他人行动的号召力赢得了显赫的声名。最近年代的"沟通明星",比如,甘地、富兰克林·罗斯福、约翰·肯尼迪、马丁·路德·金、罗纳德·里根以及比尔·克林顿等人,就显示了"真实表达"的高超技巧。

"直升机语言"和"电梯谈话"

就选择语言的能力以及表述不同层次的抽象理念的能力而言,直升机是一个很好的比喻。直升机的独到特点是什么呢?是的,它能从一个高度轻易地上升和下降。坐在直升机的驾驶舱里,当直升机低空盘旋时,你能清楚地看到下面的地形以及地面的细节,而当直升机升到高空时,你能看到更为宏阔的空间,不过,很难看到地面的细节。

用类推的方法,或者用比喻的方式,我们也可以建造一个"语言直升机",它能引领我们和听者"下降"到细节极为清晰的"超低空",也能将我们和听者带到更具概括性的"超高空"。用"直升机语言"传达某些想法,意味着你要选择合适的术语、象征、措辞、类推,当然,还有比喻,将听者的思路带到你希望到达的地方。就高度的改变以及抽象程度的改变如何改变观点和思考程序而言,直升机是个近乎完美的比喻。

从"高空"——我们可以将抽象的水平称之为"高空",下降到"地面"——我们可以将具体、有形的水平称之为"地面",需要讲话者拥有高超的明晰表述技巧。因为他们在操控直升机——也就是说,他们是直升机的驾驶员——所以,他们可以通过在恰当的时间将直升机调整到恰当的高度,来引导听者的思路。

缺乏这种技巧的人则无力掌控调整发动机转速的节流阀和掌管飞机升降的操纵杆,他们常常从具体、有形的水平过快爬升到抽象的高度,或者常常在某一水平滞留过久。在商务场合,当你听到一个不耐烦的同事谈到"不要问那个家伙几点了,因为他会告诉你怎么制造手表"时,你就知道,那个家伙就是个蹩脚的"飞行员"。听者的需要——知道确切的时间(具体而有限的水平),与讲话者的需要——事无巨细、包罗万象(抽象而无限的水平),发生了激烈的冲突。

同样，当你听到有人怒气冲冲地说"只跟我说《读者文摘》版本就够了"时，那就意味着听者已经失去了耐心，因为讲话者的表述太过详细了。有些人似乎天生就缺乏"编辑"自己讲话的能力，他们似乎根本不会概括总结，总是在旁枝末节上打转转，总是将根本思路引入歧途。

优秀的"飞行员"会告知你飞行方向，会告诉你他们会把你带到哪儿。我们来看看下面两个例子：

> **飞行员：**"好了！我刚刚给你展示了目标的'大画面'，接下来，我想带你去看看具体的行动步骤。"
>
> **飞行员：**"我们谈到了现在的情况，接下来，我们重点来看看，项目完成的时候应该是什么样子。"

在第一个例子中，我们看到，直升机飞行员从抽象的高度（鸟瞰），下降到了具体的水平（具体运作），而在第二个例子中，他或她把我们从具体的水平（专注于现在的情况），带到了抽象的高度（关注未来）。

巧妙表述想法另一个很贴切的比喻就是"电梯交流"。或许，"电梯交流"更能适应现在这个快节奏的社会，电梯交流是指对某些想法、主题、行动步骤、议题或者观点进行高度概括的简短沟通。形象地说，这种交流是指你和交流对象在共处一个电梯中的大约一分钟内，就能将自己的想法传达给他或她。

在交谈过程中，就清晰表述的能力而言，电梯交流已经成为日益重要的一个技巧。对商务人士和专业人士来说，越来越多的场合需要他们将某个信息或者某个思考过程的精髓抽离出来，并以"压缩"和简短有效的方式表达出来。

一个项目经理可能会受邀出席董事会，并向与会人员简短表述一个全新的提案，比如，在五分钟甚至更短的时间内将新项目表述清楚。在这种情形下，提纲挈领的陈述方式和对词语的选择就变得非常重要了。就我从事的职业而言，与一个潜在客户在机场的偶遇，就可能是建立一个商务关系的契机，当然，这类机会也可能真的就出现在一部真正的电梯里。

在与高级经理人的协作过程中，我发现，让他们以电梯交流的语言——

不到三句话的篇幅——清楚表达自己企业的理念，有助于检验他们清晰表达的能力如何。是否能清晰传达企业理念的"试金石"，就是看企业的领导者能不能只用三句话就将其解释给员工、客户、董事会成员或者新闻记者。如果没有经过严谨的思考，那么，面对这一请求时，他们往往会支支吾吾地"卡壳"。

在传媒界，原声摘要播出的形式，也使电梯交流的技巧变得空前重要起来。那些接受地方新闻电台电话访谈的总经理们可能会发现，自己的讲话真正播出的只有十秒钟。要想传达出自己的观点，而且不想让访谈者将自己"当猴耍"，你就应该拥有巧妙而紧凑地组织自己观点的能力。

我工作的一部分内容，就是频频上广播节目和电视节目，在节目录制过程中，我很早就发现，广播节目主持人很欣赏接受访谈的专家的这种能力——能将答案凝练成简短的精华，而浓缩后的内容可以单独使用，而且不需剪辑。的确，这种能力确实是主持人把持的一个重要的标准，主持人会据此决定是再度邀请某些专家呢，还是将某些专家的联系信息束之高阁。

"干净的"语言和"肮脏的"语言

看看下面两种表达方式有什么区别：

1. "那是个愚蠢透顶的想法。"
2. "我不同意你的观点。"

看看下面两种表达方式有什么区别：

1. "你大错特错了——你根本不知道自己在说些什么。"
2. "我和你的观点完全不同。"

再看看下面两种表达方式：

1. "儿子，那幅画丑陋无比。"

2. "我不怎么喜欢那幅画。"

在上述三对表述中，人们大都会认为，第一种表述方式更强烈、更尖锐，而且暗含着盛气凌人的情绪，它们似乎没有留下任何不确定的空间或者商榷的余地，每一个表述都让人觉得是"终极结论"，每一个表述都暗示出，自己所说的"对每个人来说都是不容置疑的"，而且都没给他人留下做出其他选择的余地。这些暗含的意思并没有通过表述本身表达出来，它们只是"言外之意"——也就是话外之音。表述者的音调、面部表情以及举止，可以增强也可以减弱特定语言所传达出来的"情感内涵"。

语言心理学的研究结果表明，在上述三对表述中，比起给听者留下选择余地的表达方式来，第一种表达方式尤其会诱发出听者下意识的紧张情绪。有些人，或许应该说大部分人，听到盛气凌人的语言或者武断的语言时，会有一种被人"逼迫"的感觉，或者会有受到"压迫"的感觉。尽管表述者并没有直接说出来，不过，听者还是能下意识地感觉到，表述者坚持让自己接受他们的观点和他们的价值判断。自主权受到威胁的微妙感觉，会让听者产生某种程度的抵触情绪，甚至是愤恨的情感，而这种感觉恰好与表述者希望得到的结果背道而驰。

某些语言形式，无论是盛气凌人式的、武断专横式的，还是其含义的边界已经被专断地划定的语言，都会造成听者与表述者的疏离，而且都会破坏双方达成理解的过程。或许，我们可以将这种不纯净的语言称之为"肮脏的语言"，我们在这里所用的"肮脏"一词，并不是指这种语言污秽、猥亵，而是说这种语言把沟通搞得一团糟。肮脏的语言包括其表述以及词语的选择让他人感觉受到胁迫、冒犯、愤怒、疏远或者让他人感到困惑的语言。

与其形成对照的，是"干净的语言"，这种语言使用得更多的，是中性的语汇，选择的词语会让他人心领神会、思路开放，而且会让他人觉得自己可以与其自如交换看法。

清楚表述的基本技巧之一，就是能认识到语言的这些深层心理现象，这种技巧需要一个人拥有"监听"自己以及他人语言表述方式的能力，同时，需要避免对他人——无论听者是个人，还是群体——使用"病态、反常的语言"，也就是那些会引发他人误解、与自己发生冲突甚至会造成他人心理失调的语言。

我们至少可以找出肮脏语言的五种主要形式或者"变种"，当然，我们还可以找到可以替代肮脏语言的更多"健全语言"版本。表5.1罗列出了病态、反常语言的主要类型及其例证，表5.2罗列出了疗治每种语言疾患的"药方"及其例证。

表5.1　　　　　　　　　　　病态语言的例证

语言病态	例证
坚持己见（盛气凌人的价值判断）	"共同基金完全是糟糕的投资"；"最应该买的计算机品牌是……"；"那是个冒牌货。"
无一幸免（涵盖所有人的语言，全部在内的语言）	"所有的政客都谎话连篇……"；"现在的孩子们都不尊重自己的父母……"；"人们都是懒骨头……"（暗示"所有的人"都是懒骨头）
必须二选一（"不这样，就那样"语言）	"你要么和我们站在一起，要么就是我们的对立面……"；"任何争论都有两个阵营……"；"你是自由党，还是保守党？"
应该（提出别人不愿意接受的建议或者指示）	"你应该辞了那份工作，找个更好的……"；"你买车为什么不用旧车抵价呢？"；"如果你还算聪明的话，你就应该……"
武断专横（不能容忍他人的观点）	"只有一个方法干那件事……"；"任何给他/她投票的都是傻蛋……"；"我总是投某某党的票……"
贴标签（用自己的价值判断分门别类）	"那就是社会主义……"；　"那是个自由主义精英媒体……"；"他们就是一群粗野堕落的人……"
挖苦、讽刺（刻薄的批评）	"如果你读读报告，就不会问这么愚蠢的问题了……"；"我想，我的观点对你还不够好……"；"看样子，你觉得自己是唯一有问题的人……"

表5.2　　　　　　　　　　病态语言的矫正方法

语言病态	矫正方法	例证
坚持己见	自己的建议；"怀有"自己的判断（"我认为"）	"我不喜欢共同基金……"；"我最喜欢的计算机品牌是……"；"我不认为那是个好投资项目……"
无一幸免	更有限度、更有节制（"从某种程度上说"，"我似乎觉得"，"就我所知"，等等）	"有些政客撒谎……"；"似乎现在有很多孩子对自己的父母不够尊重……"；"有些人不喜欢勤恳地工作……"
必须二选一	"灰色地带"语言（为某些可能性留下空间，而不是走向两个极端）	"你或许不同意我们的某些观点……"；"判断这个议题有很多角度……"；"你对某某问题怎么看？"
应该	为他人提供其他选择和可能性	"你或许可以考虑找另一份工作了……"；"你也许可以用辆旧车抵价买新车……"；"我建议你考虑一下……"
武断专横	更有限度、更有节制；"怀有"自己的结论	"我知道一个很有用的方法……"；"我自己肯定不会投他/她的票，不过……"；"我自己更喜欢某某党的政策……"
贴标签	具体说明（"不一概而论"）	"你能把那个想法深入解释一下吗？"；"有些媒体的倾向似乎……"；"他们似乎认为……"
挖苦、讽刺	中性语言	"或许，我们可以看看报告上是怎么说的……"；"我可以告诉你我的观点，或许，它对你会有些价值……"；"我看得出，你遇到了麻烦……"

或许，你已经注意到，很多"干净的语言"都有一个重要特点：那就是讲话者是"说给自己的"，并不暗含自己的观点对所有人都正确的意味。这

种表述方式让他人无可辩驳，而且不会引发争论和强烈反对："我不认为那种方法能行得通"就是一种关于讲话者的表述，而不是针对"那种方法"，讲话者向他人提出的，是自己对那种方法的思考和观点。与之形成对应的，是"肮脏语言"的表达方式——"那种方法行不通"，它暗含着对听者自主权的剥夺。有限制、有节制以及其他巧妙的表述方式，会传达出对听者的尊重，同时，欣然接受其他的可能性或者其他观点。

语言棒击

"语言棒击"是肮脏语言的一种特定类型，而且也是一种更令人厌恶的类型。语言棒击是一种攻击性的、独断专横的表达方式，是一种"要么接受，要么放弃"式的语言，这种语言让听者觉得，自己仿佛被讲话者的观点、信仰或者价值判断来了"当头一棒"。比如，"说那种话真是愚蠢透顶了"，"你大错特错了"，"那种方法根本行不通"，"你简直不知道自己在说些什么"，"你根本不能自圆其说"，以及"你说的完全自相矛盾"等，这些表述会造成讲话者与听者之间的疏离，而不能让听者仔细思考讲话者的观点。

如果你确实想将语言棒击从自己的言谈中祛除出去，你可以首先从认识它们开始，辨识出别人使用的语言棒击对你尤其有帮助。之后，你就能在脱口而出之前"欲言又止"了，进而，你也就能更巧妙地将自己的语言塑造成中性语言了。

如果你对"弹性表述想法"方式的价值和影响力有更深刻的体认，那么，你很可能会认识到，哪怕最微小、最简单的词语也会影响人们之间的沟通和理解。比如，不妨考虑一下，将词语"但是"换成"那么"会对人们的感受产生怎样的影响：

老师说："约翰尼，你的英语学得不错，但是（哈！接下来，一定是另一只鞋要掉下来了），你得在数学上多下点儿工夫。"

约翰尼听到的是："英语如何如何如何……什么什么什么……数学要多下工夫。"

约翰尼的结论："我的数学很差。"

如果老师的表述稍稍改变一下，效果就会显著不同：

老师："约翰尼，你的英语学得不错，请继续保持。那么，现在，我们可以好好学学数学了。"

约翰尼听到的是："约翰尼，你的英语学得不错，那么（一个过渡），你也可以把数学学得很好。"

约翰尼的结论："我要在数学上多下些工夫。"

如果你觉得人们在语言上的这种转换没有大不了的，你可以试一个星期。尽可能从你的表述中将"但是"去掉，并在任何你想说"是的，但是"的时候，用"那么"一词来取代"但是"。

不妨想一想，自己曾经多么频繁地听到人们说这样的话（在广播访谈节目或者电视新闻节目上）："埃德，我实在不想和你争论，但是……"请注意，他们总是与对方有分歧，尽管他们刚刚"发誓"不和对方争论。在一段中性或者正面的表述之后，使用"但是"这个词语几乎总是预示着一个负面表述的开始：

"我实在不想说你错了，但是……"

"也许你是对的，但是……"

"我大体上同意你的观点，但是……"

"你谈到的大部分都没错，但是……"

"我相信你，但是，我自己的观点是……"

在这种表达方式中，"但是"一词的微妙含义会让讲话者与听者之间更难建立起有效的沟通。你不妨自己试验一星期，在对话和书面表达中，将"但是"的说法换成"那么"的说法。

下面这个简单而且容易遵从的建议，是有助于增加你"健康的表述"和"清洁你语言"的另一个有效方法，那就是训练自己自如而恰当地说下面这三句话：

- "我不知道。"

- "我错了。"

- "我改变了想法。"

就健康的语言和干净的语言而言，我们还有很多东西要学，不过，现在，只要你学会应用我们在这里讨论到的方法，就能大大提高你清楚表述的技巧。此外，随着时间的推移，你对语言力量日益提高的敬畏，有助于你理解他人、被他人理解、说服他人，有助于你以自己的观点赢得他们的合作。

引导听者的头脑跟你走

你怎么才能把一个想法、一个概念、一个结论、一个建议或者一个观点，从你自己的头脑灌输进他人的头脑，并使其留驻其中呢？没有清晰表述能力的人，倾向于想到什么就说什么，无论当时想到的是什么。他们中的很多人根本不明白，"没有经过格式化的念头垃圾"，与经过审慎选择的对话策略之间有什么区别。

他们可能在还没有吸引到他人注意的时候，就开始解释什么；他们的表述可能从一个想法的中间而不是从一个合乎逻辑的切入点开始；他们可能以过多的信息、毫无逻辑性的表述和杂乱的想法，让听者不胜重负；他们常常以为，听者加工信息的过程，与自己加工信息的过程是完全一样的。

如果我们想用自己的想法影响他人，并让他们达成与我们的合作，那么，将信息以他们的头脑容易处理的方式表达出来，无疑是大有裨益的。你可以将这个过程想象成自己进入了听者的头脑，而且从心理上"陪同"他或她理解你要传达的信息，比如，你的结论、你的信仰、你的观点，或者接受你提出的行动步骤。用比喻的说法，你要引导听者的头脑跟你走。首先，你必须弄清听者的"头脑在哪儿"，也就是要吸引他们的全部注意力，之后，你还必须设计一个路径，将他们从起点带到你想让他们抵达的地方。

下面这些对话技巧和方法，有助于你引导他人的思维。

"350 号公路"

令人欣慰的是，我们人类的大脑，可以以每分钟 500 个词语的速度加工处理信息，不过，让人沮丧的是，人们每分钟只能说出 150 个词语，也就是说，另外 350 个词语的时间是"死亡时间"，在这段时间内，听者的头脑会处理其他的信息，而且很可能是与讲话者试图传达的形成竞争或者分散听者专注程度的信息。如果想抓住听者的全部注意力，你就需要"占用"听者没有用于听你讲话的那部分信息处理能力，也就是说，你需要让他们从"350 号公路"上下来。达到这种目的的方法之一，就是首先提出一个富有煽动性的问题，这样的问题会在你陈述关键点的同时，引发他们对你提出主题的重要性的思考。此外，你也可以提出一个让他们非常感兴趣的话题，并答应他们，当你表述完你想说的内容之后，你会回到那个话题。他们很可能会因此而变得更为专注，因为他们希望得到他们迫切想知道的东西。让你的听者驶离"350 号公路"的对话技巧有很多，它们之所以屡屡奏效，是因为你"占用"了他们闲置的"带宽"。

"扔下一只鞋子"

这种方法是为即将表述的内容设定一个大胆的预期。你可以从先行表述一个吸引听者注意力的句子开始，之后，有效利用这个"由头"所产生的戏剧性效果。我在自己开办的每个讲座之初，都会让参加培训的学员向大家先介绍一下自己。有一位女士曾经这样介绍自己："我叫威尔玛（Wilma），我一直在人类的苦难中穿行。"听到这里，我们都坐直了身体，屏住呼吸，等待她"强大引子"之后的全部故事。之后，她说："我是个社会工作管理者，供职于县社会服务部门。退休后不久，我曾想，自己应该在婴儿服装店找一份工作，因为我想通过每天见到幸福的人来改换以前的那种心情。""先扔下一只鞋子"的方法同样可以让听者驶离"350 号公路"。

"事先预告"

这是一种先行发出预告的方法。比如，"我要说的，是发生在昨天的事情……"或者，"我要和你们谈三件事……"（不过，你要记住，一定要真的谈三件事）这种方法有助于为你的谈话划定"边界"，听到你的预告，听者便会思考你谈到的话题，而且会对你们之间的谈话充满期待。

"金字塔"

对你想表达的内容先行来一个"快照"，之后，传达越来越多的信息，随着表述的进行，以事实逐渐构建你要传达的意思。数十年来，这种方法是报纸报道一直在成功沿用的阐述技巧，而且其效用在对话中同样显著。

"行进计划"

"下面，我谈谈我们要完成的工作，共分三个步骤（或者三种方法、三个部分、三个阶段，等等）。"在书面表达中，这种方式常常用"一、二、三"，或者"A、B、C"等序号罗列议事日程、核心要点以及提纲概要等。在与那些思考过程非常需要系统、秩序的听者沟通时，这种方式尤其有效。他们因为知道了你将要把他们"带往何方"，所以，他们乐于跟随你将主题顺序展开。

"放大和缩小"

利用"直升机语言"，先行描绘一幅"全景画面"，之后，表述细节信息，或者先从一个特定的信息开始，然后，扩展到"宽广的画面"。"我先重点讲一件事"，或者"我们先后退一步看看……"这个方法有些像调整照相机的焦距，调整的方式依你想让听者在头脑中"看到"什么而定。

画图表

将你要表达的信息画出来，勾勒一个草图，或者借用一个图表（对那些偏好视觉信息或者在做出决定之前需要"亲眼看到"的听者而言，这些方法非常有效）。咨询顾问常常谈到"钢笔的力量"，这一短语意指一个人走到白板或者黑板前，开始记录群体的思想，这个人就暂时担任了领导者的角色。

比喻

比喻是指用一个具体的形象或者一个人们熟悉的事物，来代替一个抽象概念。人们可以说："这个提议谈到的行动议程有几个好处，因为我们面临的几个难题已经得以解决，所以，其他几个关键问题就可以用这种方式解决了。"人们也可以这么表述同样的内容："这种方式是一条'铺就的道路'——我们已经走过了一半的路程。"比喻言简意赅，用语经济，它们能将一个完整概念的丰富意蕴，以一个简单而简短的短语表达出来，此外，它们还能在听者的头脑中激起很多联想，从而使对话更为丰富多彩。

比喻的神奇力量

作为清楚表达思想和有效沟通的工具，我们应该对比喻给予特别的关注。无论我们是否已经意识到，我们在对话中一直在应用比喻，在书面表达和口头表达中，它们为我们提供了一个让"他人与我们阅读同一页"（意指"达成一致"）的有效途径（顺便说一句，"阅读同一页"也是一个比喻）。男性通常运用基于体育运动或者战争、战斗的比喻，女性则钟爱生活、自然和社会一类的比喻。有些比喻具有文雅的特点、性别取向或者年龄相关性，有些则是滑稽可笑的。看看下面几个例子：

- 向没有猎物的树狂吠（意指：精力花在不该花的地方，攻击错了目标，错怪了人，精力或注意力集中在了错误的地方）。
- 把我们自己逼到了墙角（意指：我们没有退路，没有其他选择的余地）。
- 将分散的点连接起来（意指：将各个想法用一种有效的方式组合起来）。
- 就像放牧一群猫一样（意指：试图让人们以一种没有个性特征的行为方式行动）。
- 追逐太多的兔子（意指：在同一时间从事太多的冒险活动）。
- 在浴缸里淘金（意指：从事毫无意义的活动）。
- 研究我们的肚脐（意思与"在浴缸里淘金"相同）。
- 向自己的脚射击（意指：搬起石头砸自己的脚，与自己的目的背道而驰）。

- 知道歌词，但不清楚音乐（意指：肤浅的理解）。
- 职业自杀（意指：有损一个人职业生涯的行为）。
- 在排水道中盘旋（意指：停业，改行，歇业，日渐式微）。
- 组织中的猴笼（意指：官僚体系、结构）。
- 专攻小项（意指：擅长处理不重要的事情）。
- 策略雷达（意指：扫描商业环境的过程）。
- 官殿里的战争（意指：组织中高级管理人员之间的长期明争暗斗）。

　　如果找一天的时间留意人们使用的比喻，你会惊奇地发现，人们是如此频繁地在使用它们。你可以把自己喜欢的记录下来，并将它们填充到自己的语汇中去。

无动词"Be"英语：健康的语言

　　1965 年，语言心理学专家戴维·布兰博士（David Bourland）提出了一个新奇的建议。他建议讲英语的人，学习在书面表达和口头表达中不使用动词"是"（to be）。他认为，人们习惯使用的词语"是"的各种形式（"is"、"am"、"are"、"was"、"were"等动词"是"的不同人称和时态）及其变化形式，会使讲话的人产生武断专横、僵化刻板的下意识倾向。比如，"她'是'一位律师"的表述方式，就将一个人划入了一个类别。尽管分类可能有助于我们的思考，不过，戴维·布兰认为，分类也会将我们的思考引入典型化的歧途，会以普遍性替代、消弭独特性。利用戴维·布兰的表达方法，缺乏思考的"贴标签"行为就不容易发生了，因为人们必须选择一个主动动词，才能将表达的重点转移到一个人的行为上，而不是将其划入某个类别。戴维·布兰或许会将上述例子表述为："她从事法律工作。"他还认为，如果在自己的表述中消除了动词"是"，那么，讲话者就不容易用自己的价值判断来批评、"棒喝"他人了。如果一个人不能说"那是个愚蠢的想法"，那么，他就必须找到一个完全不同的途径来表达自己的观点。

　　戴维·布兰将英语中的动词"是"去掉，创造出了一种虚构的英语，他将这种语言称之为"无动词'Be'英语"（"E-prime"），其中借用了符号

"E"。以代数学的公式（或者集合论的概念）来表达，这种英语就是：

$$无动词"Be"英语 = 普通英语 - 动词"Be"$$

只需想想学过的英语课程，我们很快就能想到动词"是"的不同形式包括以下变形："be"、"am"、"is"、"are"、"aren't"、"was"、"were"、"weren't"、"been"以及诸如"will be"一类的搭配。

无论是在书面表达中，还是在口头表述中，戴维·布兰一直在训练自己完全使用无动词"Be"英语。他认为，这种语言会迫使一个人转换自己的概念性表达方式，从而将所有事实设想成动态和演进的事物。很多年以前，我在培训商务人士更有效的写作技巧时，就曾将无动词"Be"英语作为培训的一个环节。这种尝试效果显著、立竿见影，很快就增加了受训人员书面表达的清晰度和表达活力。表5.3就是将普通英语转化成无动词"Be"英语的几个例子。

表 5.3　　　　　　　　从普通英语翻译为无动词"Be"英语

"普通"英语	无动词"Be"英语
汤姆上班总是迟到	汤姆每天上班都迟到
休是个优秀的团队成员	休非常善于与他人协同工作
我是位建筑师	我设计住宅和大楼
这个决定是某某做出的	某某决定……
那是个好主意	我喜欢那个主意

无动词"Be"英语还能充当解决冲突的工具。在双方陷入贸易争端而僵持不下的情况下，如果双方将各自针对对方讲出的富有挑衅性的语言记录下来，之后将其翻译成无动词"Be"的英语，那么，他们或许能感觉到，这种方式对平息双方的怨怒大有裨益。他们很可能会发现，重新组织自己语言的过程，同时也是一个再度组织自己的观点，以及思忖自己对对方的谴责的过程。

因为我们已经谈到了运用无动词"Be"英语进行更清晰的书面沟通问

题，所以，我们不妨讨论得更深入一些——尽管巧妙的写作是个博大、精妙得多的课题，而且这一课题也远不是我们在这里想要达到的目标。提高你书面表达的质量有一个便捷的公式，这个公式涉及三个关键原则，我们将其称之为"三 A"法则。这一法则不但能让你的书面表达更出色、更清晰，而且有助于你运用无动词"Be"英语进行写作。

"三 A"法则有以下三个组成部分：

1. **句子长度平均不超过20 个词语**（Average Sentence Length = 20 Words or Less）。

简短、清爽的句子，能让你的读者更容易跟随你的思路。阅读能力的研究成果清楚表明，当组成句子的词语在 15 个到 25 个之间的时候，人们对文字的理解达到最高水平，对大约 20 个词语构成的句子的理解最佳。因此，你可以在几个长句子中穿插非常简短的句子，总体说来，句子越短，表达的效果越好。书面表达的典型形式是，每个句子表达一个想法，大约两个句子到六个句子组成一个自然段。

2. **避免使用行话**（Avoid Jargon）。

过度使用行话和首字母缩拼词、计算机术语、商业术语以及管理术语，会让那些不了解这类术语的人摸不着头脑。即使是面对那些知道各种首字母缩拼词以及"圈内行话"意思的听者，以平白的语言替代术语，通常也会使人们的表述更有吸引力。虽然有些术语有助于沟通，不过，最好将其当做"调味品"而不是"主菜"来使用。

3. **使用主动语态**（Active Voice）（**如果可能，尽量使用无动词"Be"的英语**）。

无动词"Be"的英语迫使你利用主动语态写作，事实上，这种英语自动消除了被动语态。我们来看看这样一个例子：被动语态倾向于将"行为者"藏匿起来，或者使其居于从属地位，比如，下面这个句子："这间办公室'被玛丽搜寻遍了'，那个文件也'被玛丽找到了'。"如果使用无动词"Be"英语，这个句子就成了："玛丽搜寻了办公室，并找到了那个文件。"无动词

"Be"英语倾向于写作简短的句子。第一个被动语态的例句使用了 11 个词语，第二个使用无动词"Be"英语的例句则只使用了 8 个词。用主动语态或者无动词"Be"英语写作，会迫使你更仔细地选择动词（以及动词的使用顺序）。

作为一个练习，你不妨看看自己刚刚读过的这一部分内容，看看我在解释无动词"Be"英语的时候，是不是也是运用的无动词"Be"英语（当然，为了说明问题而使用的"Be"不能计算在内）。

西雅图酋长的演讲，1854 年

西雅图酋长——属于华盛顿苏夸米什部落——的著名演讲，被认为是历史上极富说服力的杰作[①]。

"华盛顿的总统传来讯息称，他要购买我们的土地。但是，你怎么能买卖天空呢？如何买卖土地呢？对我们来说，他的想法太奇怪了。如果我们并没有新鲜空气、波光粼粼的清水的所有权，你怎么能从我们手里买到它们呢？

"大地的每一方寸对我们的人民而言，都是神圣的。每一根闪烁的松针、每一片沙滩、森林中的每一片雾霭、每一片草地、每一只嗡嗡作响的昆虫，所有的一切，在我子民的记忆和体验中，都是神圣、纯洁的。

"我们可以感受到树叶枝干中汁液的流淌，就像我们能感知到血液在血管里奔涌一样。我们就是大地的一部分，大地也是我们的一部分。馥郁芬芳的鲜花是我们的姐妹；熊、鹿、雄鹰，它们都是我们的兄弟；岩石嶙峋的顶峰、小马驹的温热，还有我们人类，都属于同一个家庭。

"小溪和河流中流淌着的波光激滟的流水不只是流水，而是我们祖先的血脉。如果我们把土地出卖给了你们，千万不要忘了，它们是神圣的。幽静湖泊中朦胧的倒影，都讲述着我子民生活的事件和回忆，潺潺

---

① 19 世纪中叶，美国政府极力拓展领土，计划以 15 万美元购买位于今华盛顿州的一片面积达 200 万英亩的土地，这片土地上居住着很多原住民部落。当他们获悉美国政府有意购买这片土地的消息的时候，西雅图酋长发表了这次著名的演讲，借以阐述人类与天地万物之间的密切关系，同时吁请美国政府继续爱护这片土地。——译者注

的流水声就是我们祖先的喃喃细语。

所有的河流都是我们的兄弟，他们滋润着我们，他们承载着我们的独木舟，他们哺育着我们的子孙。所以，你们必须善待河流，就像善待自己的兄弟一样。

如果我们将土地卖给你们，不要忘了，空气对我们是极其珍贵的，空气与它滋养的所有生灵分享了自己的灵魂。和风赋予了我们祖先第一次呼吸，也接受了我们祖先的最后一声喘息。和风给了我们子孙生命的精髓。如果我们将土地卖给了你们，你们一定要保留它的独立和圣洁，让它成为人类可以品尝充满馥郁花香的和风的地方。

你们会教导自己的子孙我们曾教诲我们子孙的东西吗？你们会告诉他们大地是我们的母亲吗？降临到大地上的一切，也将降临到大地的所有子女身上。

我们知道：大地不属于人类，人类属于大地。就像血脉将我们所有人联系到一起一样，所有的一切都是息息相通的。所有生灵构成的生命之网并不是由人类编织的，人类只是这个生命之网中的一缕。人类试图改变生命的所有企图，最终都会得到报应。

有一件事是我们已知的：我们的上帝也是你们的上帝。大地对上帝而言是珍贵的，伤害大地，就是对造物主的不敬。

对我们而言，你们的目的是个谜。当所有的野牛都被杀光，当所有的野马都被驯服，世界会变成什么样子呢？当森林所有的隐秘角落都充满了人类的气息，当果实累累的山丘布满了电线杆，世界又会变成什么样子呢？丛林哪里去了？消失了！雄鹰哪里去了呢？消失了！如果没有了矫健的小马驹，如果没有了狩猎，世界将会变成什么样子呢？是的，那将不再是生活，而只是求得生存。

当最后一个红种人消失了他的野性，当他的记忆只是飘过草原上空的云彩所投下的阴影，那些河岸和森林依然还会存在吗？那时候，我子民的精神还会有一丝存留吗？

我们爱这片土地，就如同婴儿爱母亲的心跳。所以，如果我们将土地卖给你们，请像我们那样珍爱她吧，请像我们一样呵护她吧。把你们接收这片土地时对她的记忆留存起来吧。为所有的子孙保护这片土地吧，爱她吧，就像上帝爱我们一样。

就像我们是这片土地的一部分一样，你们同样也是她的一部分。大地对我们来说是无比珍贵的，对你们也同样弥足珍贵。

有一件事我们很清楚——只有一个上帝。无论是红种人，还是白种人，我们不能分隔。毕竟，我们都是兄弟。

提高明晰表达的技巧

以下方法可以提高你明晰表达的技巧：

- 仔细研究拥有高超表达能力的人是如何传达自己的想法的，仔细观看访谈节目，留意倾听人们之间的对话，以辨识他们使用的表述方法：流畅的思路、顺序井然的表述、直升机语言、电梯交流、使用事实和图表、比喻、词语描绘的景象以及幽默的使用。
- 对自己使用的词汇量进行诊断，以判断自己使用的工作语言词汇库的规模。如果需要，可以找一本相关书籍、一个音频教学课程或者网上词汇扩展课程，以扩充自己的语汇。
- 收集巧妙而且适用的比喻，并将其引入到自己的言谈中去。
- 训练自己运用草图、漫画或者图表来表述想法。
- 自行构建并实践"350号公路"的方法，以抓住听者的注意力。

第六章

心领神会

在"S.P.A.C.E."中，"E"意指"心领神会"。这一环节的诉求，是你能在多大程度上真正感知并考虑到他人感受的能力。你能将他人视为一个独一无二的个体而理解吗？你能表露出自己愿意而且能够接受他们的现时状态以及他们的本来面目吗？心领神会的内涵通常意味着认同他人、赏识他人、与他人感同身受。然而，在社交商的范畴内，心领神会还有更深层次的意味，那就是与他人"联通"的感觉，"联通"可以激发人们之间的协作。我们在这里的讨论，将心领神会定义为两个人之间正面感觉、积极感觉的状态，通常是指人们之间的亲善状态。

常识告诉我们，如果人们喜欢你，如果你们之间相互尊重，如果人们钟情于你，那么，他们就更容易与你达成协作，就会更容易与你达成一致，就更倾向于支持你、帮助你。与另一个人心领神会，意味着让他或她感受到你们之间的"联通"感觉，这种感觉会让他或她亲近你、趋近你，而不是疏远你、与你作对。

毫无疑问，与心领神会相反的感觉就是憎恶、反感、不相容，这种感觉会导致他人离你远去，并与你作对。很显然，毒害性行为会破坏人们之间的心领神会。有时候，心理学家和人际关系专家用"生硬粗暴的个性"一词，来表述那些对他人习惯性疏离和敌视的人。颇有传统的表述"他/她总是用错误的方式惹恼我"（意为："他/她总是让我讨厌。"）就是对这种人际摩擦的形象比喻。

如果我们试图通过与他人建立起心领神会的感觉，通过保持与他人的良好关系，来从中获得实际的好处，那么，我们就必须做两件事情：（1）避免或者弃绝毒害性行为；（2）采纳或者增加滋养性行为。如果我们总是伤害他人、攻击他人，如果我们让他人觉得自己无足轻重、无人喜爱或者毫无价值，如果我们只在需要他人的时候才赞扬他们，而不需要他们的时候对其置之不理，那么，期望他们依然能和我们建立起"联通"关系，就是不切实际的异想天开。与他人建立起心领神会的感觉需要长期的投入，试图通过暂时施展"魅力"一蹴而就无疑是行不通的。

首先，我们应该清楚自己不应该如何对待他人，之后，我们就可以探求与他人建立相互尊重和相互喜爱——我们渴求已久的人际关系——的有效途径了。

什么行为破坏心领神会?

"嘿！伙计！近来怎么样，哥们儿？你老婆还好吗?"

"嗯……实际上，她现在还在医院，我觉得有些……"

"太好了！很高兴听到这个消息。再见了，哥们儿!"

我们需要再次重申：毒害性行为会损毁人们之间的心领神会，滋养性行为才会构建起人们之间的心领神会。正如杰克·尼科尔森在影片《好人寥寥》中扮演的那位海军陆战队上校所言："就是这么简单!"

在本书的第一章中，我们曾对毒害性行为和滋养性行为进行过概述，现在，到了我们将其细化的时候了。表6.1罗列出了种类相当丰富的毒害性行为和与其对应的滋养性行为。当你阅读的时候，可以放慢速度，同时，认真推敲，在头脑中想象出每一种行为。你能想象到某个人曾经有过的毒害性行为吗？你能从中发现自己的滋养性行为吗？

表 6.1　　　　　　　　　　　毒害性行为与滋养性行为

"毒害性"行为	"滋养性"行为
拒绝给予"爱抚"	给予令人愉悦的"爱抚"
用语尖刻、"专捅痛处"	轻松的玩笑
非语言的贬损、奚落	给予令人愉悦的"爱抚"
显示"屈尊俯就"，以长辈自居	平等对待他人
过分寻求他人的赞同	自信的言行举止
虚假地夸赞、奉承他人	对他人表示由衷的称赞
动辄大发雷霆	推迟自己的应对反应
与他人"玩游戏"	愿意协作，给予令人愉悦的"爱抚"
总是对他人表示异议	只要可能，便对他人表示赞同
用语专横武断、僵硬固执	用语灵活、富有"弹性"
夸夸其谈，以势压人	分享对方的成功
侵犯他人隐私	尊重他人私密性事务
不履行承诺、践踏协议	只对自己能够实现的事情做出承诺
在不恰当的时候乱开玩笑	开有益的玩笑
垄断对话时间	分享交流时间
频频打断他人的谈话	倾听他人的谈话
反复无常地变换谈话主题	专注于正在交流的主题
怨声载道、怨天尤人	提出富有建设性的建议
强加于人，"强行推销"	建议、忠告、磋商
坚持己见	深谙妥协、折中之道，乐于助人
攻击或批评他人	富有建设性地正视
导致他人的负疚感	诚恳相劝，坦诚磋商
嘲笑、奚落他人	为他人提供支持，同情他人
"击毙"、批驳他人的想法	延迟提出自己的判断，倾听
提出不必要的建议	提供相关信息和设想

　　我们需要留意的是，要想让自己的行为成为滋养性行为，单单没有毒害性行为还是远远不够的。在自己的行为中祛除了毒害性行为，只是达到了心领神会境界的"零点"。避免出现令人厌恶的行为，你显现出来的只是无动

于衷。而达成与他人的心领神会，则需要你先行在心理上充满与他人在情感上形成紧密联系的愿望，需要让他人感知到，你给他们"增加了价值"。

当你细读形成鲜明对照的两种行为的时候，无论程度高低，你是否从中发现了自己曾经有过的毒害性行为？你是不是发现某些滋养性行为与你"格格不入"，从而从不实施呢？这个检视过程是不是增加了你在阅读本书过程中积累的美好期望呢？或许，你并没有表中罗列的那些毒害性行为，但是，它们依然可以在很多方面对你有所助益。我当然不希望看这个表会让你备受焦虑、负疚感或者自责情绪的打击，它旨在让你获得发现自己、促动自己进步的积极感受，而不是为了让你自责。

在商业环境和组织环境中，有一种毒害性行为的破坏性尤其显著，这种行为就是"扼杀他人的思想"。扼杀思想的过程通常以下列表述形式来完成：

- 这个想法在这儿根本行不通。
- 我们以前试过这个方法。
- 这种方法的成本太高了。
- 这个方法太复杂了。
- 这个想法不实用。
- 我们没有时间。
- 他们一定不买账。
- 我们这里的情况完全不一样。
- 我们从没有尝试过。
- 预算中没有考虑这种设想。
- 我们还是用我们知道的方法吧。
- 我们的系统不支持这个方法。
- 是个好主意，但是……
- 不是我们的职权范围。
- 这种方法的风险太大了。
- 这种方法很可能不合法。
- 明年我们也许可以试试。

颇为流行的对抗、防卫或者与"扼杀思想"抗衡的方法，就是"推销思想"。这种技巧是用某些特定的表述方式，将对方的心理调整为更愿意接受你的想法和设想的状态。

如果你能在对话中运用下面这些"推销思想"的表述方式，那么，人们便会更经常地倾听你的表达，而且会更开放地对你的表达做出反应：

- 我可以问一个问题吗？
- 在我们做出最后决定之前，让我们一起来回顾一下我们的各种观点。
- 我建议，这时候，我们先不要舍弃任何观点。
- 我们已经做好了做出决定的准备吗？我们确实已经考虑到所有的关键因素了吗？
- 让我们讨论一下处理这个难题的方法吧。
- 我想退后一步，澄清一个观点。
- 我希望，我们在这里不是在"集体审议"。
- 我已经听到过了某某方法，你们对这个方法有什么见解？
- 我不太了解那个设想，你们怎么样？
- 你们知道……吗？
- 有几个新因素你们可能还没了解。
- 或许，我们应该考虑一下那套方案。
- 或许，你们可以重新考虑一下你们的观点，因为……
- 我已经改变了对那个方案的看法，因为我发现……
- 这个设想听起来可能有些不易理解，所以，在你们对它做出评论之前，请允许我解释一下。
- 你们可能还不想就这个问题做出决定，但是……
- 我有个想法，想找时间和你们聊聊。
- 在我正在努力完善的这个方案上，我希望能得到你们的帮助。
- 我希望你们接纳……
- 这是一个还不太成熟的想法，你们觉得怎么样？
- 这是个还没有得到完善的想法，或许，你们可以帮助我完善它。
- 我们最好开始考虑我们如何……

- 就这个方案而言，你们有什么高见？
- 我们可以使用的几个方法是……
- 你们考虑过用某某方法解决那个问题吗？

　　或许，从上述表述中透露出来的最简单信息是：就像上帝和魔鬼的分别一样，能否与他人心领神会也在于细节。

什么行为有助于建立与他人的心领神会呢？

　　下面，我们从两个方面来讨论与他人建立心领神会的方法问题：（1）如何与他人即时建立"联通"；（2）如何"维持""联通"状态，也就是在一段时期中如何与他人保持健康的人际关系。首先，我们来讨论即时建立心领神会的方法。

　　在特定的情境中，专注于三种特定的行为方式，通常都能让你与另一个人或者另一个群体建立起牢固的心领神会联通关系。就像我们在第五章讨论清楚沟通的主题时谈到的，我们在这里也以另一个"三A"法则，来思考心领神会的主题，这个"三A"法则就是：专注（Attentiveness）、欣赏（Appreciation）和承认（Affirmation）。

专注

　　首先，我们需要经常进行换位思考，需要将他人作为一个独立的个体来理解。所有正常人都喜欢被人注意，希望被人倾听，渴望被人认真对待。那些假装对他人感兴趣的人所表露出来的与自己的意愿相背离的非语言信号，常常让对方识破自己的企图。表明对他人感兴趣的最佳途径，就是确实对他或她产生兴趣。倾听他人的真正意愿，希望从他人身上学到东西的愿望，会在你有意识和下意识的行为中流露出来。此外，某些自然而然的非语言信号能向他人显示，你确实将他或她当做了一个具有重要价值、值得尊敬的个体。

　　比如，当你与他人交谈时，将自己的身体转向对方，与对方目光相接，专注倾听对方的话，不时点点头，或者其他能表明你正在跟随对方表述内容的行为，所有这一切，都能强化你的专注程度。如果你是个表情非常丰富的人，那么，你可能不需要刻意去想这些信号应该如何表露，因为它们会自然流露出来；如果你是个羞怯的人，或者是个矜持的人，那么，你可以考虑自然而然地增加使用这些暗示的频度，以增强你与他人互动的活力和激情。

表现对对方的专注一个虽然并不知名，不过同样非常有效的形式，就是"非语言同步"，非语言同步是指将自己的身体姿势、身体的方位以及姿态与对方"匹配"起来。你也可以通过观察对方的这些姿态，来确定他或她是不是与你处于真正联通的心领神会状态。你很可能曾经注意到，当两个人进行友好对话的时候，他们的身体姿态、姿势、声音的韵律、面部表情，甚至两个人的呼吸节奏，都有趋同的趋势。如果你在两个人的非语言姿态之间发现了某些重要的"错位"，那么，你很可能也能看到两个人相互疏远、彼此冲突或者各持己见的明显证据。要想和他人建立起亲善关系，你可以从让自己的非语言姿态与对方的非语言姿态匹配起来开始，不过，不要忘了，这一过程应该做得自然而然，而不能流露出明显的斧凿痕迹。这一过程可以促进你通过非语言信号与对方达成心领神会和"联通"的状态，从而让对方确信，你表现出来的是真正的而不是假意的专注。

"语言同步"同样有助于你建立与对方的心领神会，语言同步是指将对方的用语、语调以及使用的比喻，"回敬"给对方。如果对方使用了一个特别的比喻，那么，你在回应对方的时候也使用这个比喻，就能起到认同对方的作用，同时也是一个证实你与对方已达成联通状态的"画外音"。此外，你还可以从语言风格上与对方同步。比如，有些人喜欢在谈话中使用某些不太过分的粗俗语言，以增加谈话的"风味"，或者据此强调某些观点。近年来，这种方式已经越来越流行。然而，在对方的用语转移到这个方向之前，你避免首先使用这类语言无疑是明智的。如果对方已经"开戒"，你不妨也"如法炮制"，以保持与对方语言风格的同步。

人类对话的细微结构非常复杂，而且种类繁多，我们这个简短的讨论，只能触碰到某些非常有趣的部分。就像我们在前面谈到的，如果你确实将他人视为独立的个体而予以关注，那么，你就会自然而然地产生对对方的专注。因此，了解几个有助于你和对方建立起"联通"关系的特定方法，确实是有益无害的。

欣赏

你能向他人表明，你愿意接受他们目前的状态以及他们的本色吗？或许，你并不认同他们抱持的政见或者宗教观，你的价值观和历练也许与他人南辕北辙，不过，你依然可以认可他们在这个星球上所处的位置。这就意味着，你的非语言信号要表现出对他们的接受，或者至少不表露出对他们的排拒或者厌恶。即使你在某些事情上并不认同他们的观念，不过，如果你告诉自己，自己完全可以和他们和平共处，那么，你自然会流露出理解他们、欣赏他们的非语言信号的。

除了通过非语言信号的自然流露，向对方显示你理解他们、认可他们目前的状态和他们的本色之外，你还可以通过其他几种方式，强化你们之间的相互尊重。让他人更强烈地感觉到你对他们的尊重、理解以及欣赏的重要技巧，就是使用"干净的语言"，正如我们在第五章已经讨论过的。通过使用富有弹性的语言和体恤理解他人的语言，通过祛除专横武断的语言，通过避免使用讽刺挖苦、固执己见、"无一幸免"、两极分化以及"非此即彼"式的语言，通过恰当使用有限制、有节制的语言，你可以避免让他们对你的思想产生排拒和抵触。当他人确信你尊重他们以及他们的思想时，他们便会更积极地倾听你的表述。

承认

比起你与其在重大问题上存有严重分歧的人来，那些价值取向和思想与你趋同的人，更容易获得你的尊重，你也会觉得和他们的关系更为密切，这一点并不难理解。不过同时，你依然可以将与你存在分歧的人视为一个独立的个体，与其发生互动。正如儿童抚养专家所言："你可以不喜欢孩子的行为方式，不过，你依然可以爱那个孩子。"这种观念同样可以应用于成人：你可以不认同某人的见解，不过，依然可以以引发他或她对你予以尊重的方式，甚至最终让他或她喜欢你的方式对待他或她。如果将这一哲学也应用于所有不可救药的罪犯或者卑劣的人身上，就有些"矫枉过正"了，不过，感谢上帝，我们中的大部分人都不需要经常与那类人打交道。事实上，我们与其发生互动的，大都是非常"正常的人"，尽管与他们中的有些人打交道确实非常棘手。

作为人类，我们都需要、渴望——通常也会去寻求——至少三个层面的承认：（1）被人爱，（2）被人接纳，（3）被人尊重。我们每个人都需要知道，自己理应享受到他人给予的关爱；我们每个人都需要感受到，我们因为自己的能力而得到他人的尊重；我们每个人都需要感知到，我们被他人当做一个有价值的人而得到承认。在上述三个环节中，诚实和真诚的敬意的作用不容小觑。声名卓著的激励专家卡内基曾经说过，大部分人都对"情感的注入"，比如，赏识、理解、表扬以及非常容易给予的承认，如饥似渴。其中的道理异常简单：如果你"投之以桃"——帮助他人获得了良好的自我感觉，那么，他们也会"报之以李"——对你友善。

我们的讨论进行到这里，有些人——很可能有很多人——或许会质疑："我们这些性格内向的人该怎么办呢？对那些善于交际的外向型性格的人来说，与他人达成心领神会的行为做起来可能易如反掌，但是，并不是每个人都是善于与人交往的，并不是每个人都能轻易与人打成一片的，那么，我们这些天生的'非交际高手'怎么办呢？"

实际上，在这个世界上，外向型性格的人并不像人们想象的那么多。事实上，很多看似非常友善、善于与人交往以及擅长交际的人，却是性格内向的人。比如，很多能力出众的培训主讲人，其性格更偏于内向，而不是参加培训的人想象的那样。他们只是学会了以故事、幽默以及人文主义方法，论述自己主讲科目的技巧而已，他们会运用类似于"电灯开关"式的技巧以及良好的社交商素养，在需要"接通"魅力四射的状态时"合上开关"。

当他们完成一天的培训课程时，常常会觉得筋疲力尽，常常需要一些"停工期"，以便为自己的"智慧电池和交际能力电池充电"。"我们一起出去喝点什么，然后一起吃晚饭吧。"参加培训的某些人，在完成一整天的学习和讨论之后，常常向老师提出这样的邀请。"谢谢，不过，我还有工作要做。"则是倦容满面的培训老师的经典回答，他们迫切想回到自己的房间，迫切想好好休息一下、从容吃些什么，之后，睡个好觉，以便应对第二天或者在另一个城市需要讲授的课程。

谈到高人一筹的"建立人际网"技巧，我想在这里和你分享我在很久以前发现的一个小秘密：要想得到人际关系网带来的好处，其实，你自己并不一定非是交际高手不可，你只需有一两个擅长编织人际关系网的朋友就足够了，他们自会为你构建属于你的人际关系网的。事实上，那些"不用扬鞭自奋蹄"的交际老手是闲不住的，他们非要不断编织这种网络不可——因为这种活动是他们的心理需要，实际上，他们无法克制自己的这种心理需求，他们喜欢得到你让他们代劳的允许。如果你想找一位儿科眼科专家，或者想找一位园艺师，那么，你只需和你那位善于构建关系网的友善邻居联系就足够了，他或她一定会欢欣鼓舞、乐于帮忙的。一旦我发现了将建立人际关系网的工作"外包"出去的方法，我就再也不觉得自己的内向型性格是交际的障碍了。

白金法则

人们惯常引用的"黄金法则"——"你想别人怎样对待你，你就要怎样对待别人。"——可能是个有致命缺陷的建议。萧伯纳曾经说过："己所不欲，未必不施于人——因为每个人的品位不尽相同。"萧伯纳的建议并不只是俏皮话，它为我们提供了观察心领神会的不同角度。

我们将上述建议改编以后或许会更有道理——我们不妨将其称之为"白金法则"："以他人喜欢的方式对待他们。"也就是"投其所好"。

一旦我们摆脱私欲以及优先考虑自己的羁绊，我们便会更清楚如何通过确保他人得到满足从而得到我们渴望的东西。事实上，我们甚至可以认为，试图以我们"觉得"他们会喜欢的方式对待他们，可能会导致更为严重的问题。

比如，健康护理专业人员——医生、护士以及相关的专业人员——喜欢与"顺从的"病人打交道，委婉地说，他们喜欢那种不会因为对医务人员的决定问个不停、要求详细信息或者希望得到特殊对待而造成麻烦的"温顺"病人。然而，对病人行为的研究清楚表明，在病人与医务人员互动的方式中，存在着几个人们优先选择的重要"变种"——如果你愿意，可以将其称之为社会心理的"病人风格"。

当然，有些病人确实颇为"顺从"，他们将自己的健康——有时候，将自己的生命——温顺地递到医务人员的手上。但是，也有一些颇为自信的病人，希望医务人员能像对待消费者那样对待自己，而不是将自己视为"唯命是从的乖孩子"。还有一些病人，觉得要对自己的治疗结果负责，而且希望医务人员将有关信息解释给自己听。

在健康护理领域，有缺陷的"黄金法则"似乎意味着"我们"希望医务人员谦卑地对待我们，希望他们基本不给我们提供有关病情的相关信息，而不是根据我们的要求提供特定的信息，希望医务人员像放牧羊群那样"打理"我们。而"白金法则"则建议，医务人员要在特定的情境中发现个人的特别需求，将他们视为一个个的个体来对待，并将他们的需求牢记在心。

一个例子：曾经给我做过几次眼科手术的眼科医生很清楚，我除了有一双眼睛以外，更是个活生生的人。当我们第一次考虑手术的时候，他就把自己知道的相关信息悉数告诉了我。他知道，我受过科学训练，曾经作过物理学家，而且知道我喜欢探究。此外，他还知道，我并不怎么惧怕手术，而且知道我愿意尽可能多地了解我的术前状况。

所以，当我们坐在他的办公室讨论手术的时候，他立刻拿来了一个人眼解剖的塑料模型，并开始给我详细解释他的手术方案。尽管有些病人听到这种形象的解释会感到不寒而栗、忧心忡忡，不过，就我而言，这种方式恰恰是非常妥当的。有些病人对自己的病情"宁愿一无所知"。但是，因为我是个受过科学训练的科学家，所以，我发现，这个过程及其基本原理确实令人着迷。之后，我向他索要了一盘类似手术的手术过程录像带，看完以后，我对术后的结果信心百倍。

后来，我成了一个"很好的病人"，因为他根据"白金法则"满足了我对信息的需求，满足了我掌握相关知识的欲求。我能肯定的是，面对其他病人时，他可能会根据病人的特定需求，采用完全不同的讨论方式。

在社交商中，与他人达成心领神会的一个重要原则就是：根据对方的现时状态、需求、对情境的判断以及自己优先考虑的事情，与其建立有效的"联通"。有些人喜欢拥抱，有些人则不然；有些人喜欢触碰他人，也喜欢被人触碰，有些人则不然；有些人喜欢使用直言不讳的语言和粗俗的语言，有些人则不然；有些人喜欢将自己的感受和个人生活向他人倾诉，有些人则不然。心领神会的一个重要部分，就是有意识地理解和承认他人的生活状态，并据此与其建立起富有成效的人际关系。

移情职业的反讽

　　心理学家、精神病学家以及其他从事心理健康工作的专业人员，自杀率远远高于其他专业群体。在专业人员的自杀率中，上述群体几乎"拔得头筹"，毫无疑问，他们的自杀率也处于所有医务人员自杀率的最高水平。很多医学院校间或传出学生自杀的消息，或许，他们的自杀源于学业的压力，也许是因为职业的压力，或者因为他们入学前所感受到的重压。

　　从事帮助他人职业的人，为什么最终会结束自己的生命呢？他们是不是倾其所有，将自己所有的感情都投注给了他人呢？或者，他们是不是在进入专业领域的时候"魔鬼附身"呢？

　　在某些帮助他人的专业领域，当理想主义变成令人疲惫、厌倦的事实时，情况会变得非常危险。9月11日世界贸易中心遭受的恐怖袭击事件，俄克拉荷马城联邦大楼的爆炸事件，科伦拜高中发生的校园枪击事件，以及在类似的其他事件中，总有几位参与这种灾难性事件救援工作的医务人员、消防员和警官事后结束了自己的性命。在事发现场，出于多种理由，他们会觉得自己的工作很有意义，但是，事情过后，他们觉得自己无法应对看到的惨状和自己当时工作的重压。

　　在那些人中间，会不会有些人当时就选错了工作？误入移情职业的专业人士的反讽在于：本来从事的是帮助他人摆脱困境的工作，但自己却以轻生了断了自己的一生。不妨来看看下面这些选错了职业的人：

* 本该在实验室里研究癌症或者其他疾病，而不是站在医院的病床边，与那些自己不能"联通"的病人交谈的聪明的医生。
* 把很多时间花在了对着录音机说话上，而不是与病人目光相接地交流的医生〔他们对我们恶语相加："卫生维护组织（HMO）只给了我们这么多时间。"事实上，医生应该安抚惊恐的人，应该帮助那些其痛苦程度已经接近耐受极限的人〕。
* 不喜欢周围围拢着孩子的老师（或者不喜欢对一群成年人讲话的老师）。

- 在自己值班的全部时间，都只是坐在巡逻车里，并把对讲机的频率调到别人呼叫不到自己的警官。

- 自己的问题"一箩筐"，在开始帮助他人之前，本应该用专业学识和能力先把自己的问题解决好的心理健康医生。

- 不喜欢孩子或者不愿意与遭受过虐待的孩子交流的儿童保护工作者。

- 厌恶穷人、不幸的人以及精神错乱的人的社会工作者。

- 厌恶与老年病人在一起的家庭护理护士。

- 讨厌辩争、不喜欢法律、不喜欢制造或者不愿意参与冲突的律师。

- 总是说"如果没有这么多让人厌恶的客户，这确实是个不错的工作"的客户服务人员。

"冷面"综合征

让人觉得很难与其建立并保持心领神会的原因在于对方的"冷面综合征"（也被称之为"面无表情综合征"和"战斗脸综合征"）。有些人之所以成为这种"症状"的受害者，只是因为他们不再微笑，只是因为他们的面部表情和行为举止传达出了"保持距离"的信号，只是因为每天的经历让他们心情沉重。从而，人们开始疏远他们，简短而愉快的对话日趋减少，或许，他们会感到困惑，为什么人们谈到自己的时候会使用诸如"冷酷无情"或者"难以接近"之类的"标签"呢？

当你回顾我们上面谈到的那些不能与自己需要面对的人达成心领神会却误入移情职业的人时，不妨想一想，他们中有多少人会选择将"冷面"作为自己的表情呢？令人不解的是，这到底是为什么呢？简单的答案在于：因为他们丧失了博爱和仁慈，工作对他们来说，只不过是借助与他人发生情感上的联系而获得酬劳的一种手段。

"冷面"们会反驳说："但是，我们必须这样，否则，人们会认为我们懦弱、愚蠢，或者认为我们不够严肃。"这种论调在警官群体、军旅人士、护理人员、医生以及其他男性居主导地位的领域中颇为流行，在这些领域，过多表露仁慈（比如，向他人微笑）会被认为"女人气"、不够专业（尤其是在同事中），或者会被认为情感脆弱。人们认为，面对死亡和痛苦时，医生和警官不能流泪，所以，他们往往以"冷面"个性应对一切。最好上唇紧绷，以防万一被人"抓住"你有真情感，或者防止被人视为是个情感外化的人。

也有些人得到了完美的结局，有些专业人士发现自己"卡在"职业生涯十字路口的时候，他们选择了变化。他们办理了退休、辞职，或者去从事自己喜欢而不是必须去做（或者自己所学专业应该从事）的工作。屡见不鲜的是，有些工作了很长时间而且其职业生涯充满坎坷的人办理了退休，并去从事某些与自己此前的职业毫不相关的新工作。

笑声是最好的药剂

如果你像我一样，也相信幽默感是性能可靠的压力计，那么，我们可以认为，"冷面"一族正在经受着个人生活和职业上的过重压力。如果面对确实可笑的事情你依然笑不出来，那么，我们便可以认为，你的压力已经"超重"了。如果这种状况长期存在，你就会罹患"冷面综合征"。

治疗这种"病症"的方法可能比你想象的要简单得多：那就是更多地大笑、更经常地微笑。不妨一天提醒自己几次，生活既不是悲剧，也不是喜剧，你对生活的认识完全取决于你选择什么样的判断角度。

已故的戴尔·卡内基先生建议我们，始终"要在脸上漾着微笑"，无论在什么情形下。你的面部表情真的会影响你的感受，你的态度取向同样有此功效。只是从消沉的情绪转换到更为昂扬的姿态，只是从满脸愁苦转换到灿烂微笑的表情，就能立刻改变你的感受。

不妨想象一下，当你刚刚听到一个非常美妙的消息以后，你走在路上的面部表情是什么样子。是的，那就是"戴尔·卡内基面部表情"的再现。这种表情并不是要向人们宣告你很坚强，而是要让人们知道，你并不"总是"坚忍严酷的。

德国哲学家歌德说过："一个人应该每天都听一支歌，读一首好诗，看一幅优美的图画，如果可能，每天都应该说几句通情达理的话。"

或许，他还应该加上"每天都应该捧腹大笑一次"。

"L. E. A. P. S. ":"蓄意"心领神会

乔治·汤普森博士是个"文艺复兴式"的人。他写了好几本书,开设了系列培训讲座,同时,还在新墨西哥州创办了一个研究机构,所有这一切,都建立于他称之为"口头柔道"的沟通理念之上。他的思想被广泛应用于培训警官、教师、医生和心理健康咨询专业人士以及其他普通服务提供者和高风险服务提供者,以帮助他们更好地与愤怒、失去理性甚至危险的人打交道。

乔治·汤普森博士建立的一个模型——"L. E. A. P. S. "——论述了要在不同层次上倾听,要为他人提供支持,要为对方解决任何使其得不到满足的问题,这类问题倒不一定是你的问题。尽管这些步骤从某些方面来看是显而易见的,不过,我们很少看到有人能真正遵从它们。知道应该怎样做是一回事儿,而真正实施则是另一回事儿。"L. E. A. P. S. "是指:"倾听"(Listen)、"心领神会"(Empathize)、"提问"(Ask)、"重述"(Paraphrase)以及"总结"(Summarize)。

- "倾听"。在听对方说话时,不时点点头、身体前倾、恰当的目光接触以及"听进去",是表明你在专注倾听的几个技巧。专注倾听始于你与对方建立起人际联通的时刻,建立这种默契的最大障碍,是人们同时从事多项活动的需要。在我们这个须臾不能停顿的社会中,大部分职业人士都很自然地认为,自己需要在一段时间内干更多的工作,即使在他们需要停下来的时候也不例外。在商务领域,同时从事多项工作包括在与他人面对面谈话的时候与另外的人通电话、查阅电子邮件(对有些人来说,总是迫不及待地频频查阅邮件),或者试图在与人谈话的同时阅读、思考。并不奇怪,如果满怀愤怒的人觉得你并没有注意听他们的倾诉,他们会变得更为怒气冲天。有时候,为了引起你的注意,他们会提高调门(或者声音)。如果你停下手头的工作,将身体转向对方,并以语言和非语言信号表明这一时刻他或她就是你最优先关注的对象,那么,这些行为的意义对对方来说就变得不同寻常了。如果你不相信,不妨想一想你自己的孩提时代,当你父母忙于看电视、看报纸，忙于切胡萝卜，忙于修理汽车，而无暇听你诉说自己所关心的事情的时候，你是什么感觉？太多的人只是在心不在焉地听他人讲话，他们只是在等你停下话头，以便自己再度开口。

- "心领神会（也可称之为'换位思考'、'移情作用'）"。当你从他人的角度观察问题所在，并能感同身受的时候，你便和对方达成了心领神会。

- "提问"。以提出没有明确框架的问题开始，从中得到更多的信息，如果需要，允许他人发泄。对怒气冲天的人来说，问答的过程可以开启一段对话，你应该允许他们在与你谈话的同时发泄怒气。问答的过程还能为你创造出掌控对话的机会，因为你可以用问答的方式将他们的行为"限定"在你希望的范围内，正是对对话的掌控以及有来有往的沟通方式，让你能倾听对方的表述，同时，也让对方听到你的陈述。

- "重述"。重述是指再次表述他人的想法，并尽可能多地使用对方的语汇。正处于愤怒状态的人基本不会听你说什么，不过，当你把他们说过的再重述给他们的时候，他们往往能"听进去"。重述能给你缓冲的时间，能表明你对对方的心领神会，此外，更重要的是，重述能让你验证自己是否真正理解了对方的关切所在，同时，他们还能据此确信你确实理解了他们。

- "总结"。总结是指将答案组合到一起，制订出对所有人都有益的解决方案，并帮助对方发现解决目前问题的途径。如果你们两人之中的一个人或者你们两人要实施某些行动，或者停止某些行动，那么，就逐条行动议程达成一致无疑是明智的。

四分钟的心领神会

如果有更多的夫妻能共同采用虽然很简单但颇为有效的行为策略，那么，现代社会的离婚率或许会大幅降低，我们将这种行为策略称之为"创造性接触"策略。

在其富有永恒价值的著作《接触：最初四分钟》中，伦纳德·苏宁提出了一个引人注目的命题：大部分人在社交场合遇到一位陌生人时，都会在大约四分钟的时间内决定是否要与对方继续接触，对某些与对方继续发生互动或者继续交往的念头是否有吸引力做出判断。

在我们以旧有的思路将这个命题归入"第一印象"的陈腐题材之前，不妨考虑一下伦纳德·苏宁提出的一个有趣的扩展命题：在亲密的朋友关系或者极为密切的关系中，人们每次分别——无论分别时间是长是短——之后的再度相遇，都会"重演"他们首次相遇时的一幕。

如果你在社交场合遇到的某个人，对继续交往的渴望程度怀有下意识的预期，那么，很显然，你在那至关重要的四分钟中的想法就理应更有创意。姑且不论异常英俊的相貌在与人交往中的价值，你对另一个人的行为也能成为你的"卖点"，当然，它们也可能损毁所有与他人发展关系的机会。情景喜剧中不可或缺的"配料"就是"搭讪话头"①，恰到好处的表述，以及"恰到坏处"的表述，决定着一个人是否能成功赢得异性的青睐。但是，我们不要幻想也能找到富有魔力的"搭讪话头"，而是应该将注意力专注于面前的人，并仔细考虑与他人建立亲善关系和"联通关系"的基本原则——也就是大量使用心领神会技巧。

现在，让我们回到伦纳德·苏宁第二个重要命题，每次人们相遇的时候，都会象征性地"重新开始"他们之间的关系，所以，我们应该找到使每次"重新开始"都成为良好开端的特定方法。

假想的例子：这是一个非常典型的夫妻关系，约翰下班以后回到了家里，筋疲力尽、压力沉重，而且下班前不久遇到的问题让他心事重重。玛丽的一天同样忙乱异常，一整天都在跑前跑后地奔忙，安排来家里干活的园艺师的工作，还要照看孩子们。他们之间的接触敷衍了事，简直就像"公事公办"，每个人都为当天让自己劳神的事情心事重重。

"嗨！"她说。

"嗨！"他说，"园艺工的活儿干完了吗？"

"还没有，"她说，"可能明天能干完吧。"

---

① 也称为"浪漫情话"，常常指男性在酒吧或别的地方想搭讪女孩时的说辞。比如说："我好像在哪儿见过你。""我是镇上新来的人，你能告诉我怎么去你的公寓吗？"之类的话。——译者注

"好的。孩子们去哪儿了？"

"在街上玩。我把他们叫回来。"

谈完眼前的这点儿事情之后，他们之间的对话便没有了下文。约翰打开电视看新闻，玛丽则开始准备晚饭。

在很多类似的关系中，比如，在一对双职工夫妻之间，在虽然没有生活在一起不过定期约会的夫妇之间，在一同运营企业、每天都在一起工作的夫妻之间，我们都能看到类似的情形。世俗的琐事压倒了个性的表达。很多个人之间的关系，无论是男人和女人之间的关系，还是父母和子女之间的关系，无论是最要好的朋友之间的关系，还是商业伙伴之间的关系，都缺失一个非常重要的"成分"：关系的维护。

我们来看看约翰和玛丽演绎的另一个场景。约翰走进房门，把自己的公文箱或者其他个人物品放到一边，之后，热情而充满深情地问候玛丽。

"嗨！美人，你还好吗？"

玛丽停下手头的活儿，走出厨房，兴冲冲地迎接约翰。

"嗨！亲爱的，欢迎回家！来，亲我一下。"

他们拥抱，亲吻，之后，一起聊了几分钟。他们两人在谈话中都有意识地回避当天的事情、问题或者其他让人难以释怀的事，他们没有翻出以前的某个话题继续聊。"他们只谈他们自己，只谈他们之间的关系。"

"在孩子们回来之前，我们先一起坐一会儿吧。"

在这个持续四分钟的情节中，他们象征性地重新开始了他们之间的关系。他们"重演"了他们之间的爱情、相互尊重以及美好的共同体验。此间，他们还在两人之间营造出了积极的心理状态，这种心理状态将会被带到以后对生活琐事问题的讨论过程中去。如果他们养成了这种"四分钟交流法"习惯——使其成为牢不可破的"铁律"和政策——那么，他们两人之间就能形成永久性的情感依恋，而这种情感可以成为缓释生活琐事问题所带来的压力的"缓冲剂"。

伦纳德·苏宁的"四分钟交流法"看起来或许过于浅显了，对那些与他人的关系正在顺利延续中的人而言，这种方法可能完全没有必要。一个已婚的人可能会说："哦！我们已经结婚很长时间了，实在不适合这么做。我们的关系一点儿问题也没有。"有些人或许会说："这种套路可不适合我和我母亲之间的关系。"还有人可能会说："我男朋友很清楚我爱他，我们大可不必每次都走这么一个过场。"但是，说这种话的人有一天早晨醒来可能会意识到，他们之间的关系已经成了一潭死水，对方已经不再对自己感兴趣或者不再忠实于自己了，他们之间的"神奇魔力"已经寿终正寝了。然后旷日持久的情感麻木可能会接踵而至，而且很可能造成直接导致离婚的分居。

任何一个经历过离婚的人都能证明，情感的离异通常先于离婚发生。如果你问一个人："你在哪一时刻觉得你们之间的关系开始走向死亡的？"他或她可能并不能给你一个确切的答案。"哦！我不知道，我觉得，我们之间的感情是慢慢走下坡路的，我想不出是哪件事扼杀了它，我们是'慢慢分离'的，我想。"

埃德娜·圣文森特·米莱的诗歌《春天和秋天》中一个令人颇为痛楚的诗句，正是对上述过程的准确描摹：

> 他不再爱我，让我终日痛苦，
> 但是，这个过程是慢慢发生的。

提升心领神会的技巧

有助于提升你心领神会技巧的行为包括：

- 研究一下某个不能与他人顺畅交往的人，将你从他身上观察到的让他人感到疏远的特定行为记录下来，罗列出为了使他或她能与他人更巧妙地"联通"而应该采用的行为目录。

- 研究一下某个能与他人轻易"打成一片"的人，将你从他身上观察到的对他人富有吸引力的行为，以及促成他人与其在个人水平上建立起"联通"关系的特定行为记录下来。

- 想象一下自己在某个社交场合遇到"冷面先生"或者"冷面小姐"的情形。将可以"让他/她松弛下来"的五句话或者五个行为写下来，这里所说的"松弛下来"是指对方能更自如地与你交流，在与他人互动的时候，他/她能表现得更具活力。（当然，你不能只是直来直去地告诉他/她："微笑！"）

- 当你下次见证，或者参与到两个人或者更多人之间的论争或者争吵的时候，将当事人——任何当事人——的"毒害性"行为、破坏人们之间达成心领神会的行为或者言论——使情势更为恶化，或者使问题更趋复杂难解的行为或者言论——记录下来。

- 如果你有亲密的朋友、配偶或者情人，不妨提出这样的提议：从下周开始，你们每次相见时都使用"四分钟交流法"。也就是在你们相见的第一分钟到第四分钟期间，都只谈你们自己，而不讨论当天的"任何营生"，直到你们重新建立起亲密的感情为止。

第七章

提高社交商

> 我，一个盲人，可以给那些看得见的人一个提示——对那些能充分利用视觉天赋的人提出一个忠告：善用你的双眼吧，就好像你明天就会遭到失明的灾难一样。同样的方法也可以用于其他的感觉。聆听悦耳的乐声、鸟儿的鸣唱、管弦乐队的铿锵旋律吧，就好像你明天就会遭受失聪的厄运一样。去抚摸你想抚摸的每个物品吧，就像你明天就会丧失触觉一样。去嗅闻花朵的馥郁芳香吧，津津有味地品尝美味佳肴吧，就好像你明天再也不能嗅闻、品尝一样。
>
> ——海伦·凯勒

随着学术界从技术层面对多重智力严格测评标准探索的不断深入，随着人们从科学层面对社交商等智力组成部分研究的不断深化，我们这些从事专业能力开发和组织文化开发的"一线工作者"，对可在每天的工作实践中应用的实用测评模型和测评工具的需求也日益迫切起来。我们必须仰赖对常识的科学研究成果，我们希望，我们阐释并测评这些重要能力的主观努力，在某些情况下，也能有所助益。

本章提出了某些简单的测评程序，你可以利用这些程序更清楚地勾勒出自己的社交商能力和社交商倾向的"全景图"。你可以利用这些测评程序，将自己对自己社交商的测评结果，与他人对你社交商的判断结论进行比较，并对有待改进的部分进行思考和反省，进而制订出提高的计划。这些自我测评的工具，经允许，改编自《社交商概评》，这是一个公开发行的自我测评调查问卷，它为你提供了自我测评过程的切入点。请记住，全面的深度测评，需要一个更为详尽的测评程序，其全面程度远远超过了我们在这里讨论的范围。

测评你的互动能力

第一步

　　首先，在头脑中，将你认识的、非常了解的或者与其过从甚密的广大人群进行分类。利用表7.1，在左边一栏，写下你认为其行为方式非常具有毒害性的五个人的名字。仔细想一想，他们是如何对待你和其他人的。在每个名字后面，将你从他/她身上观察到的在"S. P. A. C. E."方面特别令人讨厌的行为罗列出来。你对他们行为的判断越准确，这些信息对你完成自我测评越有价值。

表7.1　　　　　　　　　　　分析你认识的具有毒害性的人

我认识的具有毒害性的人：	
姓名	违背"S. P. A. C. E."的行为
1	
2	
3	
4	
5	

你划入这一类别的人，是不是习惯性地粗暴对待他人？是不是常常侮辱他人？是不是常常嘲笑、奚落、羞辱他人？是不是总是在造谣生事、恶意损毁他人？是不是常常抱怨他人、牢骚满腹、批评责难他人？是不是谎话连篇、操纵他人或者经常违背诺言？是不是常常垄断谈话？是不是常常用专横武断的观点攻击他人？是不是不容异己、心胸狭隘？是不是常常欺骗他人或者滥用与他人的关系？

想一想你认识的各色人等，你就可以很容易地罗列出很多毒害性行为。

第二步

利用表7.2，将五位富有"滋养性"的人的名字写下来，也就是那些你认为非常善于结交、拥有与他人友好相处非凡技巧并能使他人与其达成合作的人。将你能想到的这些富有"滋养性"的人在"S. P. A. C. E."各个方面的所有特定行为写下来。

他们是不是始终对他人持肯定态度，赞扬、倾听他人，同时对他人的成就表示由衷祝贺呢？他们是不是将他人纳入到谈话中去呢？是不是对他人的观点、价值观和主张表示尊重呢？是不是承认他人有自行做出生活决定的权利呢？是不是给他人提出有理有节的建议，并只有当他人主动征求时才提出建议呢？

接下来，当你检视具有毒害性的人和富有滋养性的人的各种行为时，不妨认真思考一下社交商的五个主要方面——情境感知、举止、真实、清晰表达以及心领神会。

某些具有毒害性的人，其行为是不是在社交商"S. P. A. C. E."的一个或者几个方面都表现出毒害性呢？某些富有滋养性的人，其行为是不是在社交商某些方面的表现异常出色呢？

如果某个人在社交商的某个特定方面表现出色，或者表现恶劣，将该方面的缩写字母——"S"、"P"、"A"、"C"、"E"——写在其名字的后面，这么做的目的，是通过确认他们在社交商各个方面的特定行为或者行为方式，为你的自我测评提供参照。

表 7.2　　　　　　　　　　分析你认识的富有滋养性的人

我认识的富有滋养性的人：	
姓名	"S. P. A. C. E."技巧
1	
2	
3	
4	
5	

第三步

接下来，将你罗列出来的具有毒害性的人从心里"组合成"一个虚构的人，并给这个假想的人起个名字。在你罗列出来的所有人中，如果某一个人的毒害性超过其他人，那么，你可以将这个人的名字赋予你"组合成"的那个"毒害性的人"。之后，将这个名字写在评级表7.3标有"毒害性典型"的那一栏。

用同样的方法处理你罗列出来的富有滋养性的人。用你从这些人身上观察到的最佳行为以及最引人注目的行为，"组合成"一个富有滋养性的"超级模特"，同时，也为这个虚构的人起一个名字，或者索性就用他们中间行为最值得称道的那个人的名字。将这个名字写在评级表7.3标有"滋养性典型"的那一栏。

表 7.3   毒害性和滋养性典型

	毒害性典型:				滋养性典型:				
情境感知	1	2	3	4	5	6	7	8	9	10
举止	1	2	3	4	5	6	7	8	9	10
真实	1	2	3	4	5	6	7	8	9	10
清晰表达	1	2	3	4	5	6	7	8	9	10
心领神会	1	2	3	4	5	6	7	8	9	10

第四步

接下来，我们就进入了最富挑战性的步骤。在这一步骤中，你需要将自己对自己行为方式的认识，与你从具有毒害性的人和富有滋养性的人身上观察到的行为方式进行比较。对你来说，这一过程的价值，完全取决于你是否能诚实地进行客观而"不设防"的自我评价。你当然有权利欺骗自己，不过，如果你蒙蔽自己，那么，你就必须对自我欺骗所产生的任何后果承担完全的责任。

根据社交商的五个方面，在从 1 到 10 的范围内为自己评分，分值表示你认为自己的总体行为方式，也就是你与他人互动的典型方式，在你"组合成"的毒害性典型的行为和滋养性典型的行为之间的相对位置。分值为"1"，意味着你认为自己的行为与毒害性典型的行为具有同样的毒性；分值为"10"，意味着你认为自己的行为与滋养性典型的行为富有同样的滋养性。

第五步

计算出自己的"毒害性行为/滋养性行为"的得分以后，将得分标注在有五个轴线的"雷达形图表"图 7.1 中。

为了让你的"雷达形图表"更有意义，同时，也为了让你的注意力从专注于自我测评，转向专注于自我提高，你应该考虑一下下面这些问题：在社交商的五个方面中，如果有的话，你在哪个方面拥有特别的优势呢？你对哪一个或者哪几个方面的需要更为迫切？对你而言，哪一个或者哪几个方面存在良机？将你在每一方面的行为方式转换到更接近滋养性典型的行为方式，你需要付出多大的努力？

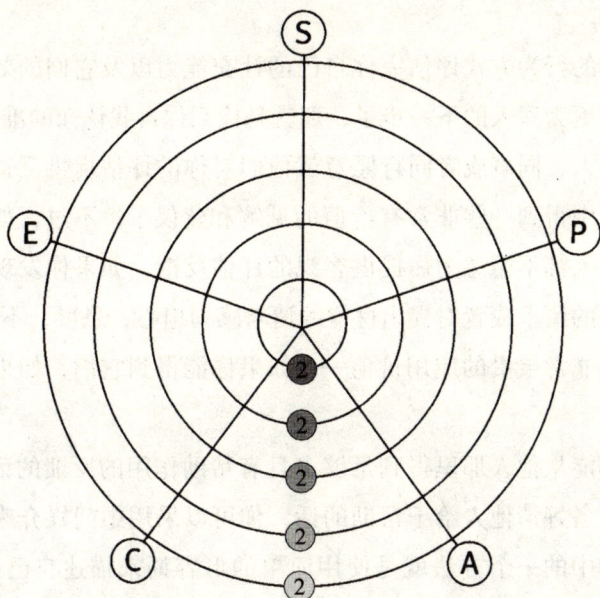

图7.1 社交商的"S.P.A.C.E."雷达图

你真的想改变自己吗？你发现改变的必要性了吗？你找到改变自己的机会了吗？你是不是确信，将自己业已习惯的行为方式，转换到更接近滋养性典型的行为方式，会给你的生活、你与他人的关系以及你的职业生涯带来积极的帮助呢？

如果你在社交商的某个方面或者某几个方面的得分不高不低怎么办？如果你的自我测评结果"不好"也"不坏"怎么办？你怎样看待这样的测评结果？你认为不高不低的得分，是意味着你无须担心什么呢，还是觉得自己应该设定更高的标准？这个自我观察的过程是不是激发起了你对成功的渴望呢？

你需要谨记的是，改变习惯性的行为方式需要时间、专注和细心，所以，在你开始全面"翻新"自己社交商的各个环节之前，或许，你应该先行选择几个重要的方面切入。稍后，我会为你提供确定自己需要优先改进的环节的机会的，现在，你可以将你的初步想法先简略地记录在雷达形图表旁边。

自我认知:从他人角度评价你自己

根据特定的行为方式评估完你自己的社交能力以及它们的效果之后,你就可以进行到更为深入的下一步了,那就是检测你自我认知的准确性。或许,你的朋友、熟人、同事或者同行愿意就他们对你的评估提供反馈,如果是这样,你就能从中得到一些非常有价值的见解和建议了。不过,如果你发现你认识的大部分人都不愿意为你提供客观的评估反馈,如果你发现自己很难向他们提出这样的请求或者对提出这样的请求感到担心、恐惧,不要感到奇怪。个人反馈具有非常宝贵的应用价值——如果你能得到它们,如果你能采纳的话。

如果你不能从他人那里得到足够多且有帮助作用的反馈的话,或者,如果你还没有准备好请他人给予帮助的话,你可以采用中间媒介来推测他人对你的认识。其中的一个方法就是使用简单的形容词来描述自己的行为方式。你觉得熟知你的人在谈到你的时候,会使用"表达清晰"吗?会使用"乐于合作"吗?会使用"体贴周全"吗?会使用"粗鲁"吗?会使用"麻木不仁"吗?会使用"飞扬跋扈、颐指气使"吗?会使用"滔滔不绝"吗?会使用"富有同情心"吗?会使用"合乎伦理道德"吗?

"形容词配对"练习,为你创造了猜想他人如何看待你的机会。无论你是否想"更上层楼",无论你是否想请求他们给予反馈,无论你是否将自我认识与他们对你的认识进行比较,你都会发现,这个练习在你的自我检视过程中是个颇有助益的步骤。自我测评的价值,以及测评结果的价值,都取决于你是否能真实面对自己,如果你愿意,你当然可以在这种测评过程中欺骗自己。

在表7.4罗列的每对意义相反的形容词中,为自己选定它们之间的某个分值,这个分值反映了你认为他人会如何评价你的行为方式。完成以后,看一看整个评分情况,看看是不是一种总体行为方式会浮出水面。你可以从上到下将每个分值连接起来,这样,你就得到了自己"形象化"的行为方式轮廓。

表 7.4 形容词配对练习

毒害性						滋养性
好与人争论	1	2	3	4	5	圆熟的外交手腕
令人厌烦	1	2	3	4	5	趣味横生
颐指气使	1	2	3	4	5	乐于合作
冷漠	1	2	3	4	5	热情
喜欢吹毛求疵	1	2	3	4	5	肯定他人
拙于言辞	1	2	3	4	5	表达清晰
不顾他人	1	2	3	4	5	体贴周全
啰唆冗长	1	2	3	4	5	简明扼要
操纵他人	1	2	3	4	5	诚实、正直
喜怒无常	1	2	3	4	5	镇定、冷静
固执己见	1	2	3	4	5	思想开明
粗鲁、无礼	1	2	3	4	5	礼貌、谦恭
唯我独尊	1	2	3	4	5	谦和、恭顺
性情暴躁	1	2	3	4	5	宽容大度
胆小、羞怯	1	2	3	4	5	擅长结交

　　为了使你测评的结果更有意义，你应该考虑以下问题：你的评分是不是不够诚实？你是不是试图让自己"看起来更好些"？某些形容词组合到一起是不是显示出了一种行为方式？你给自己评分最高的形容词，是不是表明你在社交商某个特定的方面独具优势？如果你没有有意贬低自己，那么，某些形容词是不是让你觉得自己与人互动的某些方面需要改进？

　　作为自我提升的练习，你可以选择一个或者两个形容词所对应的行为方式给予特别注意。比如，如果你认为自己的表述啰唆冗长，不够简练（也就是社交商的"清晰表述"方面），你就应该在今后几天或者几周内对其进行改进，看看自己的尝试是否能在提高自己与他人——在你熟悉的环境中经常碰到的人——互动的成效方面取得特别进步。

测评你的互动风格：驾驶员、
激励者、外交官和离群索居的人

完成对自己在社交商五个方面的能力测评，以及思考过你认为他人会如何评价你以后，下一步，就是考虑如何将这些能力与自己偏爱的影响他人的方式、与自己喜欢的完成工作的方式结合到一起了。你可以将这种结合称之为自己的"互动风格"。

过去几十年来，各种评价模型和测评方法层出不穷，其中的大部分都以相近的方式来描述互动风格。对这些测评方法，以及我们在这里进行的测评，你最好不要认为它们是对你"个性"的评价，事实上，它们只是描述个人行为偏好的简单方法。基于这个目的，我们会以基本框架来描绘人们的互动风格，这个基本框架涉及你与他人互动的两个具有显著区别的环节："社交能量"和"专注的对象"。

你对他人富有吸引力吗？

"社交能量"是指结交他人、与他人互动以及影响他人的冲动和倾向。一个拥有很高社交能量的人，通常会觉得自己很容易而且渴望结交他人、与他人产生互动、与他人共度时间、与他人协作或者通过他人来完成工作。这些人觉得，群体场合、有陌生人参与其中的社交场合以及需要与他人发生互动的职业，对自己充满诱惑和吸引力。一个社交能量很低的人，尽管通常也能与他人成功互动，不过，与他人互动并不是他们的优先选择，这些人更喜欢"单打独斗"，偏好与他人有"节制"地互动，更愿意与他们了解的人以及让自己觉得轻松惬意的人相处。有些互动风格理论和模型，将这两种倾向分别称之为"外向型"和"内向型"风格，不过，基于我们的目的，我们在这里会使用范畴更为广泛的"社交能量"概念。

你如何完成工作？

"专注的对象"是指当你试图完成一个目标或者完成某些工作的时候，你是将自己视为"专注于工作"的人呢，还是把自己当成"专注于人"的人。专注于工作的人，更倾向于依靠自己，而不是仰赖他人，也就是"自己动手"模式。有时候，他们会将"人事因素"视为让自己分心的事情："我为什么非要在乎别人的'感觉'呢？我只想把这个工作做好。"而专注于人的人，则倾向于把与他人互动、将人们团结在共同目标之下、促成人们之间的协作以及确保人们全身心投入并激励他们置于更为优先的地位。

我们所有人都是这两种倾向的"混合体"，所以，没有哪个人是只使用一种模式或者一种行为方式的。然而，很多人在生活的早期就有明显的倾向，有些人则具有极端倾向。虽然我们不应该将这种差异视为"个性"的差别，不过，我们仍然可以从中得到我们与他人互动方式的某些有趣结果，此外，我们还可以更好地理解他人做出的选择。

你更喜欢什么样的互动方式？

将两种互动风格组合起来，以社交能量为纵轴，以专注的对象为横轴，我们便可以看到四种组合结果，也就是互动风格，分别以四个"玻璃窗"来代表，如图7.2所示。

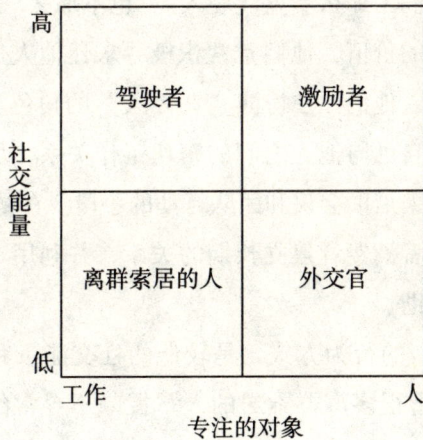

图7.2　互动风格

为方便起见，我们可以将这四种行为倾向以比喻的方式分别命名为："驾驶者"、"激励者"、"外交官"和"离群索居的人"。

"驾驶者"的行为方式具有社交能量很高、对工作专注有加的特点。有这种行为偏好的人，倾向于在很多情境中担纲领导者，就如何完成工作而言，他们坚决维护自己的观点。尽管他们自己可能拥有高人一筹的社交技巧，不过，驾驶者通常会通过将他人的注意力引导到大家一致同意的工作上来完成任务，而不会特别强调个人关系或者团队精神的作用。当身居正式职位时，具有驾驶者行为倾向的人，往往会采用命令式的领导风格。在销售领域，他们常常是销售队伍的领军人物。在惊险动作影片和电视节目中，具有驾驶者行为倾向的人常常被描绘成英雄人物。

"激励者"的行为方式同样显示出社交能量很高的特点，但是，他们倾向于通过个人关系来影响他人。有这种行为偏好的人，常常寻求将人们团结在一起的途径，并会努力激发他人朝着共同的目标前进。激励者看重自己与合作者之间的个人关系，他们强调协作关系、全身心投入以及团队精神的作用。作为管理者，他们往往通过"全体总动员"的方式以及基于团队努力的方式来完成工作。在销售领域，为了完成产品和服务的销售，他们喜欢先行"销售自己"。

"外交官"的行为方式表现为社交能量较低，但是，比较偏爱通过专注于人来完成工作。他们不那么"盛气凌人"，也不那么"过分自信"，外交官非常看重协作和互助的价值，他们常常积极寻求让他人达成一致的途径。在冲突或者争论的场合，他们往往扮演"调停人"的角色。作为管理者，他们喜欢建立并有效利用自己与他人之间的密切工作关系，尽管他们并不像社交能量很高的人那样频繁借助会议和团队行动的手段。在销售领域，如果可能，外交官喜欢与客户或者消费者建立长期的关系，并利用这种关系的优势为客户或者消费者提供帮助。

"离群索居的人"的行为方式，是较低的社交能量和以工作为首要关注点的"混合体"。尽管很多离群索居的人掌握颇不寻常的社交技巧，而且通常都能与他人有效协作，不过，他们依然非常喜欢依靠自己。离群索居的人会比他人更深切地体味到"接触疲劳"的烦忧，他们在完成密集的社交活动之后，喜欢独处、隐居。作为管理者，他们倾向于关注工作本身，常常将"人员"问题视为让自己分心的事情。他们偏好与他人"一对一"地协同工作，以方便解决随时出现的问题。在销售领域，他们会强调产销过程中的实用因素，比如，产品的益处，增加价值的不同途径，自己产品的竞争优势等。

请不要进行价值判断

请注意，我们在这里讨论的你的互动风格，并没有对错、好坏之分。尽管与人互动的技巧，也就是"S. P. A. C. E."方式，表明了你对自己与他人交往效能的评价，不过，你的互动风格只是代表着你的个人偏好。在不同的场合，一个人的互动风格有可能旗开得胜，也可能效能低下，其效能的高低，取决于他或她的技巧是否能与其主导风格统一起来。对互动风格的测评有益于自我认知，而对互动技巧的评估则有助于自我提高。

我们中的大多数人，都对自己与人互动的主导倾向有一定的感觉，但是，更加仔细地检视我们的行为方式，有时候可以澄清我们尚未完全意识到的行为偏好。就更有效地进行自我认知而言，具有现实性和典型性的社交情节，可以为我们提供颇有助益的参照。

如果你想更仔细地认识自己的互动偏好，不妨做一做表 7.5 的小测验，这个表罗列出了几个社交情节以及某些典型的行为方式。在每一个情节中，选择最接近你的行为方式前面的数字序号。请注意：在选择你偏好的行为方式时，请不要考虑你觉得自己应该如何做，也不要选择在当时的情境中你可能做出的其他选择，你应该只选择那些自己最喜欢的行为方式。在你做出选择之前，一定要把所有四种行为方式看完。

选择完六种情境中自己偏好的行为方式以后，统计一下你选择的"（1）"的数量，以及"（2）""（3）""（4）"的数量。请注意：选择"（1）"表明你更喜欢驾驶者的行为方式，选择"（2）"意味着你更偏爱激励者的行为方式，选择"（3）"表明你更喜欢外交官的行为方式，选择"（4）"意味着你更偏爱离群索居的行为方式。将四种行为方式的数量填在表 7.6 的右栏。

表 7.5 社交情节

---

1. 招待会：在一次大会或者协商会结束后，你出席了鸡尾酒招待会。在招待会上，你想：

（1）让自己的谈话保持简短，并试图找到看起来像潜在客户或者良好商业伙伴的人。

（2）尽可能穿梭交流，以发现有趣的谈话对象。

（3）在招待会上简短地转转以后，与自己认识的几个人，或者与让自己觉得轻松惬意的几个人聊天。

（4）喝些什么，吃点开胃食品，在房间里转一圈，之后，离开——除非你恰巧碰到一个看似很有趣的人。

2. 就诊：你去拜访医生，去看你的检查报告，并就你某个疑难病症的治疗方案做出决定。你会：

（1）在谈话中把握主动权，让医生清楚地知道，你希望得到有关病症以及各种治疗方案的详尽解释。

（2）试图从个人层面启动一次谈话，你很清楚，你在接受治疗期间，会与这位医生经常合作。

（3）对医生毕恭毕敬、言听计从，让他或她来主导你们之间的谈话。

（4）提前仔细研究自己的病情，与医生会面时，认真倾听、记下要点，并提出问题，以便完全弄清自己面对的各种选择。

3. 做生意：你代表公司与另一家公司的代表谈判，你会：

（1）掌控谈判，提出自己的报价，为对方可能的拒绝和讨价还价做好准备。

（2）努力使谈判有一个态度积极、乐于合作的开端。

（3）让对方团队的其他成员陈述自己的兴趣所在和目标，这样，双方就能协同找到一个完美的解决方案了。

（4）先等待对方的陈述，之后，根据对方的陈述继续谈判。

4. 问题员工：作为主管，你需要承担处理"问题员工"的职责，"问题员工"是指那些工作表现一贯不佳，而且对组织的贡献不足的员工。面对他们，你会：

（1）将他或她叫到办公室，一起讨论他或她表现欠佳的问题。

（2）在员工会议上提醒所有人，包括问题员工，注意工作的标准，希望问题员工能从中明白你的用心。

（3）与问题员工更为密切地协作，鼓励他或她对工作的质量给予更多的注意。

（4）就某项具体工作指出他们在工作上的欠缺，指导他们更好地完成工作。

5. 约会游戏：假设你是个单身，在一次家庭聚会中，你的堂姐刚刚告诉你，她带来的朋友觉得你非常有魅力，你发现，那个人确实对你也很有吸引力。在这种情形中，你会：

（1）自己去接近那个人，向他或她介绍自己，并利用这个机会了解他或她。

（2）启动一个有几个人参加的谈话，其中也包括那个人，之后，将注意力集中在他或她身上，再之后，开始与那个人单独谈话。

（3）让你的堂姐把你介绍给那个觉得你很有吸引力的人。

（4）不采取任何行动，希望那个人主动找你谈话，或者希望出现某个开启你们之间谈话的机会。

6. 购物：你正在考虑购买一辆新汽车，以你的标准来看，那种车确实太贵了。你和汽车销售人员约好，要讨论购车问题。你会：

（1）主导你们之间的讨论，让销售人员认识到，你正在考虑去其他经销商那里买车，索要那种车的详细配置，并从他那里得到书面报价。

（2）带一位朋友和你一起去，让销售人员给你们解释你感兴趣的那款车的选装配置和价格，形成一个"三方会谈"，并让你的朋友帮助你讨价还价。

（3）让销售人员主导你们之间的讨论，但是，确保自己得到所有问题的答案，并要求一个"最终价格"。

（4）先行确定自己想购买的品牌、型号和选装配置，之后，将寻价信函发给你所在地区的五个经销商，要他们提供最终报价和提车日期，选择最优的那个。

表 7.6 社交情境的得分

互动风格	数量
驾驶者行为方式（选择"（1）"）	_____
激励者行为方式（选择"（2）"）	_____
外交官行为方式（选择"（3）"）	_____
离群索居的人的行为方式（选择"（4）"）	_____

你是不是发现，在每种情形中，你都强烈地倾向于选择同样的行为方式呢？比如说，全部选择"（1）"，全部选择"（2）"，全部选择"（3）"，或者全部选择"（4）"。还是每种情形中的每个选择对你而言具有同样的吸引力？情形不同，你的选择是不是也各不相同呢？

如果你想更透彻地评估并比较自己对四种主要互动方式的偏好，你可以将自我判断的结果填写在图 7.3 中。考虑一下你在上述各种情境中做出的选择，然后，再想一想你在现实生活的各种情境中所做的选择，将 100 分的总分值分别分到四种主要的互动风格中去，也就是驾驶者、激励者、外加官和离群索居的人。在这个过程中，不要将总分值"平分"到四种风格中去，要使各个风格的得分忠实反映出你的行为方式偏好。

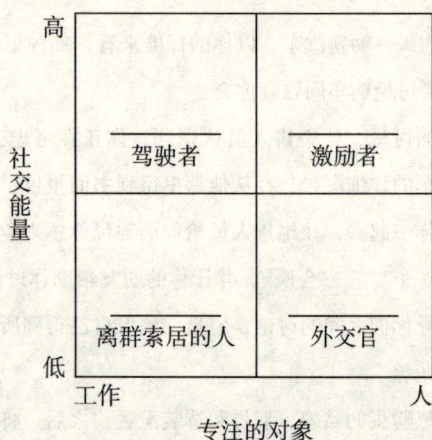

```
高
           ┌──────────────┬──────────────┐
           │              │              │
社          │    驾驶者    │    激励者    │
交          │              │              │
能          ├──────────────┼──────────────┤
量          │              │              │
           │ 离群索居的人 │    外交官    │
低          │              │              │
           └──────────────┴──────────────┘
           工作                         人
                      专注的对象
```

图 7.3　互动风格评分

将你给自己四个主要互动风格的评分确定以后——毋庸置疑，这应该是个非常客观的过程——将分值分别填写到图 7.3 中与互动风格相对应的四个格子中。之后，想一想下列问题：你给自己的评分能通过"一般水平"的测验吗？结果是不是能真实反应你的实际情况？那些熟知你的人会认可你对自己的评价吗？

在随后的几天或者几个星期里，你可以留意自己遇到的社交情境，并注意自己对各种互动方式的偏好。此外，想一想各种行为方式的优势和欠缺。在某些情形中，是不是应该采用更富有命令意味的互动方式？有时候，是不是采用激励者的行为方式更为明智？你是不是觉得有时候更应该采用外交手腕？是不是在某些情境中，你更需要担纲达成协作、团队构建或者从中斡旋的角色？

应该留意的是，这种社交互动模型只是代表你对自己行为偏好的认识，它并不是为你的"个性"分类，它也不能告诉你在各种场合你"应该"如何做。不过，这个模型可以潜在说明你在各种社交情境中对行为方式的选择。

优势—劣势的悖反

有时候，过多的好事会成为坏事。在我作为军官在美国陆军服役时，就曾经经历过这样一个情况——一个充满虚幻理想主义色彩的士兵，将自己的理想主义和我行我素发挥到了自我毁灭的极致。

特种兵卡特（Carter）（本处使用了化名）以不和众人打成一片的特立独行而深感自豪。因为卡特的极度利己主义倾向，他很少错过任何一个有利于自己的机会。这在军队中可是个"令人钦佩"的取向，因为特别是在军队这个高度组织化的环境中，坚守这种取向可是个不小的挑战。然而，卡特似乎"决心已定"，一定要以单枪匹马的"兵变"来对抗整个世界。

在我管理的参谋部中，尽管作为其中的一员，他的表现和行为无可挑剔，但是，卡特还是经常陷于与军事基地未授军衔的高级军官的冲突之中，这个军事基地也是我们司令部的所在地。我管理他的权限就是他工作的时间，工作时间以外，作为基地的居民，他还承担着一些其他责任——尽管他和妻子儿女居住在基地之外。虽然卡特从不违抗权威，不过，他还是喜欢将自己发现的伪善、官僚主义以及制度上的不公暴露出来。

最后，在一次难以调和的冲突中，他和一群"老兵"——负责军事基地基础设施运营的没有军衔的资深军官——险些彻底闹翻。多年以来，这些长期服役的军官彼此都很了解，而且也一起工作了很多年，他们一致认为，应该好好教训一下卡特。当卡特对在全基地范围内发起的一次为一家全国性慈善机构捐助活动拒不合作而闹得沸沸扬扬时，"老兵"们的机会来了。基地指挥官希望在基地范围内取得100%的捐助率——也就是基地在册的每个人都参加捐助。

经过各个级别军官的密集动员之后，他们取得了99.9%的捐助率，只有卡特一个人拒绝参加。很显然，他根本不相信高级军官们热情支持的那家慈善机构，此外，他觉得捐助给什么机构完全是自己的选择，而且他并不想参加这次捐助——一块钱也不想捐。一位军官找到我，让我说服卡特参加捐助，这样，整个基地就能达到预期的目标了。虽然我的权限不足以让我强迫他服从劝导，不过，我还是同意要通过唤起他的良知来说服他，但是，他最终拒绝了。

那些高级军官们本来就火冒三丈了，可卡特却还想火上浇油。一位军官告诉卡特，他准备以卡特的名义替他捐一美元，并把卡特的名字写进捐助者名单中，卡特听到这个建议后，威胁说要提起正式申诉，简直让人无法想象。他向所有想听的人激昂地细数高级军官们的"罪状"，对他们的"伪善"以及"强迫"所有人参加捐助——这样，那些高官们就能对外宣称100%的捐助率了——的"不公行为"大加挞伐。

一星期以后，卡特接到了调防到越南的命令。他舒服惬意的办公桌，转瞬之间就会变成硝烟弥漫的战场。

他向军事代表提出申诉，但没有成功。然而，根据他需要回老家照顾病入膏肓的父亲的请求，军事委员会给他提供了一个因家庭困难请求退伍的可能性。作为退伍过程的一个环节，他需要签署一份文件，同意不再进入美国陆军。在那些高级军官眼里，卡特的这次调防与不光彩的退伍并无二致，尽管他是因为坚守"荣誉"而离开军队的。

心理学家和智力测评专家将卡特的这种问题称之为"优势—劣势悖反"：

> 无论是什么样的优势，当它们被发挥到不合情理的极致时，
> 都可能会成为劣势。

这一判断同样可以应用于我们通常认为是宝贵资产的很多品质：坚定可能变成顽固；乐于合作可能变成软弱无力；谨慎的分析可能会变成停顿和无能；自发性和敢于冒险可能会变成鲁莽和不顾一切。

当然，我们必须承认，历史上某些最知名的人物和伟人表现出来的可不是一点点的极端性。为了追求自己的信仰，他们有些人曾经直面死亡，或者

曾陷于穷途末路。从另一方面说，我们从未听闻过哪个才华横溢、出身寒微的人，不是因为方法得当、"取之有道"而取得显赫成功的。

重要的社交能力，需要当事人巧妙展示自己的优势，同时明智权衡展现某些优势的得失。需要调用情境感知的能力时，人们必须要能意识到自己选择的某些特定行为会产生什么样的结果。

如何与人建立关系

经允许，引自《社交商》。

1. 训练自己"解读"社交情境。现场是什么情况？当事人的兴趣、需求、感受以及意图都是什么？

2. 如果你尊重、肯定并赏识他人，那么，你会发现，他们大都会做出友善的回应。而轻视、羞辱他人，你将一无所获。

3. 倾听——专注、恭敬地倾听，并怀有从中学习的愿望。

4. 在对他人的言辞做出反应之前，稍加停顿，这样，你的大脑就能抽暇更好地选择词汇了。

5. 不要忘了，争论是改变一个人想法效果最差的方式，你永远也不能通过与他人的战斗而赢得他们的认同。

6. 当你与他人存在分歧时，首先应该承认他们拥有那么思考的权利，之后，再恭敬地提出你的观点。

7. 利用提问而不是对质的方式，让他人改变自己的想法。

8. 避免与具有毒害性的人发生冲突，争取说服他们。

9. 在自己的谈话中避免使用"过激言辞"，将专横武断的语言和绝对性语言减少到最低限度。

10. 加强积极的态度，这才是你获得回报的途径。

优先改进的环节

如果你想提升自己的社交能力，一个良好的开端，就是先行选择几个关键环节重点突破。"保持、终止、开始"的方式可以让你大受裨益。

回顾一下我们在本章讨论过的重要行为方式，同时，回想一下你做的

"形容词配对"练习以及互动风格评分结果，之后，再看一看从第二章到第六章每章最后"提升……技巧"部分，思考一下上面的那则《如何与人建立关系》，以及你此前在"雷达图"（图7.1）中简要记录的需要改进的初步目标。

接下来，选出你希望继续保持，而且很可能也是你希望增强的三种社交技巧。之后，罗列出你想终止的三种行为，以及希望开始付诸行动的三种行为。将它们填写在表7.7中，并将其随身携带，以便每天查阅。

表 7.7	保持、停止、开始

我想继续保持或者更多实施的行为：

1.

2.

3.

我想终止或者更少的行为：

1.

2.

3.

我想开始付诸实施的行为：

1.

2.

3.

到目前为止，如果你怀有强烈的愿望，那么，我们讨论过的例证、建议以及自我测评和自我提高的方法，都能让你提高自己社交商的过程有一个良好的开端，它们蕴涵着耐人寻味的道理，它们能激发你深层次的思考，而你的思考可以让你更明晰地感知和理解你行为的效能。你自己成为社交商更高的人，只是社交商"S. P. A. C. E."方法应用的一个侧面，在接下来的章节中，我们将把注意力的重点聚焦于职场和家庭中低社交商所带来的日常问题，同时将重点放在解决这些问题的方略上。

第八章

职场中的社交

社交商的概念在商务世界中发挥效力的阵地何在？它如何应用于职场？如何应用于人们协同工作的过程？它能应用于团队完成目标的过程吗？它能应用于员工为客户提供服务的工作吗？它能应用于老板和员工之间的互动吗？它能否得到更广泛的应用，也就是说是否能应用于在组织中业已存在的"微型群体"呢？

以上某些问题的答案，人们依然还在求解过程中，毫无疑问，得到上述所有问题令人心悦诚服的答案尚需很长时间。然而，与此同时，就那些对社交商更高的工作环境充满希望和渴求的人而言，这确实是个令人值得深思的领域。下面，我们通过对缺乏社交商的工作环境——也就是因为社交商低下而深陷泥潭的组织以及组织文化——的研究，以更好地明了社交商在商务世界中所扮演的角色，并由此开始这一探索之旅。之后，我们便可以更清晰地了解高社交商组织的形态了。

社交商低下的现实后果和法律后果

罗伯特·马克走进圣地亚哥通用动力公司工厂的人力资源部会议室，从这一刻开始，他把自己送上了不归路：公司决定解雇他。一轮渐趋激动、愤怒的对话以后，罗伯特·马克拔出了枪，射杀了负责解雇他事务的人力资源部工作人员，之后，向自己的老板开枪，造成了老板的永久性瘫痪。他走出会议室，手里依然还挥舞着枪支。尽管周边惊恐万状的员工认为，他一定会开枪自杀，就像大部分典型的在工作场合杀人的人一样，不过，罗伯特·马克最终还是选择了扔下枪支，向警方投降。

在关于心怀怨恨的员工因不能妥善处理自己的境遇，而最终选择了杀人的连篇累牍报道中，罗伯特·马克只是其中之一。曾在监狱对罗伯特·马克进行过独家访谈的员工暴力专家史蒂文·阿尔布瑞契特谈道："很清楚，罗伯特·马克是个备受困扰的人，而且正处于心理失常状态。很显然，并不是每个遭到解雇的人，都会以杀死老板或者同事来了断。然而，事后的调查表明，罗伯特·马克和他的大部分同事确实是'毒害性工作环境'的受害者。严苛的工作规定、令人难以忍受的管理措施，以及生产条件的强大压力，当然大大增加了马克的压力，而且很可能是使他备受困扰的心理状态雪上加霜的重要原因。"

尽管还没有哪个令人信服的专家认为，通用动力公司管理层应该为这一事件负全责，不过，人们当然有理由要求更人性化的工作环境，这种工作环境包括为遇到麻烦的员工提供足够的心理健康帮助，以便预防死亡事件的发生。

作为当事人，罗伯特·马克承认，他确实应该使用"员工援助计划"，这是通用动力公司为员工提供的医疗福利之一，但是，他没有使用这一计划。当史蒂文·阿尔布瑞契特问他为什么没有求助于这一计划时，罗伯特·马克回答说，他根本就不知道有这样一个计划。他已经在公司工作了二十五年，通用动力公司启动这一援助计划也已有十七年之久了。

在构建为员工的心理健康提供支持以及保障员工工作生活质量的工作环境方面，工业组织的做法大相径庭。在旨在帮助员工的计划、服务、设施以及专家资源方面，有些企业投入了巨资，有些企业对此则视而不见，只是一味地盘剥员工。每个组织都有自己独一无二的企业文化，也就是供职于组织的人工作和互动的心理环境。

现代企业和政府机构，尤其是美国的企业和政府机构，多年来，因为其工作环境公正的问题，一直是法律冲突和政治纷争的战场。有些企业和机构实施了非常有远见的政策，有些则对来自政府机构的诉讼和压力浪潮竭力反抗、极力抗辩。有些执行官认为，投资构建有利于员工心理健康和确保员工良好工作生活质量的工作环境，不但是值得尊敬、通情达理的行为，而且还能让组织获得经济上的好处；有些管理者则认为，这种投资完全是浪费资金，只有在敌对的工作环境中这种投资才值得考虑。

毒害性的管理

很多年前，人力资源管理专家就认识到了管理行为——也就是组织领导者的社交商——对员工士气和对工作生活质量判断的影响。但是，很少有组织拥有确保所有层次管理质量的全面计划，在不可胜数的公司中，从事监督、管理工作的人得以进入相应的岗位，完全是基于错误的前提：因为他们的供职时间很长，因为他们在一个从事技术工作的特殊群体中拥有独到的技术专长，因为他们与组织的高层领导者过从甚密，因为他们拥有"政治手腕"——他们几乎拥有一切，唯独没有领导能力。在一个组织中，每个具有毒害性的领导者，都代表着本可防止的浪费、低落的员工士气和工作效率低下、生产率低下以及有价值员工的流失。

汤姆·帕佛是一位经验丰富的劳动问题咨询顾问，以其强烈反工会的观点而闻名，他曾经和我讲过一个发人深省的经历：

在一个航班上，坐在我身边的那个人，将自己视为一个知名企业工会的组织者，我们讲到了一些劳资纠纷的事，我们两人都从自己的角度来描述这个世界。他谈到的某些事情让我有醍醐灌顶般的顿悟，我知道，他说的是完全正确的。

他说："你知道，公司的执行官们只需做一件事，就能让我工作（组建工会）的难度难以逾越，这件事可以大大降低我们组织工会的成功率。如果他们解雇所有那些惯于欺凌、压迫员工的管理者，那么，我们的处境就会极为艰难。这正是我们可以利用的资本——受到压迫的员工群体觉得自己没有得到人道的待遇。"

"但是，他谈到的某些事情比这一点更让我震惊。"汤姆·帕佛回忆道。他说："我可以毫不避讳地告诉你这一点，因为我很清楚，他们不会解雇那些人的。运营公司的那些傻蛋们就是弄不清这一点。

毫无疑问，这一点对他们来说再简单不过了。"

汤姆·帕佛和那位工会代表谈到的或许有些夸张，但是，他们并没有言过其实。透过社交商的"透镜"来观察管理和领导力，我们可以找到一条非常实用的途径。在我们试图应用近几十年来此起彼伏的各种深奥微妙的领导力理论之前，或许，我们应该先提出这样一个问题："我们的管理者们知道如何将员工当做人来对待吗？"

近年来，企业绩效表现的研究者和专家，开始将诸如情商一类的因素视为领导力的基本元素。这个富有建设性趋势的逐渐发展，只有同时也考虑到社交商的显见构成要素才有意义，这一趋势的演替需要将情商和社交商与知名的并广为接受的领导力方略和管理方法结合起来。在所有有意识构建多重智力文化的组织中，依然有很多组织还在饱受各种文化冲突和狂热之苦。

文化冲突和文化狂热

大约三十年来，作为一位组织咨询顾问，我在工作中发现，很多社会性病症可以从内部导致组织的土崩瓦解。事实上，我应该说，我看到的自我颓败的组织，比被强大竞争对手光明正大地击败的组织数量更多。心理学家和精神病学家手里都有一本名为《诊断和统计指南》的手册，它详尽地罗列并解释了人类心理失调的所有种类。在咨询顾问领域，我们也有一部"诊断和统计指南"，尽管这部手册并不那么正式和严格。我们看到，同样的"组织失调症"在所有行业、各种类型的组织以及所有的文化背景中也在频频发生。

虽然群体心智健全涉及的模式相对简单和一致，可有意思的是，狂热的形式却千奇百怪。组织失调种类的范围颇为广泛，而且形态各异。我鉴别出了组织失调的十七种主要的形式，或者称之为失调的症状。有些组织患有其中的一种或者不止一种，有些组织则罹患多种失调症。每一种顽症都会大量吞噬企业的资源，都会加速组织自我衰败的进程。

1. **"注意力紊乱症"**（ADD）。组织的高管层似乎根本不能长时间专注于一个主导的目标、策略，或者不能长时间专注于组织遭遇的难题，因此也就不足以捕捉到解决问题的契机。屡见不鲜的情形是，首席执行官或者高管团队总是从一个"当务之急"跳到另一个"当务之急"，比如，一个全新的趋势，竞争对手的一个重要行动，或者市场中的一个变化。这种"同时要做很多事情"的综合征，往往需要制订繁复的全套计划，需要很多"启动行动"，而其中的大部分都会大量浪费组织的资源，同时，会分散管理层的注意力。

2. **"无政府状态：当老板领导无力的时候，即会出现这种混乱状态"**。一个软弱、离心离德或者注意力分散的总经理团队，不能为基层管理团队提供有效管理所需的清晰方向感、发展动力以及专一的目标。首席执行官与董事会之间的争战，或者高管团队成员之间的激战，都能让企业之船丧失"方向舵"。如果缺乏清晰的焦点，如果没有为需要优先处理的系列工作排序，那么，人们便会各自为战，便会去做那些自行选择的工作。如果没有更高层次的追求，那么，各个运营单位的领导者，就会将自己优先考虑的工作和行政日程置于整个组织的成功之上。

3. **"贫血症：只有冗员可以生存下来"**。经过一系列经济动荡、缩编、减员、高管层的钩心斗角以及"净化"等过程以后，才华横溢的人早就另谋高就了，剩下的只有躲藏在幽僻处的失败者和无能的人。保持原地不动对他们而言生死攸关，所以，他们在组织中比那些更富才华的人"更长寿"。而当组织的境况开始转好时，它们往往会面临人才短缺、缺乏活力以及缺乏有效利用大好机会的推动力的困扰。

4. **"等级制度：'天定'和'无法撼动'"**。有些组织拥有一个非正式的"影子"架构，这个架构的基础是社会地位和专业身份，人们对这种架构了如指掌，但讳莫如深。比如，军队的总部就会分成特色各异的三个阵营：军官群体、士兵群体（低于军官或一级准尉的军人阶层）（或者一如英国人所说的，"其他军队成员"）以及文官群体。医院通常也有森严的等级，医生处于最上层，护士居中，非医护人员处于最底层。大学以及其他学术研究机构也存在着身份界定非常清楚的群体，群体划分的依据通常是人们的职位或者在其领域中的地位。这类等级结构从来不会出现在组织的管理架构图表上，但是，它们每天都支配着人们的行为。通常情况下，等级制度会为组织中的各个群体设定实际上的界限，加剧党派之争，此外，某个群体的成员追求自身利益和行政利益的企图，常常让组织付出代价，同时有损于低层的利益。

5. "**内战：意识形态的竞赛**"。组织裂解成两个或者多个阵营，每一阵营都推崇自己的独特主张、价值体系、意识形态以及自己的英雄。这种裂解既可能发端于组织的最高层，也可能造成不同的亚文化群体之间的深刻差异，比如，工程技术部门和市场营销部门之间，护理人员和行政管理人员之间，或者编辑群体和运营管理群体之间。在某些情形中，不同意识形态之间的动态张力可以为组织带来某些好处，而在有些情形中，它却可能削弱整个组织的运营能力。

6. "**专制：恐惧和战栗**"。一位残暴的首席执行官或者来自高层的思想压制，会导致员工畏首畏尾、缩手缩脚，为此，人们追寻目标的行为会消失殆尽。人们因为对上司表示异议而大受挞伐，或者因为对领导层缺乏道德和缺乏领导力提出质疑而备受摧残，这样的事例经过几次之后，员工们很快就能认识到：最好保持低调，以免引火上身。

7. "**脑满肠肥、蠢笨迟钝，但幸福快乐：如果不出现变故的话……**"管理权威彼得·德鲁克曾经说过："上帝要毁灭的人，首先会给他们四十年的商业成功。"即使威胁企业基本运营模式的危险已经逼近，但是，总经理们依然不能提起警觉，不能就彻底变革企业的策略达成一致。

8. "**总体衰退：没有什么是值得信任的**"。有时候，事情真的会变得很糟糕，比如，一次经济衰退，或者企业经历的一段艰难时期，这时候，企业的高管层完全不能与普通员工建立并保持任何程度的心领神会。因为觉得自己已被抛弃，因为觉得自己脆弱不堪，所以，一线员工会陷于失望，士气低落，而且不再那么忠诚。

9. "**老人挂帅：在职位上退休**"。如果一个首席执行官鸿运当头，无论是因为身体尚好、心理上有什么特别的情结，还是因为个人的保守、固执，他或她可能会长期占据"企业舵手"的位置，拒不引入新生力量、新理念和新人才。这种疾患可能会扩展到整个高层管理团队，团队的成员可能会一起老化，并坚持抱住那个陈旧过时的思想体系——那个一度将企业引向成功，但现在却让企业不断走向颓败的思想体系——不放。

10. "**疯子首席执行官：疯狂导致更多的疯狂**"。当头领的行为已经超越了丰富多彩的界限，并接近疯狂的边缘时，高管圈子里的其他人也会开始上行下效，也会让自己的行为方式疯狂起来，以应对头领缺乏完整个性的事实。在基层看来，这种状态简直就像一种集体发疯，他们发现，自己永远摸不着头脑、永远无所适从，而且管理层在决策和行动上日益严重的朝令夕改、朝三暮四，让自己备受煎熬。

11. **"病态的组织：结构上的'关节炎'"**。组织结构的病态，会造成工作上的消极、被动，而且会持续阻碍组织完成目标的使命。与组织运作的自然程序或者工作流程不协调的部门界限，会造成职责上的冲突和工作上的内耗，此外，承担重要工作的部门如果设置不周，还会大大增加沟通成本、阻碍协作，并导致内部竞争。

12. **"垄断者心态：我们'神授'的权力"**。当一个组织在自己所在领域长期占据统治地位时——无论这种地位是因为其拥有天然垄断的优势，还是缘于其拥有的特别优势——组织的领导者们往往将自己视为垄断者，从而，不能也不愿意思考竞争事务，而且无心创新，甚至无力重构企业的运营模式，面对觊觎自己"蛋糕"的竞争者的入侵，他们往往不堪一击。

13. **"一个人的乐队：克林特·伊斯特伍德规则①"**。一位"牛仔"式的首席执行官觉得，自己无须将自己的主导策略告知下属，而且也没有这个义务，他或她让组织中的人对下一步行动始终"猜不透"。这样的首席执行官会导致他人产生依赖心理，同时，其所有下属以及其他层次的所有管理者会因此而学会"无为"，他们不再积极应对，只是被动顺从。

14. **"无止境的竞争：他们总是不断搬动'奶酪'"**。有些企业文化，无论是刻意为之，还是某一特定行业或者某一领域的风格使然，会让其中的大多数人才疲惫不堪、筋疲力尽。有这样一个颇为流行的观点：为了领先他人，比如，可能是为了追求可观的物质奖励，人们必须牺牲自己的安宁和福利，毫无疑问，这种观点可以让人们专心致志于企业的目标，但是，人们则要为此付出丧失协作精神、团队精神和人格的代价。奖励的逐渐降低，以及追求物质奖励的"副产品"，会让人们有一种上当受骗的感觉，会因此而心生怨怒，并导致员工与组织不能同舟共济。

---

① 克林特·伊斯特伍德：一位多才多艺的导演和制片人，被称为是"城市牛仔"，是美国影坛最受欢迎的硬汉明星。——译者注

15. **"各自为战：企业文化以及组织上的某些倾向"**。整个组织裂解为许多各自为战、相互"割据"的小阵营，每一个阵营都根据其"头领"在"宫廷"获取一个有利职位的欲望而界定，这里所说的"宫廷"，是指组织的高管层以及掌握"头领"任免大权的班子。因为缺乏协作、合作、共享信息，因为缺乏组建团队以便完成重要目标的激励机制，各个小阵营都会为自己划定严格的"割据"边界。地方"头领"会以自身狭隘的利益为重，逐渐形成的运作方式也显示出为满足自己部门的利益而牺牲整个组织利益的特点。这种各自为战的形式会使组织出现断层，从而造成组织中人员的分化。

16. **"睾丸激素中毒症：男人说了算"**。在男性居于主导地位的行业或者组织中，比如，军队、执法机构以及第一产业领域，对敢作敢为的行为、竞争性行为以及盛气凌人行为的推崇，远远高于对协作行为、创造力以及对社会价值做出敏感反应的行为的嘉奖。在非"男女共处"的组织中，也就是担任重要角色的女性比例低于40%的组织中，执行官、经理人以及男性同事往往会将女性定位于老一套的角色，即权力更小、影响力更低以及更难获得发展机会的角色。这种"性别等级体系"是对人才的浪费，而且通常还会窒息创新能力和创造力。

17. **"福利状态：为什么要努力工作呢"**。那些自身的存在不会受到威胁的组织，比如，政府机构、大学以及公众资助的项目，往往会渐渐形成自鸣得意的特殊文化。在典型的政府机构中，不犯错误比做对工作更为重要。很多人手握"不宜变革"的权力，这种权力是指禁止创新、纵容反对创新的行为的权力，但是，很少有人拥有"继续变革"的权力，很少有人拥有发起并支持创新行为的权力。福利文化会将外界的谴责和自身的责任、义务有机结合起来，就像把自身拥有的权力机构有机组合起来一样：你不能去冒险，但是，如果什么地方出了问题，你可以去指责我们这个社会制度。

等级制度、睾丸激素和性别政策

等级制度，也可以称之为等级"金字塔"、"阶梯"、"权势等级"、"等级"或者"指令结构"，在组织结构中极为普遍，而且不可撼动，以至于我们通常会认为"本该如此"，从而极少对其给予注意。为了让众多的人顺畅协作，人类对等级制度的需求似乎是不言自明的，但是，现在我们开始质疑等级制度是否是确保工作完成的适宜结构。尤其值得注意的是，等级制度对男性的吸引力似乎远远强于对女性的吸引力，有些女性员工、专业人士、经理人以及总经理，并不认为将众人"堆叠成金字塔"是最佳解决方案。

很显然，比起对女性的重要性来，等级制度对男性的重要性要强得多，女性对等级制度的适应是"被迫"的，而不是由衷的选择。社会学家、不同文化价值取向的比较研究先驱哥特·霍夫斯坦德，发现了有关等级制度和男性价值取向的几个因素。一个就是"权力距离"，这一概念是指在某一文化中，人们对领导者和跟随者之间的正式关系和服从关系的认知程度和接受程度。另一个因素是"个人主义"（与"集体主义"相对应）。他清楚辨识出来的另一个因素是"丈夫气"，这一概念是指某些重要角色赋予男性而不是女性的程度。他详细论述了在组织中的角色分配过程中，"丈夫气"和女性特质之间的关系。

有些社会学家和人类学家认为，不论什么社会，只要它想构建可以推动经济进步的社会稳定，都必须首先解决控制和疏导男性侵略性的问题。无论人们认为暴力是否是人类固有的内在冲动，还是觉得暴力只是因为缺乏社会化的环境，毋庸置疑的是，以任何人们可以想见的标准来看，男性——作为一个整体——在身体上的侵略性和暴力倾向都要强于女性。权力等级制度的最重要功能之一，就是防止男性之间的相互攻击，就是防止男性无所顾忌地攻击他人——至少，男性领导者不愿意遭受攻击。显而易见，等级制度对男性的行为提供了强大的约束力，而且男性的行为也因为等级制度的存在而更可预见，从而社会行为规范得以形成、扎根，而社会行为规范为更为复杂的社会结构，以及最终形成的庞大社会体系创造了条件。

当我们注意观察那些失败的社会体系——那些政治结构和社会秩序被彻底打破的社会体系时，这一点尤为清楚。在社会体系失控的国家，比如，阿富汗、伊拉克、索马里以及某些非洲国家，如东帝汶，等等，由年轻小伙子构成的武装群体肆意撒野，抢劫无辜，滥杀平民，强奸民女，损毁财产，而且相互残杀。一位人类学家说："在我们这个星球上，最危险的动物，就是那些年龄在十六岁到二十四岁之间'尚未配对'的'生瓜蛋子'。"

与那些灾难性社会相似的唯一形式，就是地方黑帮形成的小型等级制度体系，黑帮的头目——新闻记者喜欢将他们称之为"军阀"——通常拥有足以统辖他人、胁迫他人的粗暴和"智慧"，他们的统治常常通过纯粹的暴力来实现。很多现代型的极权主义社会团伙，已经被拥有强权的"斗士"所把持，他们通常使用暴力来征服对手，并将自己的意愿以暴力方式强加于整个团伙。随着他们掌控能力的日趋巩固，不可避免的，他们会构建起等级制度，以控制和导引男性成员富有侵略性的能量。

事实上，很多极权主义领导者已经认识到，建立一个庞大的常备军队，可以给自己带来很多好处。尽管他们常常"言之凿凿"地对公众声称，为了保卫自己的国家，为了保护社会团体的利益，为了消灭外敌的颠覆企图，建立一个庞大的军队是完全必要的，但是，组建军队的最大好处却在于：军队可以将大部分或者全部富有进攻性的青年男性收拢到一起，使他们成为一个可掌控的群体，军队领导者权力的"震慑"，可以让他们"乖乖就范"、秩序井然。建立军队的额外好处是，对任何试图违抗统治者法律的人而言，或者更为严重的，对那些试图组建一个政治派别以和统治者抗衡的人而言，得到人们广泛认可的军队都是一个颇有威慑力的存在。

在现代企业中，我们可以看到组织对等级制度和等级结构的传承。当然，一家公司通常都不会有自己的军队，它所拥有的只不过是一个保安队而已，但是，权力在组织中确实被"层层分解"、"逐次下传"了，被传递给了各个"头领"、"次级头领"、"部族头目"以及工作小组，所有人都要向一位大权在握的领导者或者一个拥有至高权力的委员会负责。

在组织等级制度的背景下，观察男性群体——女性群体之间相互影响的动态确实是饶有趣味的事情。就在几十年以前，在北美洲、欧洲和亚洲的发达国家，更不用说拉美、非洲、地中海以及亚洲的欠发达国家和发展中国家了，在大部分组织中，女性员工还被排斥在沿组织的等级体系逐级升迁的可能性之外。随着这一状况的改变，组织文化也发生了同步变化。

尽管探索职场男性和女性之间的生物社会学差异，远远超出了我们的讨论范畴，不过，留意观察一下男女之间的某些互动方式，以及男女员工对工作配合方式和对等级制度的偏好差异，仍然是有益的。从社交商的角度来看，"解读"这些动态的能力，并在组织文化的背景中将其译解出来，很显然是个颇为有用的技巧。

大部分研究组织社会学的专家都认为，除了某些特例以外，从总体上说，男性更偏好等级分明的结构，这种结构是基于细分的权力构建起来的，其目的是为了完成某些任务，与此同时，女性更偏爱多元的网状结构。很多学术研究的成果表明，女性认为，个人关系比基于组织结构建立起来的"正式关系"更重要，也更有价值。与此形成对照的是，男性认为，组织结构和工作职责——也就是正式组织——比个人关系更具优先地位。

有些研究成果显示，在传达自己的想法时，男性和女性会使用不同的语汇、不同的讲话方式，倾向于借用不同的比喻。男性喜欢使用战争、运动项目、机械以及程序之类的比喻，而女性则偏好生育、生命、成长以及亲密关系之类的比喻。一位男性经理可能会问："我们怎么把那个工作搞掂？"或者："我们怎么让'那列火车入轨'？"而女性经理则可能问："我们怎么把那个工作搞活？"或者："谁应该参与到这个工作中来？"

虽然男性领导者很少借用女性常用的比喻，不过，屡见不鲜的是，在等级分明的组织中，女性领导者为了推销自己的设想，为了让大家达成一致，常常使用男性偏爱的比喻。此外，由于疏忽，男性群体对自己承担的具有支配地位的角色只是有模糊的感知，而女性则能清晰感知到角色之间的差异。

当男性与女性产生互动时，人们的行为方式以及语言表达方式，会随着男女所占比例的变化而变化。想象这样一种情形：在一次会议上，与会者中有十五位男性，只有一位女性。通常情况下——尽管并非一定如此——男性会通过用语、身体的姿势、眼神的接触以及发言时间的分配，下意识地将那位女性用"篱笆隔离开来"。人们会认为这是个典型的"男性"群体场合，也就是说，男性的行为方式看起来就好像一位女性侵入了他们的领地。如果那位女性的地位或者正式职位界定不清，那么，这种情形会尤其明显。

如果在与会者中增加一位女性经理，情形就会发生某种程度的变化。男性可能会通过检点自己的用语、更频繁地承认两位女性对会议的贡献，以及转换自己使用比喻的方式，更宽容地"包容"两位女性。

如果再增加一位女性，再增加两位女性，那么，群体的社交动态就会发生有规律的改变。如果你留意女性与男性的比例为4∶6的群体，你会发现，这样的群体其实已经变成了"男女共处"的群体，它不再是有几位女性出席的男性会议，而是变成了一个男女共同出席的会议。在这种情形中，人们可以很容易地观察到男性行为的改变。我们可以看到，男性的行为更"文明"了，更注意社交礼仪了，进攻性语言的使用也变得更少了，而且也不再频频使用战争和运动项目的比喻。

在数量庞大的企业中，在越来越多的发达国家中，受过良好教育的男性，对女性领导角色的认可、对她们专业地位的认同，比过去已经有了很大的提高。特别是随着越来越多的女性接受教育程度的提高，以及专业能力上的提高，这种趋势很可能还将继续延续下去。

当然，就男女之间的差异是否是天生固有的、是否源于各自的生物学特性、是否难以"弥合"，或者是否是由基因决定的争论，还将继续下去。"来自火星的男人，与来自金星的女人"之间的对话，可能永远不会终结。无论在什么情形下，仔细观察并遵循两性之间互动原则的能力，都是社交商中的一个重要技能，而且随着时间的推移，很可能会变得越来越重要。

等级制度源远流长

等级制度的出现可以追溯到远古时代，军事组织的出现和游侠部落的繁盛，对等级制度的贡献尤为显著。

摩西的岳父杰斯罗可能是历史上第一位"管理顾问"了。他看到，摩西一直在为向他寻求帮助的人解决问题，一直在努力平息成千上万的犹太人不断爆发的争端，为此心力交瘁。杰斯罗建议摩西，将人们分成由十个人、十五个人、数百人甚至数千人组成的群体，每一个群体都由一位强大的领导者统领。他建议，让每一个群体都推举出自己的首领。

《圣经》载：

"难断的案件就呈到摩西那里，但是，各种小事他们自己审判。"《出埃及记》

有些历史学家认为，在现代组织中引入正式等级制度的渊源，可以追溯到摩西以及摩西制定的律法。雕塑家就用摩西的形象来装饰美国国会大厦和联邦最高法院，雕塑中还包括其他富有传奇色彩的立法者，用以象征法律、秩序和社会结构。

没有历史事实表明，杰斯罗对自己提供的管理咨询顾问服务是否收费。

在工作中屡试不爽，可在家不灵

鲍勃是美国空军的一位高级军官，他的管理工作受到了高度评价。在一个庞大的空军基地，他负责运作一个电气修理部门，这个部门需要应对要求苛刻的生产计划，而且工作量很大。鲍勃一直保持着部门的顺畅运转。他总能确保军事专家和非军方承包商的密切协作，让双方专注于相关工作，而且总能让他们在恰当的时间从事恰当的工作。作为一个全身心投入、事必躬亲的领导者，他总是根据工作量的不断变化，频频调整工作任务和工作的轻重缓急。如果说他和其他领导者有什么区别的话，那就是他的管理未免太过严苛了些。他所在部门的工人，将他视为不苟言笑、没有幽默感的领导者，而且过于专注小节。他们都希望他能"松弛"些。

结束一天的工作以后，鲍勃回到家里还要承担另一个重要职责：供养家庭，而且要让家里的一切都"秩序井然"。每次下班走进家门，鲍勃都要在起居室将妻子南希以及三个孩子"集合"到一起，之后，开始"检查工作"。他会问到每个人的任务完成情况如何，以弄清需要自己留意的任何紧迫问题和议题，然后，宣布"解散"。没有拥抱，没有亲吻，也没有爱意的表达——鲍勃管理家庭的方式与管理车间的方式并无二致，他要决定一切。他会给妻子列一个开支预算，每个孩子的花销都很精确，不可超出。他在家里所犯的错误也与在车间所犯的错误如出一辙：要求苛刻、挑剔批评，但是，很少表扬。

然而，一个特别的日子到来了，这天，南希说要和鲍勃谈点事情。晚饭以后，孩子们都出去玩了。南希说，要和鲍勃谈谈，她告诉他想离婚。这个要求对鲍勃来说，简直就是个晴天霹雳。他万万想不到南希想离开自己。"我一直在拼命工作。"他想，他的脑子飞快地转着，试图弄清这个有悖常情的问题到底出在哪儿。"我一直觉得自己是个好丈夫、好父亲，我把一切都给了她和孩子们，她到底还想要什么呢？"

南希向鲍勃艰难地解释着自己的感受和想离开鲍勃的理由，但显然，鲍勃认为她的理由根本站不住脚，他对南希说到的每一点都据理力争、给予反驳，对南希罗列的一点又一点理由，鲍勃要么予以否认，要么顾左右而言他。南希演练过很多次的解释彻底土崩瓦解了。她似乎根本无法理解鲍勃传达出来的信息。对话结束了，南希感到挫败、无力，鲍勃则一头雾水，觉得南希背叛了自己。就像所有这类屡见不鲜的婚变一样，鲍勃从来没有感知到自己的婚姻"气数将尽"。

鲍勃的社交商有几个缺失，其中最具破坏性的一个，让他无力根据不同的情境调整自己的行为。他试图以一套恒久不变的独裁方式管理所有的员工，无视他们在年龄、能力、专业知识以及社交成熟度上的差异。而且他试图以管理车间的套路来管理自己的家庭。事实上，他的妻子和孩子需要爱、尊重、关心和交流，并不是"管理"。鲍勃的"全神贯注"以及对结构和秩序神经质样的需要，加之他较低的情商水平，让他无法在自己遇到的各种情境中游走自如。

我们完全可以将这种能力缺失命名为"地道的军官综合征"，也就是惯于发号施令的人不能将权力和官阶置于一边，从而与他人在直接的个人水平上交往。这种症状很可能是无以计数的婚变和浪漫关系终止的渊薮。从事其他职业的人有时候也会罹患这种疾患，比如警官，以及某些日常工作就是掌控局面的人。

多样性的迷局

对大部分美国的经理人、主管和员工来说，"多样化"这一主题受喜爱的程度甚至高于拔牙，仅次于修缮屋顶。原来被认为是美国商业文化中独有议题的"多样化"，现在则深入到了越来越多的多元文化情境中。这一问题之所以让职场中的很多人如此心烦意乱，原因之一在于他们并不真正理解"多样性"到底是什么东西。

它的诉求点是让不同种族、不同年龄以及不同性别的人更好地沟通吗？是指尊重不同肤色或者不同文化背景的人之间的差异吗？是指女性员工与男性员工友好相处，或者男性员工要理解女性员工在工作上的问题吗？其诉求点是理解残障人士吗？"多样性"涵盖的是不是性骚扰问题、艾滋病问题，或者员工变性的问题？是不是关于身高和体重的差异问题？"多样性"是否涵盖宗教差异和政见差别？

以上问题的答案都是肯定的，但还不止这些。多样性是帮助组织中的人在很多层次上达成更好理解的议题，它教导或者提示员工，彼此之间要相互尊重，要相互礼遇，它通过要求员工重新聚焦于彼此的工作而不是彼此在个性上的差异，以达到使各个部门、各个团队以及各个工作群体朝着共同目标努力的目的。

现在，我们把这个复杂的概念弄得更让人摸不着头脑了，好了，下面让我们来看看多样性两个问题频出的环节，这两个环节让很多人难以释怀，那就是：员工之间的沟通问题，以及在工作场合使用母语的问题。

在工作场所中，尊重多样性是社交商的一个重要方面，需要调用"S. P. A. C. E."模型中的很多技巧，而且有赖于人们彼此之间的相互理解和相互支持。但是，员工之间的说话方式有可能成为一个"政治"分界线，尤其当某些员工在那些其母语为英语而且不会说自己语言的员工面前用自己的母语与人谈话的时候。接下来谈到的所有问题，都适用于任何语言文化背景，虽然我们列举的例子是发生在英语文化中的。

如果你是英语国家的本土居民，作为顾客，你很可能会遇到下面这种情形：你在一家餐馆的前台等座位，餐厅的两个员工站得离你很近，两个人开始用非英语语言交谈，而你并不懂那种语言。他们看看你，之后，说得更欢了，再后来，两个人大笑起来。只要你的想象力还没出问题，你就会很不舒服地感觉到，他们刚才在"拿你开涮"。

在另一种场合中，员工可能在英语和他们的母语之间快速"切换"，和你说话的时候用英语，他们之间说话的时候用他们的母语。他们为什么不全部使用英语呢？这种"语言乒乓球"会在他们与他人之间造成紧张情绪。那种情形似乎要——也许他们故意想——将自己与他人"隔开"，试图待在自己母语构筑的惬意领地里，而不管当时的情境如何。

在顾客看不到的"后台",这种语言问题同样可以以多种方式显现出来:在团队的工作场所,所有的员工都讲当地的"正式"语言,不过,有些员工还能说其他语言。当讲当地语言的人离开办公室以后,其他人便会转用他们的母语谈话。当讲当地语言的人回到办公室时,其他人依然还在用自己的母语交流,这种情形会造成这样一种感觉:他们并不想和别人分享他们谈到的东西。

在美国的工作场所,因为"平等就业机会"和"平权措施计划"是非同小可的事情,所以,公司、州以及联邦劳动部门和职业介绍机构都很小心,以避免得到压制多样化和种族歧视的恶名。为此,就沟通的环节而言,大部分政府劳动管理机构和平等就业机构都建议公司:

- 当面向公众或者与客户直接接触时(比如,电话、旅馆的大堂、零售店的收款台、与厨房相对应的餐馆"前台"),你可以要求所有员工都讲英语。
- 然而,在很多州,因为有很多法律规定,所以,当员工在不面对公众、不与客户直接接触的场所时,或者当员工不和公众、客户交流时,企业不能阻止任何员工说自己的母语。因此,这些规定不会考虑"他们正在谈论我们,或者他们正在嘲笑我们"之类的问题。

母语是英语的员工,常常私下里向老板气愤地抱怨这种"社交分离"行为。当这种情形得不到扭转,或者变得日益严重时,有时候我们会看到,在工作场所真的形成了"分界线",不同的群体之间彼此根本不交流。

这样的结果已经远远不是多样化的问题了,也不只是员工的沟通问题,它已经成了影响士气、影响员工队伍稳定性和绩效表现的问题,如果情况更为严重,甚至会导致员工队伍"大迁移"、斗殴或者企业的终结。

那么,什么方法可以提升工作群体的社交商呢?一位经理人如何才能既保持对多样性的适度尊重,同时又避免使员工队伍分化、产生敌对情绪呢?这些问题的解决方案,就在问题的根源:在工作场合,人们需要诚实、开放同时巧妙地沟通。

群体之间发生的很多冲突,其核心都是围绕着:"我们为什么不能融洽相处？为什么情况不能回到以往那种状态呢？"

　　无论企业是从组织外引入"调解者"，还是自行解决问题，部门经理都必须让所有人集合到一个会议室中，告诉他们："目前这种结果只能怨我们自己，我们早该制订某些切实可行的沟通规则，以便我们所有人都能更好地交流和协同工作。现在，我们要听听每个人关心的问题，听听每个人的抱怨，先不要做出判断，也不要批评他人。我们的目的是要找到一个'中间地带'，在这个地带，人们可以自在而适当地使用自己的母语。我们要讨论一下，我们如何才能以尊敬的态度满足客户的需求、满足同事的需要。这并不是说我们要制订很多规则，也不是要人们脱离自在舒服的状态，而是让人们在一个'中间地带'彼此顺畅交流。"

　　这种"边界设定"以及"净化空气"的过程虽然并不一定让人愉快，不过，它确实可以开启人们之间更好相互理解的旅程，而且可以提升整个组织的社交商。

礼节、典礼和庆典

　　有些领导者深知戏剧在人类生活中的价值，而有些领导者则不然。所有的文化群体都有——而且也需要——传统的群体性行为，礼节、典礼和庆典就在保持人们的团体感方面发挥着重要作用，那些拥有健康文化的组织会承认并支持人们的这种需求。相反，缺乏目的明确的团体行为，恰恰是具有毒害性的、有损人们心理健康的企业文化的重要表征之一。那些成功构建健康、效能卓著的企业文化的领导者，深谙利用人们对团体感的需求来促进企业目标实现的方略。

　　很多经理人和执行官对礼仪的效力和影响只是有些模糊的认识，男性尤其善于以行动来无声宣告："如果你做错了什么（这往往意味着你的行为让我不快），我会让你知道的；如果你没听到我说什么，那么，你可以认为你的工作做得很好。"在颇具"阳刚气"的企业文化背景中，人们之间的对话会专注于事情本身和行动，而在更具女性色彩的企业文化中，人们的交流还会显示出对人员、关系和群体的强烈兴趣。礼仪的引入可以转移人们的注意力，至少，可以让人们的注意力在工作和人员之间达成平衡。

在人类文化的所有分支中，我们怎么强调礼节和庆典的吸引力以及人们对它们的迫切需求都不过分，人们在组织中获得的相关体验以及民众的互动体验也不例外。我们来看看三种社交礼仪的价值：

- "礼节"，很多社会心理学家和人类学家认为，礼节具有缓解"存在焦虑"的功能，存在焦虑是指所有人都具有的对不再"存在"的恐惧。通过不断重复熟悉的互动礼节，比如，见面礼节、道别礼节、谈话礼节、家庭聚餐、宗教活动，反复的体验可以让人们确证自己与他人的联系，同时让自己摆脱未知世界的威胁。

- "典礼"，很多社会心理学家和人类学家还认为，典礼有助于人们接受并认可生活中重大变化的作用。虽然人们习见的文章将礼节和典礼互换使用，不过，我们在这里的讨论将它们区别开来或许有些好处。"礼节"是对某些不再变化的有价值的事情的确认，而"典礼"则是对已经变化了的事实的承认和认同。

- "庆典"，与礼节和典礼的作用形成对照的是，庆典的作用在于对个人、家庭、部族、庞大的团体甚至国家生活中的重大事件从情感上给予正式认可。根据它们遵从已确定的程序和规则的程度以及习惯，我们有时候也可以将庆典视为礼节和典礼，在一定程度上，三个概念是可以互换的。

不妨想一想，礼节、典礼和庆典在人类生活中的存在有多么普遍而深入。犹太人在孩子的青春期到来时，会以"男孩成年戒礼"和"女孩成年戒礼"分别为男孩和女孩庆祝①；在墨西哥的拉美后裔群体以及美国的南部，女孩进入成年则是以"成年礼"为标志的。

在美国和其他西方国家，我们都会庆祝生日。几乎所有的文化群体都有婚礼（尽管很少有哪个文化群体有"离婚礼"），此外，几乎所有的文化群体都有葬礼。有些文化，比如，在日本，人们会以"盆舞节"（也称为"盆

---

① 成年戒礼也称为成年礼，是指犹太女孩在12岁和男孩在13岁左右进行的开始承担成年人宗教义务的仪式。——译者注

踊"、"日本鬼节"），也就是"纪念死者的舞蹈"，等某些特殊的礼节持续纪念亡者。

人们常常以节假日的形式来"标注"重大事件，或者在生活中将某些重要的事情仪式化。在有些文化中，宗教假日在生活中居于支配地位，比如，犹太文化群体和伊斯兰文化群体。几个世纪以来，罗马天主教教堂举行的宗教庆典，其规模甚至让古代帝王也相形见绌。

国王或者王后的加冕礼、总统或者总理的就职典礼、国家元首的逝世等重大事件，可以成为全国性、整个文化群体甚至全球性庆典的缘由。全国性的庆典，比如，纪念共和国的成立，或者纪念国家摆脱殖民统治宣告独立，对民众而言都具有持久价值和恒久的意义，而且可以代代相传。

区域性庆典和文化群体的庆典种类繁多。大部分家庭都认为，婚礼既是一种庆典，也是一种典礼。农业地区的有些人，依然还沿袭着以"烧掉抵押单据"的方式庆祝付清购买农场或者住房最后一笔抵押贷款的仪式。很多区域性庆典都涉及人们的食物——而食物则是保障人们"心里踏实"的另一个重要资源。美国感恩节的盛宴，以及其他文化群体中的类似节日，都承载着让自己所属群体在艰难困苦中长治久安的良好愿望。所有发展成熟的文化群体，都有为庆典准备特定食物的复杂习俗。

在组织中，那些无视或者轻视礼节、典礼和庆典重要性的经理人和执行官们，早晚会付出代价的。无论是全国性的礼节和典礼，还是组织特异性的礼节和典礼，对任何企业而言，它们都有助于塑造独特的企业文化。作为组织社交商的显要特征，几乎所有"文化强大"的企业，都有庆祝重要事件、纪念重大变化和转变以及庆祝成功的习惯形式，而且是发展完善的方式。

但是，并不是所有的经理人和执行官都能有效利用礼节、典礼以及庆典的功效。我们机构进行的一项尚未发表的调查——该项调查旨在比较不同组织中的领导者对自身领导行为的自我评价——显示，澳大利亚的企业领导者的自我评价，与美国企业领导者的自我评价存在显著差异，虽然他们在四十一种领导行为上的自我评价基本相同，不过，在"利用礼节、典礼和庆典"的环节上，澳大利亚的企业领导者们自我评价的平均得分，要低于美国企业领导者的自我评价。

权力移交典礼

当我去博物馆参观一个来自梵蒂冈的罗马教皇用品和历史文物巡回展时，我发现了一个非同寻常——至少对我而言——的典礼仪式。一个饶有趣味的物品陈列说明了一种非常特殊的典礼，这种典礼会在罗马教皇去世，另一个人接替他的职位，并继而担任任期很长的罗马天主教领导职位时举行。这一典礼极为特殊的特点一直让我感到纳闷——这一程序是怎么制订出来的？这一特殊的典礼到底是谁发明的？它是如何得到如此广泛的接受的？

博物馆的陈列品中包括一个小金锤，装饰精美，装在一个特制的盒子里。展览指南中谈到，继任的教皇——在罗马天主教众多显要人物的陪同下——要前去拜望存放最近去世的教皇的棺材或者石棺。他们会打开棺木，继任的教皇要用小金锤象征性地敲击去世教皇的头。这一程序是对前教皇去世的正式承认。为什么会选择这一特殊的程序，人们可能感到不解，或许，它象征着教皇职权的正式传递吧。

恰当的政治策略：
不丧失自己的价值体系而稳步升迁

我经常听到供职于大型组织的人说："我可不想玩弄政治手腕，我只要把自己的工作做好就行了。"或者："在这儿，你要想出人头地，你就得玩弄政治手腕。"这种言论的腔调常常表露出愤愤不平的情绪，通常情况下，这种言论表明，在与他人的职业竞争中，说者觉得自己处于劣势，他们通过谴责他人的"政治手腕"，将其视为低于自己道德标准的可鄙行为，来为自己不能与位高权重者打成一片找到合理解释。

通常，那些对组织的政治策略不屑一顾的人并不清楚，他或她一直身处政治策略无所不在的背景中，无论自己是否愿意，也无论是否能清楚认识到这一点。如果你供职于一个组织，如果你参与任何有组织的群体活动，你都要"陷入政治策略的包围之中"。宣称自己"不玩政治游戏"，并不意味着你就可以置身事外。你不能"不玩"——你要么"玩得很娴熟"，要么"甘拜下风"。

如果你并不在乎撒谎、欺骗、诋毁他人，如果你完全可以坦然地将自己的利益置于企业的利益之上，那么，对你而言，"玩政治手腕"就有多种选择。从另一方面来说，即使你坚守更高的道德标准——高于善于玩弄政治手腕的人所秉承的道德准则——你也并不一定会在组织内的职位竞争、影响力竞争以及获得嘉奖的竞争中败北，事实上，人们完全可以在学习并运用某些政治策略的同时，又不丧失自己的准则和道德原则。

　　从组织的角度而言，成为一位"诚实政治家"的第一步，就是抛弃自己可以无视政治策略的幻想——因为它们终日环绕你左右，须臾不离。你完全可以把握影响他人的机会，而不只是被动等待别人强加给你的命运。

　　救赎自己的第二个步骤，就是抛弃自己对政治策略这一概念本身的成见。如果我们将政治策略定义为人们之间寻求相互影响途径的一系列技巧，那么，我们就为诚实而值得尊敬地"出人头地"打开了广阔的行为策略空间。人们完全可以适应"正当的政治策略"，也就是基于自己的价值体系获得成功的政治策略。

　　多年来，我曾对经理人、执行官以及其他专业人士就如何在以企业利益为重的同时获得自身职业生涯的发展进行过很多培训，我认为，从长期来看，最成功的政治策略应该能创造真正的价值，应该有助于他人的发展，应该有助于组织目标的实现。此外，我还认为，从长期来看，比之那些自私、其破坏性行为有损企业的利益，或者其行为非但不创造价值反而有损他人发展的人来，那些凭借自己的贡献和成就参与职场竞争的人更有望成功。尽管我尚不能说玩弄"肮脏"政治手腕的人永远不会取得成功，或者永远不能升迁到高层职位，不过，我还是愿意将"赌注"押在那些能巧妙运用恰当政治策略的人身上。

　　就组织社交商的问题，我们的讨论还远不充分，事实上，我们只是触碰了这一主题的"皮毛"。组织行为是个相当令人迷惑的课题，而这本书，只是初步探求社交商在个人身上的意义以及在个人身上的应用。不过，我确信，我们将注意力转移到这一范畴之外的某些领域，比如，我们的工作场所，依然是有益的。至少，我们对组织结构、企业文化以及政治策略的观察和讨论，可以为提升我们工作场所和其他组织社交商的思考起到抛砖引玉的作用。

积极政治策略的十个技巧

我在《个人优势：深谙自己的渴求，实现自己的渴望》一书中，曾经着重讨论过应用积极政治策略的特定方法和指南。好几年过去了，我发现，我对它们的认识并没有改变，所以，我在这里再次将它们奉献给你：

1. 出色完成工作，作为一个有所成就的人得到他人的赏识。

2. 与他人结盟，并经常为盟友提供服务。

3. 努力引人注目。

4. 以自己的成就建立信誉。

5. 可能时，为他人排解痛苦。

6. 为组织的总体目标做出贡献。

7. 持续提高自己。

8. 制订在组织中不断进步的计划。

9. 为目前的工作"备份"——尤其是在一切顺遂的时候。

10. 知道何时离开。

第九章

管理中的社交

培养高社交商领导者的一些思考"士气不旺，鞭打不止。"

——澳大利亚一家工厂的标语

联邦调查局前局长路易斯·弗里履新的第一天，就对其下属说："我的团队概念就是，所有的人都完全照我说的去做。"

你当然不会对这类说法感到陌生："这就是我的套路，不听，你就走人。""如果我想知道你的想法，我会把想法给你的。""我在这儿并不是要赢得什么时髦的比赛，我的工作是要得到结果。""如果你不向人们显示谁是老板，他们就不会在乎你。"

要想成功，难道一个经理人必须"踢人屁股"吗？要想把工作做好，你非要人们痛恨你或者惧怕你不可吗？一个团队、一个部门、一个分支机构或者整个组织的绩效表现是不是一定仰赖"法规和命令"？经理人可以将权威和心领神会有机结合到一起吗？

这些问题一直盘桓在各类组织无数从事领导工作和管理工作的人的头脑中。军事指挥部、政府机构、非营利性组织、公司，所有组织对完成工作的策略都有独特的需求。无论是能动地，还是下意识地，每一位经理人都必须对如何运用权威以及如何运用个人影响力确立自己的态度和信念。

"畜生"因素

努力扮演好大权在握的角色，是对一个人情商和社交商的双重挑战。很多领导力专家认为，那些情商相对较低的领导者——其特点表现为缺乏自信以及轻视自我价值——倾向于"虚张声势"。因为缺乏阐释自己观点的信心和技巧，不能以富有说服力的决定以理服人，欠缺通过协作解决问题的必要的信心和技巧，他们便可能会凭借自己的职权胁迫他人。那些心存恐惧或者缺乏安全感的经理人，可能会压制异己，会剿灭团队成员的设想，会申斥、责备他人，同时，由于担心局面的失控，他们会与他人在个人关系上保持距离。

与一位"畜生型的领导者"共事或者为其工作，同样需要你拥有系列社交商技巧。

例证：上大学期间，当我作为预备役军官候选人在美国陆军预备役军官培训团接受初期训练时，我就体认到了弄清情境规则的必要性，同时认识到了巧妙应对的价值。

大学三四年级之交的暑假期间，我参加了一个为期六周的暑期训练营。虽然我们是未来的陆军军官，不过，当时我们还没有正式军衔，我们的教官把我们叫做"军官学员某某"，或者索性就称为"某某先生"。教官和教练把我们视为高于一般士兵的军人，不过，比那些真正军官的等级要低得多。当我们领薪水——薪水少得可怜——的时候，我和同伴一起来到军营办公室，发薪人员在办公室里摆了一张桌子。我们排着队，依次走向办公桌，桌子后面坐着一位年轻的陆军上尉——以美国陆军的标准来看，他的军衔不高也不低。轮到我时，我走近他，敬礼，之后说："军官学员阿尔布瑞契特，长官。"

他没有回敬我的敬礼，而是告诉我："请报全称。"我挺直身体，突然更正式地敬了个礼，说："报告长官，F连第一排军官学员阿尔布瑞契特申领薪水！"为了表明自己的单位，我使用了军队的习惯发音方法——所以，"F连"就成了"Foxtrot连"（在通讯和某些其他领域，"F"字母常常以"Foxtrot"来代表）。

可能我的举动让他有些受宠若惊，也可能因为他刚刚干上这份工作，之后，他说："很好。现在，在这儿签字吧，佛科斯特罗特（Foxtrot）先生（上尉误将代表字母'F'的'Foxtrot'当成了作者的姓氏）。"

对我们的心理来说，那是一个不同寻常的时刻，从效果上看，我"征服"了他。我着重强调了自己的下级地位之后，他的表达变得语无伦次、方寸大乱，他的现场表现与他当时应有的严谨南辕北辙。但是，我对情境感知的直觉告诉我，在某一情境的所有因素中，保持他人的权威性是重中之重。我本可以戳穿他的错误，找一个微妙的方式让他更难堪，但是，这么做会让我自己付出代价。所以，我放弃了这个机会，只是在凭单上签上了自己的名字，谢过他，敬个礼，之后，出去了。

领导经验很早就验证过了这种人性与权力之间的矛盾情绪，尤其是在军事组织中，这种矛盾表现得尤为突出。西方军事组织通常都不会鼓励军官和普通士兵——在英国，是指军官和"其他军人"——建立"亲善关系"，言外之意似乎是，拥有某种个人关系的两个人不能有效建立"老板——下属"的关系。对有些人而言，这个论断似乎无可置疑，不过，这一论断也留下了这样的悬疑："永远如此吗，或者几乎颠扑不破吗？"

将担纲领导角色的人，尤其是刚刚走马上任的领导者，常常体验到的不稳定性和自我怀疑，与这种矛盾情绪的社交论断结合到一起，我们就可以找到某些领导风格饱受诟病，有些领导者索性"翻身落马"这一文化现象的渊源了。

很多商业报刊的记者和商业书籍作家喜欢用"魔法"描摹"畜生型首席执行官"的形象，把他们"妖魔化"，旨在增加读者的阅读乐趣：残忍的竞争者剿灭了所有对手，惩处那些让自己"龙颜不悦"的人，此外，"消灭"那些敢于质疑自己和向自己的权威提出挑战的人（如果是一位如此行事的女性执行官，哈哈，那可就更有好戏看了）。利用人类大脑结构的特点，记者们总能以"双面人""畜生型领导者"的故事让读者欲罢不能，而描写一位可爱领导者的故事，则很难取得这种阅读效果。如果你想记述一位可爱的领导者，那么，你必须找到他或她某些怪癖或者某些性格上的欠缺，以增加故事的趣味性。

这种"畜生型"英雄的代表人物之一，就是富有传奇色彩的艾尔·邓拉普，风险投资家和商业报刊记者送给他"电锯艾尔"的绰号。Slate.com 的编辑戴维·普洛茨写道：

作为一位令人推崇同时令人恐怖的首席执行官，邓拉普以新型资本主义"吉祥物"的形象脱颖而出。"邓拉普主义"脱胎于华尔街，同时也在华尔街寿终正寝。它信奉的唯一信条就是："怎么才能让我们的股票更值钱？"不那么冷酷的商界人士尊崇的东西——对工人的体恤，对社会的责任感，与供应商的良好关系，对慈善事业的慷慨大方，等等——对邓拉普而言一文不值。商业伦理道德教授将其吹捧为"股东资本主义"。邓拉普对此则嗤之以鼻。

虽然也有其他首席执行官信奉邓拉普的某些信条，不过，无人能出其右。过去20年来，这位60岁的执行官曾经执掌过美国、澳大利亚和英国九家公司的帅印，他既做过澳大利亚传媒大王克里·帕克的左膀右臂，也充当过最近去世的英国亿万富翁詹姆斯·戈德史密斯爵士的坚强助手，此间，他"赢得了"世界上最冷酷的"反转大师"的"美誉"。

原因在此：作为苦苦挣扎的杯子制造商郁金香公司的首席执行官，20世纪80年代，邓拉普解雇了公司大部分高级管理人员，卖掉了公司的喷气机，关闭了公司总部和两家工厂，遣散了总部一半的员工，此外，还解雇了大批工人。为此，他在公司的两年半任期中，公司的股票价格从每股1.77美元飙升到了18.55美元。在斯科特纸业公司——这个职位是他在阳光公司担纲首脑的预演——他解雇了11000名员工（包括公司一半管理人员和公司20%的小时工人），砍掉了公司300万美元的慈善事业预算，大幅削减了公司的研发费用，并关闭了数家工厂。邓拉普1994年年中履任时，斯科特纸业公司的市值大约为30亿美元，1995年年末，他将公司以94亿美元的价格卖给了金佰利公司，并将1亿美元的收益收入个人囊中，他说，以为股东增加的60亿美元价值来衡量，自己的那点儿收入实在说不上多。

艾尔·邓拉普曾公开向美国电报电话公司（AT&T）的首席执行官罗伯特·艾伦发难，指责其没有解雇足够多的员工。他曾以一副挑衅者的姿态登上《今日美国》的封面。在名为《商海无情：我拯救公司、并将优秀公司引向卓越之道》的畅销书中，艾尔·邓拉普将自己的基本信念和管理策略描述得淋漓尽致。

与"邓拉普主义"形成鲜明对照的，是"本和杰里"（Ben and Jerry）管理模式，本和杰里是本杰里冰激凌公司的联合创办人。两个60年代"冥顽不化"的自由主义者本·科恩和杰里·格林菲尔德基于社会责任、"微型资本主义"（Micro-Capitalism）理念、利润共享以及支持弱势群体的理念，创建了成功的消费品公司。企业经历了二十多年令人钦羡的成长之后，他们出版了自己的"反文化"宣言：《本杰里的双赢：如何运营一个价值导向型的公司而且盈利》。

2001年，本杰里公司被英荷食品业巨头联合利华（Unilever）购并，不过，公司依旧秉承着自己的价值取向。本杰里的很多商店依然归非营利性组织拥有和经营，而这些商店的所有盈利都捐助给了发起人。在公众心目中，公司当之无愧地成了企业承担社会责任的楷模，通过员工负责运营的公司慈善机构，以及本杰里基金，公司每年捐助250万美元，用以支持公司恪守不渝的价值观：资助佛蒙特的社区建设，支持经济和社会公平事业，资助环境恢复项目，并通过促进人们之间的理解构建和平的社会秩序。正如本·科恩在罗德岛向大学生发表演讲时谈到的："这个星球上仅存的超级大国要学会以它让多少人衣食无忧，而不是杀死多少人，来度量自己的力量。"

"邓拉普主义"和"本杰里主义"是两个大相径庭的世界观，同时也是商业社会两个截然不同的命题，或许，它们之间的矛盾永远也得不到调和。

执行官的刚愎自用：代价及后果

虽然很多执行官在治理和领导公司时表现得颇为谦逊，不过，有些人则趾高气扬、不可一世，俨然将自己当做了当代帝王，他们似乎握有神授的至高权力，其苦心经营的位高权重形象和奢靡的生活方式，丝毫不逊于富可敌国的君主。

近年来，六个人——他们都是首席执行官——应该对美国公众对公司领导力和执行官道德操守丧失信心负有主要的责任。此外，他们还应该对投资者损失的数十亿美元、投资者史无前例的愤世嫉俗以及华尔街在投资者心目中的失信负有不可推卸的责任。

- 迈克尔·奥维茨，在迪斯尼公司当了一年总裁，赔偿条款规定，他被解雇时甚至会比担纲领导者挣钱更多。他加盟公司的薪资是100万美元——即使以好莱坞的标准来看，这个薪酬水平也颇不寻常了——外加每年750万美元的红利，此外，还有价值高达1亿美元的股票期权。除此之外，他还享有价值达1000万美元的终止聘任协议"一揽子获赔计划"——在聘任合同到期前，如果他被无故解雇，这一计划便会生效。被其前朋友、迪斯尼公司的董事长迈克尔·埃斯纳扫地出门以后，迈克尔·奥维茨带着1.4亿美元的收入离开了公司。他命运多舛的任期和颇有争议的离去，在公司内引发了一场旷日持久的"内部战争"，这场战争持续了数年时间，而且在相当长的时期内，让迪斯尼公司由来已久的良好商业形象暗淡无光、大为蒙羞。

- 伯尼·埃博斯，这位"金融智多星"，将世通公司从一个默默无闻的通讯公司，锻造成了华尔街不可多得的宠儿。90多亿美元"账目错误"的败露，将这个价值高达1800亿美元的公司送上了破产的不归路，但是，这并没有妨碍伯尼·埃博斯提取4亿美元用以支撑自己奢靡的生活。尽管伯尼·埃博斯被控犯有历史上最大的账目欺诈罪，不过，离开公司时，他依然可以享受到每年150万美元的退休金。

- 丹尼斯·科兹洛夫斯基，泰科国际有限公司①的首席执行官，把股东的钱挥霍在豪华办公室、曼哈顿公寓、艺术品和家具收藏以及奢华聚会上的数额之巨可谓前无古人。丹尼斯·科兹洛夫斯基和其他几位高管人员被控从金库中调出6亿美元属于股东的资金，用于购买豪华公寓、别墅、游艇以及举办奢华的晚会。当他受到收入税欺诈的指控时，泰科公司董事会将其扫地出门。

- 约翰·里格斯，有线电视及通讯巨头阿德菲亚通信公司的创始人和首

---

① 该公司是一家多元化的生产与服务型企业。泰科是世界最大的电气、电子元件制造商和服务商，海底通信系统的设计、生产、安装和服务商，也是世界最大的防火系统和电子安全服务的生产商、安装商和供应商，同时还是最大的流量控制阀门制造商。在医疗产品、融资与租赁、塑料和黏结剂领域，泰科公司也占据着主导地位。公司业务机构遍布100多个国家，营业收入达460亿美元。——译者注

席执行官，与其他四位执行官串通，将这个增长迅速的有线电视运营商的保险箱彻底掏空。原告要求法庭强迫约翰·里格斯及其同谋将25亿美元归还股东。对约翰·里格斯来说，占股东的便宜完全是"家里的事情"。他及其三个儿子被控通过伪造资产负债表，在公司的财务报告中隐瞒了数十亿美元的债务。原告还指控约翰·里格斯及其同谋，为迎合华尔街的预期，他们伪造公司运营数字、夸大盈利水平。除了约翰·里格斯家庭成员之间的自我交易之外，他们还被控秘密使用公司的资金买入股票，并在纽约和其他地方购买豪华公寓，这些行为最终让他被驱逐出公司同时受到起诉。

- 肯尼思·雷，这个来自得克萨斯的乡村小子，一手将富有传奇色彩的安然公司——一个建立在精明能源交易和"做假账"基础之上的脆弱金融帝国——送上了轰然垮塌的境地。尽管公司正摇摇晃晃走向破产境地，不过，肯尼思·雷和其他高管人员依然置若罔闻，隐瞒大量债务，虚报利润，同时大肆劫掠公司财产。在公司倒闭之前，肯尼思·雷一个人就攫取了1.5亿美元的报酬和股票，让6000名员工失去了工作，同时，还摧毁了他们的财务健康——他们眼睁睁看着自己退休账户中的安然公司股票直线暴跌。虽然肯尼思·雷悄悄地将自己持有的公司股票卖出，并将其资金投入到了不受任何诉讼影响的年金投资账户，但是，他却不遗余力地鼓励安然公司的员工不断以401（K）退休金账户买入公司股票。他的年金计划能确保他和妻子在有生之年每年都获得近100万美元的收入，而且这个年金计划不受任何诉讼和法律惩罚的影响。

- 理查德·格拉索，华尔街的一个财富英雄，在投资者的如潮批评及其1.4亿美元一揽子收入遭受政治压力时，最后不得不辞去了纽约证券交易所董事长的职务。在他的八年"统治期"，在董事会中大搞任人唯亲——留用那些认同他不合理收入的亲信。几乎所有知名的金融专家都认为，他的一揽子收入简直就是对股东财产的抢劫。听闻美国司法部长要详查纽约证券交易所以及其他几个金融机构的账目，理查德·格拉索"慷慨地放弃了"另外5000万美元的"应得收入"。

这些公司里的"帝王"彻底毁坏了自己的光辉形象，成了华尔街和美国公司失信于民的代表性人物。他们毁灭了自己的公司，摧毁了员工的生活，伤害了大批投资者，此外，他们也挫伤了人们对华尔街的信心。

他们恶行的余波带来了深远的影响：2002 年夏季，美国国会通过了一项具有里程碑意义的法案，法案对公司治理提出了严厉的要求，法案的出台在很大程度上是因为华尔街"帝王们"的丑行。"江洋大盗"大肆劫掠之后出台的这项法案就是"萨宾斯—奥克斯利法案"（Sarbanes – Oxley Act）①，该项法案由马里兰州的参议员保罗·萨宾斯和俄亥俄州的众议院议员迈克尔·奥克斯利提出。该项法案在参议院以全部 99 票赞成获得通过，在众议院只有三人投了反对票。大部分金融分析家认为，全新的测评制度每年将使公司运营成本至少增加 50 亿美元，对小型公司的影响尤为突出。

最佳老板，最坏老板

作为团队建设、领导力和组织发展培训的一个组成部分，我常常让参加培训的人分成小组，分别持笔走到白板前，罗列出两种截然不同的人的特质，这两种人就是：他们曾经为其工作过的最佳老板和最坏老板。我让他们写出描述那些人特质的形容词、特点、行为方式以及领导方式。

我让学员将描述范围涵盖他们的整个职业生活，甚至包括他们所从事的第一份工作——比如，送报纸，在快餐店的临时工作，修剪草坪，在校园里、军队里的工作，以及走出校门之后的第一份工作。并不奇怪，每个小组在白板前都展开了热烈的讨论，讨论哪些老板是优秀的，哪些是糟糕的，以及为什么。

在最佳老板特质一栏，各个小组通常都会罗列出颇为相似的特点：

---

① 2002 年美国通过的《萨宾斯—奥克斯利法案》，是美国继安然、世通、安达信等连串公司财务丑闻事件披露后，为强化上市公司内部治理和增强资本市场信息披露而出台的一部重要法律。布什总统在签署法案时，称"它是美国证券市场发展过程中的一个重要里程碑"。该法案旨在增强信息披露，保护投资者利益。该法案被美国各界寄予了厚望，它被认为是彻底杜绝公司造假的有力武器。——译者注

- 支持他人。
- 愿意作导师。
- 善于授权。
- 频频沟通。
- 给他人以嘉奖和赞扬。
- 关爱他人。
- 富有幽默感。
- 在高管层面前为我们辩护。
- 私下提出批评，而不是在大庭广众下指责。
- 睿智。
- 帮助他人取得成功。
- 对自己的工作了如指掌。

而在最坏老板一栏，他们罗列出的特质往往更多，而且表述用语更富情绪化：

- 阴谋暗算他人。
- 自私、卑鄙。
- 漫不经心，袖手旁观。
- 残暴对待他人。
- 脾气乖戾，牢骚满腹。
- 软弱无力，不敢采取行动。
- 躲避冲突、回避问题。
- 游戏者心态。
- 不让他人知情。
- 在他或她的老板面前，不为自己的下属辩护。
- 对他人施以性骚扰。
- 大喊大叫，好与人争论。
- 酗酒。
- 事无巨细，事必躬亲，干预过多。

　　为了让这个练习更有效，练习进行到一半的时候，我让小组成员们从一个白板转移到另一个白板前，也就是在罗列优秀特质的白板和罗列恶劣特质的白板之间转换，这种方式让人们罗列出的特质更为丰富、更具特色了，当我们罗列出的两种特质和行为分别达到三十个左右的时候，练习宣告结束。

　　之后，我让小组成员四处看看各个白板，以便了解其他小组罗列出的所有特质。再之后，我们一起讨论写在白板上的结果，看看每个人写出的结果，为什么要那么写。有些人对自己最初工作时的老板依然怀有温暖的记忆，那些老板为了教导年轻员工如何努力工作以及如何聪明地工作，花费了很多时间和心血。当然，人们也记起了很多非常糟糕的老板，他们的行为确实令人不齿，以至于很多员工为此辞掉了相当不错或者薪水很高的工作。

　　这个练习引出了某些问题：那些"好老板"在"S. P. A. C. E."模型诉求的环节是不是拥有高社交商呢？答案是毋庸置疑的"是"，他们确实拥有领导下属、激励下属、激发下属热情的素养和能力，而且他们既能据此取得良好的预期成果，又能使这一过程充满乐趣。

　　而对那些有问题的上司，也就是白板上罗列出的恶劣特质所对应的那些"最坏老板"，以"S. P. A. C. E."模型来衡量，他们的社交商得分是不是也很高呢？答案是毫无疑问的"不"。因为缺乏情境感知能力、举止失当、虚伪、明晰表述能力缺失以及不能与他人心领神会，更不用说同情心、指导能力、活力和诚实了，所以，为他们工作的确困难重重、心力交瘁。

　　如果参加培训的是主管或者领导者，那么，分成小组讨论同一问题时，他们所面临的问题则变成：你的下属会不会用同样的方式为你打分？下属在评估你的领导能力和管理风格的时候，头脑中会不会同样也有这么一个"记分板"呢？

　　他们当然会为你打分，当然也有一个"记分板"，而且会随时更新。从他们与你共事的第一天起，所有员工便会将你与他们的前老板——最佳老板和最坏老板——进行比较、评估。他们之间会将彼此的答案拿出来相互对比，他们可能会在某个方面改变对你的认识（比如，觉得你并不那么可爱，或者觉得你还没那么糟），一旦他们觉得已经为你工作了足够长的时间，那么，他们便可能坚持自己对你的认识，永不改变。

所以，如果你是个老板，或者在组织中——无论是什么样的组织——担纲领导者角色，那么，你就必须考虑自己希望得到他人什么样的评价了。你想把自己"划入"哪一个阵营：是佼佼者群体，还是可鄙的群体？

"P.O.W.E.R.":来源以及获取之道

如果说社交商就是与他人融洽相处同时赢得他们的合作的能力，那么，权力和影响力在其中就不可避免地占有一席之地了。有些人很清楚如何有效利用权力和影响力，他们的这种禀赋似乎是与生俱来的，而有些人则对此懵懂无知。获得位高权重的职位并据此掌控局面，需要的并不只是天赐良机：人们还必须清楚如何积累权力，必须清楚何时以权力取得更多成果。令人遗憾的是，我们这个星球上的某些"恶魔"也学会了如何攫取权力以及如何把持权力。

权力——也就是影响他人的资格——的表现形式多种多样。我们可以用首字母缩拼词"P.O.W.E.R."（Power 在英语中意指"权力"）来描述影响力的不同来源：

P = 职位（Position）

O = 机会（Opportunity）

W = 财富（Wealth）

E = 专业学识（Expertise）

R = 人际关系（Relationship）

"职位权力"的基础是正式的职权。一个军衔、一位选举出来的官员、组织正式任命的一位执行官，或者其权威得到承认的职位，比如叛乱集团的头目，都能让一个人在一定限度内指挥他人。

"机会权力"涉及在恰当地点和恰当时间出现的特定情境，比如，利用某个商业机会的独特门路，一个享有某些利益的特殊称号，或者对某些贵重资产的监管权，等等。

"财富赋予的权力"是指利用某些资格，以人们渴望的方式配置资源的权力。一位巨富投资商，掌控一个基金主要来源的总经理，或者一个有权分配公共基金的政治要人，都拥有财富权力。正如人们对"黄金法则"略带嘲讽的再定义所言，"黄金法则"就是"手握金条的人制定的法则"。

"专业学识权力"表现为特殊的技能、独到的知识、不可或缺的学识，或者能获取产生独特影响的重要信息。就像一个再直接不过的例子谈到的：如果我们在丛林迷路了，可你知道如何走出丛林，那么，你就是我们的领导者——至少在我们走出丛林之前是这样。

"人际关系权力"是指因为接近拥有某种权力的人或者因为被大权在握的人所认可——无论是因为勤奋，还是因为鸿运当头——而生发出来的权力。一位高官的子女或许可以凭借自己的地位，换取某些物质利益或者某种回报。一个恰好与某个重要客户、捐助人、政界要人或者富有影响力的人私交甚笃的人，虽然职位并不高，不过，他或她依然可以发挥出远远超过自己官职的影响力。

很显然，那些深知如何有系统而且巧妙地获取权力的人，其社交商确实可圈可点，至少某些方面如此。历史上的某些暴君就深谙此道，尽管他们中的大部分存在严重的情商缺失。记者、评论家以及某些旁观者常常有意贬低这些人的心智能力，有时候索性将他们视为"疯子"，以避免因为如实描述他们的真正能力而引火上身。

我们这个星球上的恶棍是如何攫取并把持权力的

极权主义统治者，比如，匈奴帝国国王阿提拉（Attila）、希特勒、墨索里尼、柬埔寨的波尔布特（Pol Pot）、乌干达的伊迪·阿敏（Idi Amin）以及萨达姆·侯赛因，仅凭一己之力并不能屠戮成千上万或者数百万人，他们必须找到获取权力并通过其王朝的各种组织结构"放大"强权的途径。

通常情况下，权力的所有积聚者——即使他们没有多少邪恶目的，或者根本没有任何邪恶意图——都会运用同样的方式。他们通常都会在一段时期内依照一个步骤清晰的过程建立自己的权威和影响力。通过对历史上某些最残暴的专制君主的研究，我们都能看到他们遵循的四个关键步骤：

第一步："建立关系网"。未来的独裁者出头露面以后，会结交他人，会想方设法进入某个圈子，并开始与一个具有获取权力倾向和潜力的核心群体建立人际关系。起初，这个群体可能只是寥寥几个知识分子，在有些情况下，他们也可能已经成了一个政治党派。

第二步："构建联合体"。利用各种社交技巧、巧妙施加影响的能力、政治感召力、某个富有号召力的政治思想，以及联合起来便可以改善大家处境的主张，组织者可以就此进入正处于发展过程中的群体核心。在构建联合体的初期，他或她可能不得不让自己适应其他未来领导者，此外，他或她不得不甘居联合体小型寡头集团中的某一较低职位。他或她可能不得不耐心等待机会——击败其他竞争者并进而担纲重要领导角色的机会。

第三步："接管"。很多人忘了，或者根本就不知道，阿道夫·希特勒是通过公开的自由选举而获得权力的。但是，他一旦进入了统领联合体——德国国邦社会主义工人党——的核心团体，便迅速而残忍地攫取了统治权。接管阶段通常都孕育着很大的风险，而且要求未来的统治者敢作敢为，以便使自己的职权在联盟其他成员的心目中得以确立。很多野心勃勃的独裁者就是在这个阶段彻底溃败的，因为他们的竞争对手设法"稀释"了他们的影响力，因为其追随者发现了他们令人厌恶的邪恶一面，也可能是因为时机和情境没有为他们提供可以让他们迅速攫取权力的契机。而那些成功完成接管阶段的野心家们，则恰到好处地把握住了一个发挥影响力的难得机遇，其后，在其他人的眼里，他或她便拥有了决策、指导、掌控和奖惩他人的正式资格。

第四步："持续不断地巩固强权"。大获全胜的独裁者一旦登上了至高权力的舞台，便会利用自己的余生或者任期消除异己、摧残政敌，并在各个权力阶层安插自己的亲信，同时，建立起让自己的下属和公众对自己敬畏有加的机制，以便让自己的统治权扩展到王国的所有地方。

令人不安的是，所有人向权力职位的升迁之路都要经历这四个步骤，很少有例外。一位强势首席执行官在其职业生涯的后期，也会运用权力积聚的模式，完成最后"几跳"，尽管他或她抱持的价值观无可指摘。一个试图获取富有影响力职位的人，尤其是在动荡局势和尚未系统化的政治环境中，会将这四个步骤当做自己抵达目的地的"行车图"。

当然，握有行车图并不能确保人们就能顺利抵达目的地。路途中对时机的错误选择，未曾预见到的转折事件，其他才能出众而且执著追求权力的竞争者的出现，或者任何能导致进程发生偏离的不可控因素，都会让权力的追求者无功而返。此外，并不是每一个升迁到位高权重地位的人都对权力充满渴望。有些绩效卓著的领导者之所以追求权力和职位，其动机完全是为了获得成就感。不过，总体而言，那些非常看重并刻意追求权力职位的人，往往会比那些对权力并不如饥似渴的人更容易成功。成就激励型的人只是将职权视为取得成就的一个特别机会，而权力导向型的人则能从大权在握的直接体验中获得快感。

影响力的代数学

如果一个人没有"P. O. W. E. R."，没有正式的职权，他或她又怎么影响他人呢？作为一位雄心勃勃的总经理、政界领导者或者一位组织者，或者一个野心勃勃的君主，他或她怎么从他人那里获得影响力呢？这些问题的求解，就在于对"正式职权"和"赢得的威信"之间差异的理解。

很显然，正式职权与职位权力相伴，也就是与职位或者组织密不可分，比如，总统、总理、州长、市长、董事长或者候选人的职权，因为他们得到了正式任命，所以，他们同时也被赋予了一定的权限。而赢得的威信则不然，它们并不是来自正式职位权力，而是来自其他人。

你可以通过让他人珍视的影响他们的行为方式而赢得威信。你的思想、你的实用技能、你的特别能力、你对他人利益的关切，以及愿意承担领导职责的意愿，都会增加你在他人心目中的"分量"。将你视为潜在领导者的人越多，他们希望你担纲领导角色的愿望也会越强烈。如果某些情境需要他们做出选择，那么，他们便可能"推选"你作为真正的领导者，无论是正式推选，还是非正式推选。

在职场中，人的影响力存在某种"代数学"含义。无论在什么样的情境中，只要涉及权力和影响力问题，那么，你可资利用的权力都是你正式职权和你赢得的威信的混合体。在权力导向型的情境中，试图获取影响力的人可能拥有或高或低的正式职权，他们赢得的威信同样可能很高也可能很低。一个拥有较高正式职权的人，如果不能赢得下属的信赖和尊重，那么，他或她的权力总分实际上就会很低。如果某人的威信很差——得分为负数，那么，他或她的权力总分——正式职权的得分，加上威信的负分——就可能是负数。

相反，如果某人没有多少或者根本没有正式职权，不过，从他人那里赢得了很高的威信，那么，他或她的权力总分可能会比某些拥有正式职权的人还高。

"S. P. I. C. E.":不在其位而谋其政

很多人，也包括那些对影响力和权力怀有强烈渴望的人，并不知道如何赢得威信，他们不知道在没有正式职权时如何通过恰当的策略赢得对他人的影响力。而那些深谙此道的人通常都能清楚描述自己运用的套路。事实上，我们甚至可以发现一个类似公式一样的方法，就赢得影响力而言，这种方法颇为有效。

在某种"群龙无首"的非系统性情境中，一个人可以成为事实上的领导者，或者可以赢得重要的非正式权力，甚至在某个已经拥有正式任命的领导者的群体中，如果群体需要（而且只有当群体需要时），一个人完全能通过为群体提供一种或全部五种帮助而获得权威。为便于记忆，我们以首字母缩拼词"S. P. I. C. E."（英语词汇"Spice"的意思是"香料"、"调味品"）来代表这五种领导行为：

1. "技能"（Skills）。如果你知道让飞船返回地球的轨道计算方法，而在这个群体中，没有其他人知道如何计算，那么，你就能以自己的学识为群体提供帮助，进而，其他人便会有意无意地将你提供的专业学识帮助视为具有领导色彩的行为了。经常这么做——当然，只有当你提供的这种帮助富有建设性作用时才有效——人们便会仰赖你。专业化的学识、手工技能、组织才能、技术专长以及社交技巧都有助于你赢得对他人的影响力。

2. "程序"（Procedures）。有时候，一个群体会在工作中"卡壳"，这种情形有时候还会频频发生。群体在工作中"卡壳"之频繁，常常让经验老到的咨询管理顾问颇费思量。工作团队召集会议伊始，每个成员都会提出自己的见解、观点、意见和建议，这时候，往往会很快发生争论，因为人们都对自己偏好的方案坚持己见，所以，下一步行动的部署常常难以接继。如果这时候你有理有节地问明会议的真正目的所在，同时让每个参会者对会议的目标各抒己见，之后，拿起"富有神力的笔"——拿起白板笔，将人们的要求扼要写在白板上——那么，你就会成为群体的领导者，至少暂时是。

3. "信息"（Information）。工作群体的大部分决策和问题解决方案的制订，都要倚重正确的信息以及对信息的有效利用。然而，在会议上，我们很少听到有人会问："解决这个问题，我们还需要什么信息？""我们有相关信息吗？"以及"如果没有足够的信息，我们怎么能获取它们？我们从哪儿能得到它们？"而那个能提供重要信息的人，能帮助工作群体有效利用信息的人，在他人心目中就会成为"群龙之首"。

4. "一致意见"（Consensus）。有时候，一个工作群体需要有人概括大家的讨论和思考结果，推举或者确证大家认同的行动方案，或者经由一个人性化的程序引导成员的下一步工作。很多缺乏经验的工作群体成员不知道如何得出结论或者决定，这时候，能完成这一程序的人就成了群体的领导者。

5. 心领神会（Empathy）。心领神会也就是人们常常谈到的团体气氛和团队精神，它能在促进群体思考的同时，避免充满敌意的过度冲突。工作群体常常会发生争论，有时候，争论会很激烈，但是，如果争论演绎为个人之间的敌意和憎恨，那么就说明这一群体存在心领神会（也称为移情作用）问题。无论在什么时候，只要一个人能在群体争论不休时，将大家的讨论拉回到富有建设性的、积极的气氛，那么，他或她就能以自己为群体提供的帮助赢得领导者的地位。恢复群体成员之间相互理解、相互体恤的气氛，并不意味着压制不同意见，也不是指文过饰非，而是帮助人们以富有人性化的方式消除分歧。

以"S. P. I. C. E."方式赢得威信的关键所在，是要有选择地、谨慎地利用相关技巧，最重要的，你的介入一定要对群体大有帮助。一个经验丰富、配合默契的工作群体，可能并不需要他人的介入，而一个举步维艰或者充满冲突的工作团体，则可以从那些很清楚如何提供恰当帮助的人那里大获裨益。

结语

就领导力、权力以及社交商的命题而言，我们的讨论还很不充分。汗牛充栋的典籍和大量的研究成果表明，这些命题既令人着迷、欲罢不能，又复杂难解。

的确，比起得到的答案来，我们的讨论得到更多的是问题：我们能培养和造就出一代拥有高社交商、更富有社会责任感的领导者吗？如果能，应该怎么做呢？一家企业、一个政府机构或者其他机构——严格地说，整个社会——如何才能避免让那些以获取个人利益为目的的人攫取权力的宝座呢？我们如何才能鼓励那些德才兼备的人走上领导者的岗位为我们提供服务呢？

对这些问题答案求索之旅的一小步同时也是重要的一步，也许就是通过讨论和对话提高人们的期望了。随着社交商的概念日益走进公众的认知范畴，随着社交商越来越多地成为关于领导者及其领导力的演讲的主题，或许，我们可以以更高的标准来要求领导者了。

高官的臭嘴症

我们偶尔都会说错话，有时候，我们会为自己刚刚说过的话懊悔不已。出于某些理由，如果这类"蠢话"出自位高权重的人或者知名人士之口，那就变得非同小可了，而且常常会成为公众的笑柄。

有些欠考虑的表述就让很多名人贻笑大方：

- "当越来越多的人被开除的时候，失业率就上升了。"——美国总统卡尔文·柯立芝。
- "我没有犯罪，只是我的行为与法律不符。"——被控未缴付个人收入税时，前纽约市市长唐纳德·迪金斯如是说。
- "那不是他说的，他只是在念别人给他的讲稿。"——在解释布什为什么没有信守不减少湿地的竞选诺言时，乔治·布什总统的预算主管如是说。
- "我是位战斗机飞行员，我驾机飞行的区域恰好让他们认为我是在进行间谍侦察。"——U-2侦察机飞行员弗朗西斯·加里·鲍沃斯驾驶的飞机在苏联上空被击落后如是说。

- "对我来说，树立一个胜利者的形象是完全必要的，所以，我必须击败某个人。"——理查德·米尔豪斯·尼克松总统在其政治生涯的早期曾如是说。

- "这儿投入10亿美元，那儿投入10亿美元，很快就成了庞大数目。"——美国参议员埃弗雷特·德克森。

- "我们为麦克阿瑟的勃起而祈祷。"——当道格拉斯·麦克阿瑟准备参加美国总统竞选时，日本东京的民众贴出的一条标语。

- "美国公民们，我已签署了一项法令，该项法令将宣布俄罗斯永远为非法国家。五分钟以后，我们就开始轰炸。"——在广播电台，美国总统罗纳德·里根在不知道话筒已开时如是说。

- "总统已经兑现了所有他想兑现的承诺。"——美国总统比尔·克林顿的竞选助手乔治·斯蒂芬诺保罗斯如是说。

- "费城的街道是安全的，只是人让它们变得不安全了。"——费城前警长和市长弗兰克·里佐。

- "警察在那儿并不是为了制造混乱，他们是为了保持混乱。"——芝加哥市长弗兰克·达利。

- "噢！该死！我们忘了默祷了！"——内阁会议开完后，总统德怀特·艾森豪威尔如是说。

- "如果不算谋杀案，华盛顿的犯罪率在全国是最低的城市之一。"——华盛顿特区市长马里恩·巴里。

- "吸烟会置人死地，如果你被香烟杀死了，你就丧失了生活中非常重要的一部分。"——在成为某次联邦反吸烟行动发言人后接受访谈时，演员波姬·小丝如是说。

- 问：如果你能永远不死，你会选择永生吗？为什么？答："我不会永远不死的，因为我们不应该永远不死，因为如果永远活着，我们就永远不会死了，但是，我们不能永远不死，这就是我不会永远活着的原因。"——1994年环球小姐竞选阿拉巴马小姐如是说。

- "他们在那么远的距离连大象都打不中。"——美国国内战争联军指挥官约翰·塞奇威克将军，在评论狙击手的高超技巧时如是说。

第十章

社交和冲突

关于融洽相处的思考"我们应该拿着棍子去阿拉伯，打他们，打他们，狠狠地打他们，直到他们不再恨我们为止。"

——特拉维夫的出租车司机

在医疗界，有一点是确证无疑的，那就是"微笑的医生很少受到治疗失当的指控"。

就像大部分归纳出的结论一样，在某种程度上说，这个结论同样有其正确性。如果除去那些出于贪欲的目的和恶意而对治疗失当提出的指控，除去某些医生情节极端恶劣的渎职，那么，我们看到的其他治疗失当指控，很多都与令人失望的医患关系密切相关，有些专家则认为，这部分指控占到全部指控的一半以上。我们有理由认为，如果治疗服务的提供者与病人保持密切的医患关系，如果他们能很快承担责任、承认失误，并慷慨大方地对病人施予积极的补救措施，那么，这些治疗失当指控中的相当一部分可能根本就不会发生。

那些对治疗失当提出指控的人，频频提到医生和医疗机构管理人员的"态度问题"，傲慢、缺乏对病人痛苦的关切、冷漠、屈尊俯就的姿态，以及拒不承认错误的强硬态度，常常是病人提出指控的动因。"起初，我只是想让他们道歉。"原告常常说，"可他们甚至连自己犯了错误都不肯承认。"

冲突的双螺旋模型

人类数千年的历史无可争议地表明，冲突往往会激发出更多的冲突，冲突一旦启动，便会愈演愈烈，当冲突的剧烈程度达到某个临界点时，它便会自行加剧。在有些国家，政治派别的争斗、部族之间的纷争以及邻国之间的冲突延续了太长时间，以至于没人知道这种冲突原因何在、是如何开始的了，他们只知道，除了积极应对对方的暴行，除了战胜对方以外，别无选择。

由此，我想到了一部由斯坦·劳莱和奥利弗·哈迪这对经典搭档主演的喜剧电影。

斯坦·劳莱和奥利弗·哈迪找了份卖圣诞树的工作，他们两人走街串巷、挨户推销。在一幢房子前，他们停下破汽车，走向房子去敲门。脾气暴躁的房主打开门，还没听几句，就毫不客气地让他们走开。

房主当着他们的面重重关门的举动让他俩大为光火，之后，再次敲门。房主再次打开门，比上次更粗暴地拒绝了他们。看来，一场争吵是在所难免了，其中一个怒不可遏的推销员决定要教训一下粗鲁无礼的房主。为向房主挑衅，他故意弄坏房子的东西——我记不清他恶劣行为的细节了，可能是弄掉了门环，这让房主立刻大发雷霆。

房主冲到街上，掰掉了他们汽车的反光镜，并把它轻蔑地扔到地上。之后，挑衅地拍拍手，走回房门，期间还一直对他俩怒目而视。冲突就此开始升级，一方的行为开始引发另一方更强烈的报复。斯坦·劳莱和奥利弗·哈迪打破了房子的窗户，房主砸碎了汽车的玻璃。当房主敲掉汽车的挡泥板时，他们两人冲进房间开始大肆打砸。当斯坦·劳莱将一个大花瓶扔到窗外时，奥利弗·哈迪就用一根棒球棒将花瓶打碎。每一个进攻性行为都导致对方更为剧烈的反应，并"理所当然"地引发更为强烈的反击。

剧情结束时，他们已经将房子破坏得摇摇欲坠了，而房主把他们的汽车拆得差不多只剩下了底盘和四个轮子。他们驾车远去，带着伸张正义的慷慨激昂，还有得胜还朝的洋洋得意，房主则检视着房子遭受破坏的程度，并为捍卫了自己的利益而欢欣鼓舞。

　　令人遗憾的是，人类很多代价最为惨重的冲突不会像喜剧一样，一切可以从头再来。冲突的旁观者可能会嘲笑冲突各方的没头没脑，嘲笑他们使仇恨不断升级的行为，但是，屡见不鲜的是，无辜的看客常常也会付出代价。

　　那些长期观察和研究恒久冲突的人发现，仇恨的升级会遵循一个特点极为鲜明的模式，尽管深陷其中、不能自拔的冲突各方看不到这样一个模式的存在。而从另一方面说，保持长期友好、合作关系的双方，比如，两个人、两个家庭、两个部族、两家公司、两个政党或者两个国家之间，也会表现出与仇恨累加完全相反的模式。积极的关系会随着时间的推移逐渐发展和增强，会沿着一个具有积极意义的自我加强螺旋线逐渐上升，就像持续恶劣的关系也会沿着一个富有破坏性的螺旋线逐级恶化一样。合作关系的上升螺旋线，看起来完全就是冲突关系下降螺旋线的"镜像"。通常来说，要想让冲突关系转化为合作关系，冲突关系螺旋线必须经历一个"中间地带"，之后，才能上升到合作关系的境界，就像图 10.1 显示的。

持续性
相互亲善
互惠互利
心领神会

不信任
挑衅
逐渐升级
僵局

图 10.1　冲突的双螺旋模式

　　我们一起来看看冲突关系螺旋形恶化的过程，也就是图表下半部所显示的模式。无论出于什么理由，如果双方的关系插入了相互"不信任"因素，或者双方的关系存在某些历史纠葛，那么，双方的关系便有爆发冲突的倾向。如果一方发起挑衅，或者双方各自以系列行为向对方发起挑衅，那么，双方关系的恶化倾向就会变得更加明显了。经过几轮恶劣行为的"叫板"之后，双方的关系便会恶化到"逐渐升级"的水平，这时候，双方都会放弃改善关系的任何努力，他们通常会认为，自己必须"反击"，因为对方对自己犯下了不可饶恕的罪行，所以，自己必须施予报复。

在这个逐渐升级到难以逆转境地的冲突关系中，双方的思维方式都会发生明显的改变，双方都会不遗余力地以对方的劣势打击对方，这时候，没有哪一方会认真考虑为对方增加价值的可能性，双方的关系已经成了"胜利—失败"式的对决，具有讽刺意味的是，这种关系往往会以"失败—失败"的结果而告终。

如果冲突关系持续的时间足够长，而且产生的破坏作用足够大，那么，双方很可能会陷入冲突关系的第四个阶段——彻底的"僵局"。这种僵局尽人皆知的例证，就是宗教派别和不同种族之间旷日持久的敌对状态、仇恨和领土纷争。在中东地区，古代便已爆发的犹太人和阿拉伯人之间的冲突，已经变成了习以为常的事情，它塑造了冲突各方的政治机构、法律和教育体系、政府的政策以及商业运营的方式。在北爱尔兰，新教徒和天主教徒以相同的神圣名义相互残杀。

认为已经坠入冲突第四阶段——也就是"僵局"阶段——的冲突依然存在反转的可能性，这种想法未免过于天真了。确实，单单是世界上最具破坏性的冲突持续时间之长就说明，这一天真观点与事实本身相去甚远。然而，国家之间、种族之间、地缘之间、部族之间以及意识形态之间建立起来的能让双方受益的友好关系确实也能保持很长时间。持续一生的幸福婚姻、有些国家之间保持着长达数百年甚至更长时间的友好关系以及有些公司之间数十年的友好协作等事实说明，合作关系的螺旋式上升模式确实卓有成效。

关系构建、上升的过程一定始于某种程度的信任——用社交商的术语来说，也就是"心领神会"。某些特定的事件对积极关系的建立会起到促进作用。拥有较高社交商的各方，可以构建起一种鼓励他人进行沟通、让对方表明自己利益所在以及关切所在并寻求达到共同目标的氛围。

有了足够的心领神会，双方的关系就可以上升到"互惠互利"的层次了，这时候，各方会积极满足对方的利益需求。最初，这种意愿和行为或许稍显勉强，但是，看到自己的利益得到了更多满足之后，各方会更主动、更积极地探寻达成协作之路。

如果运气不错，同时各方拥有出色的关系构建技巧，那么，随着时间的推移，双方的关系就会为各方带来长期的好处，并进而从"等价交换"的关系——"如果你向我们'投桃'，我们就向你'报李'。"——上升到"相互亲善"的关系层面。关系到了这一境界之后，各方便会考虑如何让友好关系长久下去。长期保持友好关系，需要各方怀有良好的期望：我们已经交往了很长时间，或许，我们可以将双方的互动永远持续下去，甚至将其制度化。

在各方"鸿运当头"的情境中，双方的关系可能会抵达"持续性"的胜境——各方都认为，双方的关系让自己的需求和利益得到了如此令人满意的满足，以至于都想"终生不渝"、"不分彼此"。这时候，我们看到了处于僵局阶段的冲突关系的完美"镜像"。在冲突关系的僵局阶段，没有任何一方愿意满足对方的需求，而在友好关系的持续性阶段，所有各方都深谙帮助他人满足需求及利益的实际价值。

令人不解的是，冲突关系的僵局状态也能给各方带来实际的好处，他们会因为保卫祖国的英勇自视为英雄，他们会因为让敌人举步维艰而充满令人不齿的"胜利喜悦"。遗憾的是，他们就是想不到这样一种方式——为了达到给敌人以重创的目的，自己的力量大可不必非遭受损毁不可。

例证：当为一群律师及其助手提供团队建设咨询服务时，我的一位同事惊奇地发现，一个与工作不相关的问题，却成了工作上一个重大问题的渊薮。会议伊始，所有的律师都坐在会议桌的一边，而律师助手们则都坐在另一边。管理咨询顾问问律师助手的主管，她想通过这次咨询服务达到什么样的目标。她回答说："我们只想让大家开心些，只想让工作完成得更好些，同时，希望所有人都能友好相处。"

之后，管理咨询顾问又问律师事务所高级合伙人想达到什么目的。他重重地擂着桌子大声叫道："我想让这些女人们都滚蛋！"

几位律师助手哭了起来，会议气氛急转直下，后来，管理咨询顾问弄清了事情的原委：一位律师助手因患癌症住院以后，事务所没有一位律师前去探望。据此，律师助手们认为，律师们根本不拿自己当回事儿，从而造成了双方的严重失和，律师助手们因此对律师冷言冷语、消极怠工、被动抵抗、充满敌意。

通常，在一家律师事务所，律师助手负责大部分日常工作。他们负责管理律师的日程表，为律师安排出席会议和出庭的时间，搜集整理资料，安排律师按时收费的法律咨询工作以及律师的开销。在很多律师事务所，律师助手实际上承担着不可或缺的"后勤保障"职能，这样，律师才能将精力专注于案件处理、开发新客户上。

律师助手们认为，律师根本不关心自己患病的同事，所以，便集体迁怒于律师们，她们的行为让律师事务所付出了惨重的代价。律师开始频频错失和客户的约会，常常不能按时到庭，常常不能按期提交文件。这种情形持续了三年的时间。

为了给自己开脱，律师们说，他们觉得住院治疗的律师助手不想被人打搅，没想到她希望他们去探望，这让他们受宠若惊。当双方的这种误会导致事务所在经济上遭受损失（工作拖拖拉拉）并导致双方难以调和的敌意时，事务所高级合伙人决定引入管理咨询顾问，以冰释前嫌、消解迅速升级的冲突。

一个群体希望得到公正（律师们），另一个群体希望得到和平（律师助手们）。管理咨询顾问认识到，除非将这一主要问题摆到桌面上来，展开充分讨论，并摒弃前嫌、消除恩怨，否则，他们试图构建团队的努力不会取得任何实质性成果。四个小时过去了，人们看到了更多的眼泪，更多的相互指责，感谢上帝，好在没人再擂桌子。最后，他们终于结成了一个群体，可以一起讨论用于共同解决未来冲突的工具了。

或许，我们人类能找到将处于僵局的冲突转化为持续性友好关系的途径，但是，即使是最乐观的人也不得不承认，预防比治疗要高明得多。

人们经常引用这样一个对话，一位中年男性问医生："我怎么才能避免秃顶呢？"医生却谈到了秃顶的遗传性，他说："你得换个爷爷。"

就减少或者消除陷入僵局的冲突而言，我们同样可以遵循这样一则建议："根本就不要让它发生。"

哈特菲尔德家族和麦考伊家族宣布和解

2000 年 6 月，当西弗吉尼亚州的哈特菲尔德家族和肯塔基州的麦考伊家族在肯塔基州的派克威利首次重聚时，两个家族之间具有传奇色彩的世仇宣告结束。近一百年前已经渐渐淡化的家族世仇，在新千年开始的这个商业时代，终于消隐于历史长河中。不共戴天的世仇转变成了一家现代旅游企业——"哈特菲尔德和麦考伊公司"。两个家族组建的企业包括几个官方网站、一个追星族俱乐部、每年一次的节日活动、历史事件的重演活动、录像带和书籍出版、礼品销售以及家谱数据库，所有这一切，都表明了一场涉及两个家族12条生命、延续了30年的冲突的恒久吸引力，表明了一场导致西弗吉尼亚州政府和肯塔基州政府相互攻讦、最终把官司打到美国最高法院的冲突的恒久吸引力。

两个家族之间的恩怨也许可以堪称冲突的"历史典范"，他们之间的世仇及其消解或许为当今世界依然还在延续的冲突提供了"范本"。哈特菲尔德家族居住在西弗吉尼亚州大桑迪河东岸的塔格佛克，麦考伊家族居住在肯塔基州的大桑迪河西岸。两大家族均由体格健硕、性情暴戾、骁勇善战的族长来统领，两大家族从1863年开战。第一次争端肇始于偷猪的指控，并导致双方的火并，哈特菲尔德家族的一个人在交火中丧生。

其后不久，在一次选举庆典上，哈特菲尔德家族的另一个人在酒后斗殴中命丧麦考伊家族手下。哈特菲尔德家族的头领，有"魔鬼安斯"之称的安德森·哈特菲尔德围捕了杀死自己儿子的三个麦考伊家族的人，并将他们处死。

紧张局势渐渐升级，双方经常突袭对方的农场，两个家族之间的交火频频发生。他们之间的争斗将周边的社区也牵扯进来，而且让两个比邻州的政府也卷入了纷争。麦考伊家族绑架了哈特菲尔德家族的一群人，并将他们送交肯塔基州政府审判，而西弗吉尼亚州政府要求肯塔基州政府将他们送回，并声称，肯塔基州无权绑架邻州公民。美国最高法院裁决，停止审判没有任何法律依据，于是哈特菲尔德家族的一个人被处以绞刑，其他七人则被终身监禁。

最后，冲突几乎将两个家族彻底拖垮，经济的发展让阿巴拉契亚山脉地区的环境更趋文明，旷日持久的战斗最终偃旗息鼓。很多年以后，富有传奇色彩的世仇成了冲突不断升级的"历史典型"。最终，"哈特菲尔德家族和麦考伊家族"的表达方式成了一个比喻，用于说明两派相互争斗的没头没脑状态。

印有"哈特菲尔德家族和麦考伊家族"字样的 T 恤衫、咖啡杯以及其他旅游纪念品都可以从网站 www.hatfieldmccoytradingcompany.com 看到，它们是某些最终归于消隐的冲突的佐证。

为什么要争论？

很多年前，我发现了一个非常有用的原则，这一原则让我的青年时代受益良多，而且我决定将其当做自己接受的最有益的原则之一恪守不渝。这个原则就是：我不再与人争论。我的意思并不是说我要放弃转变他人念头的努力，也不是说不再说服他人接受我的观点和思想，我只是不再与他人争论。

我最终认识到，我从来也没有在与他人的争论中获胜过。噢，别误会，事实上，我非常擅长争论，在针锋相对的争论中，我总能凭借自己的快速思考和所向披靡的表述，攻破对方的观点和思想防线。但是，我最终依然不得不面对一个我认为是最重要的事实，那就是诗人威廉·布莱克（William Blake）诗句昭示的：

一个人即使被人说服违逆自己的意愿

他的观点依然不会改变。

我认识到，即使用在大学期间学到的所有辩论技巧武装自己，我也只能说服他人满足我的意愿，而不是实现他们的愿望。我渐渐意识到，在口头辩论中击败他人，并不能让我赢得真正有价值的东西，除非我将"得胜还朝"的良好感觉当做价值所在。据此，我得到了这样的结论：在攸关胜败的每一次辩论、每一次争吵、每一次论争中，虽然击败对方确实有所斩获，不过，同时也会付出代价。尽管作为辩论的胜利者可以在旁观者心目中获得高分，但是，通常都要付出被人怨恨、憎恶并激发对方施予报复的代价。

在与同学经过了一系列争论之后，我逐渐注意到，每一次辩论都会引发下一次论争，在心智战场上曾经交过手的两个人，以后总是想再度火并，争论似乎有"自我强化"的习惯和特性。

这种体认促使我停下来思考，让我扩展了心智"变焦镜头"的视野，同时，我还向自己提出了这样的问题："我从中到底希望得到什么呢？"我经常能意识到的是，就像鱼儿无法抵御钓饵的诱惑一样，对他人的观点，尤其是那些以强硬的语气和富有攻击性的方式表达出来的观点，具有立刻起而反击的冲动，我觉得自己必须"以其人之道还治其人之身"，我就是不能容忍他人的观点"任意胡为"、不被驳倒，为此，我不得不接受少于预期的成果。

后来，我还逐渐认识到，通过放弃攻击他人观点的机会，我可以吸引他人认同我的观点，促使他人更恭敬地倾听我的观点。通过倾听他人的表达，通过承认他人有表达自己观点的权利，通过激发他人更全面地表达自己的观点，我可以取得超过预期的成果。我还发现，就说服他人改变自己的观点而言，提出问题往往比陈述结论更有效。

其后，我经常思忖中国古代哲学家老子《道德经》中的哲言：

> 善为士者，不武；
> 善战者，不怒；
> 善胜敌者，不与……

至关重要的对话

试图避免恶劣感受的企图比任何事情都更会导致恶劣的感受。大部分人发现，与他人发生冲突，尤其是一对一的冲突，令人极为不快。除了很小一部分"好战分子"以外，我们大都会尽力避免与人爆发冲突。我们会让误会持续下去而不去澄清，我们会任由别人占我们的便宜或者不体恤我们而不去与他们直面相对，因为担心他人会迁怒于我们，我们会降低对他人的道德准则、收敛自己的公民权。

对我们中的大多数人而言，下意识地避免对抗始于孩提时代，而且永不消失。"别惹爸爸、妈妈生气。""不要惹老师生气。""别让别人生你的气。"如果将遵从这种训诫的心态延续到我们成年生活的无数个社交情境中，而且我们与之互动的人也抱持这种心态，那么，我们便会陷入虚伪、虚假的和谐以及隐秘对抗的境地。

冲突问题专家史蒂夫·阿尔布瑞契特建议，我们应该"降低情感审查标准"，更经常地告诉他人我们自身的想法和感受。他说："通过有效利用'至关重要的对话'从根本上尽早而不是滞后澄清交流的气氛，人们的生活可以因此而大受裨益。在某一情境中，如果我认为另一个人或者一个群体的行为方式会危害我的利益，我有两种选择。第一种选择，我可以隐蔽地应对他们的行为——伪装我对他们行为的解读结果，将他们的行为归罪于他们难以示人的动机，最后，通过某种迂回的方式而不是直面相对的方式与他们抗争。第二种选择，一旦找到机会，便和他们进行'至关重要的对话'。"

"如果利用第二种方式——也就是采取公开的行动，我会首先让他们知道我的关切所在，同时，给他们修正行为的机会，让他们寻找某些能满足我利益的途径。这一至关重要的对话进行得越早，可供我们选择的解决方案就越多。如果等到我与他们爆发了全面的冲突才开始这一对话，那么，可供我们选择的解决方案也便所剩无几了。"

就是否要进行至关重要的对话，以及如何进行这种对话的问题，史蒂夫·阿尔布瑞契特为我们提供了一个基本的准则，也可以说是个计划：

1. **"弄清情境"**。你对另一个人或一群人有多少了解？你清楚他们的意图吗？什么证据让你确信，他们的行为或者行为的倾向会危害你的利益？你需要通过一个对话澄清一切吗？

2. **"清楚界定自己的利益所在"**。你希望从与他们的互动或者与他们的关系中得到什么？你想保护什么、保持什么、实现什么？

3. **"选择一个接近策略"**。或许，你可以不带任何敌意地与对方进行一次对话。而有时候，你则必须表明自己的利益所在，并要求对方尊重你的利益。在某些更微妙的情境中，你可以以某种低风险的方式，将自己的关切所在"表露"给对方。通过双方都很信任的朋友将一条私人信息传达给对方，能让对方在对话进行前提前考虑你们要讨论的问题。你还可以通过电子邮件礼貌地提出要讨论的问题，并请求对方与你进行对话。总之，你选择的方法应该最可能启动你们之间积极而富有合作精神的对话。

4. **"以积极的态度进行对话"**。让你们之间的对话成为共同寻找双方都能认同的解决方案的过程。向对方解释你的利益所在，并告诉对方，你是如何觉得自己的利益会潜在受到损害的。你还需要确保自己同样清楚他们的利益所在。要对对方可能表现出的毫不让步、自我防卫或者针锋相对有心理准备。

5. "努力寻求一个清楚的结果"。如果可能，促使对方就某一原则、某一特定的要点与你达成一致，或者至少在你们双方在未来都可以依据的方针上达成一致。或许，对话最终只是减少了你们之间的忧虑或者敌意，或许，你们之间的对话只是今后改善关系的一个起点。

需要注意的是，比起对你取得目标所带来的帮助来，至关重要的对话的作用，更多的则在于开启了你们之间沟通的渠道，并能使对话继续下去。利用高社交商的语言进行至关重要的对话，意味着你需要调用自己所有的"S. P. A. C. E."技巧，以消除潜在的冲突，并同时开掘最终使双方的利益均得到满足的途径。

牧师的争斗，而且是激烈的争斗

以色列，耶路撒冷——星期一，就长方形基督教堂的一扇门是否应该在游行队伍经过时关闭的问题进行过激烈争吵之后，希腊东正教和圣芳济会的牧师在基督教最受崇拜的神圣之地圣墓教堂拳脚相加、大打出手。

在这场发生在圣地的争斗中，数十人受伤，其中包括几名以色列警察，据说，这个圣地就是耶稣被钉死在十字架并得以安葬的所在。

警方发言人施姆里克·本－鲁比说，四位牧师被拘留。

圣墓教堂分由几个教派监管，它们各自严守自己的领地和职责，而领地和职责的划分，则源于一个历经几个世纪的深入讨论而得出的脆弱协议。如果一方的行为被另一方视为是对自己领地的侵犯，便会引发激烈的争斗，有时候，这种争斗会持续数百年。

星期一的争斗爆发时，正值数百名希腊东正教朝拜者纪念海伦娜——康斯坦丁大帝之母——4世纪的那次耶路撒冷朝圣之旅。据说，就是在那次旅行中，海伦娜发现了耶稣被钉死在十字架上。

不愿透露姓名的教堂神职人员说，某一时刻，游行的队伍经过一间罗马天主教堂，双方的牧师开始就教堂的一扇门是否应该关闭爆发了激烈的争吵。

有目击者说，手持警棍的以色列防暴警察平息了双方的争斗。之后，游行继续进行。

希腊东正教的牧师们，穿着黑色长袍、戴着精心制作的头饰，从教堂鱼贯而出，同时，教堂钟声大作。手持金杖和玫瑰花，他们穿过教堂的庭院，走向一个窄小的石板小巷，希腊东正教的教徒们鼓掌欢呼。

2003 年，以色列警方声称，如果各个教派不能就谁主持这个复活节纪念仪式达成一致的话，他们便会限制前来朝拜的人数。警方设法让各方最后达成了协议，纪念活动才得以平静进行下去。

但是，一年前，被指派进入陵墓的希腊东正教教长和亚美尼亚的牧师，就谁先从陵寝出去的问题爆发争吵之后，又发生了争斗。

增加价值的谈判

几年前，冲突会对商务世界产生什么样的影响，尤其是人们如何消除分歧并最终达成一致的问题，引起了我浓厚的兴趣。我发现了某些普遍存在的原则，这些原则看似在谈判过程中占有支配地位，对谈判过程具有制约作用，至少在西方商务世界中是这样。

几十年以来，商业教育者——培训教练、公司培训部门或者人力资源管理部门、出版商、培训公司以及研讨会组织者——一直在用"正统的教材"培训谈判技巧。记者和商业出版机构通常也会对那些"难缠的谈判对手"赞扬有加。难缠的谈判对手是指严守"自己一边"的价值，同时几乎不将任何利益"让渡"给对方的谈判者。就像商界以及商业出版物上常常谈到的，描述谈判的语言也倾向于使用"胜利和失败"、"大获全胜"以及"占了上风"之类的字眼。

谈判的不同手段代表了不同的谈判结果，从"你死我活"式的角力，到认可对方也可以从谈判中获得利益的协作型谈判。"完全是你死我活"式谈判的推崇者蔑视"做出让步"的谈判手段，他们建议，要"充分利用对手的弱点"，要调用各种"谈判计谋"，并要在谈判中树立"强势形象"。他们推崇的谈判语言表明：一方的成功必须以牺牲另一方的利益为前提。

与这种"你死我活"的谈判形成鲜明对照的，是冠以美妙名称"双赢"的谈判。这种谈判的某些拥护者对有助于双方达成目标的谈判方法确实推崇备至，然而，有些人则对"名为双赢实则是我胜你败"的谈判手段宠爱有加。他们"披着与你协作的语言外衣"，实际上往往传达出这样的意蕴——"是的，我希望看到你胜利，只要我能胜过你。"在某些情形中，他们使用的谈判计谋和花招儿依然表露出"胜利——失败"的心态。在某些极端情况下，他们与那些"你死我活"式谈判者唯一的区别就是，他们并不提倡使用进攻性的计谋，不鼓励运用纯粹力量型的策略，相反，他们建议人们以智取胜。

相当多的商业文章、商业出版物、培训以及研讨会都对对抗性谈判的概念存在认识上的偏差，此外，很少有人——无论是"你死我活"式谈判的推崇者，还是"双赢"式谈判的拥趸——将谈判当做一个系统性的过程来认识。大部分人都一致认为谈判的起点是：一方提出一个需求、一个报价或者一个计划。人们认为，这个起点标志着谈判过程的真正开始。有人也会建议我们在提出报价或者提出需求之间先行"研究对手"，他们认为，这个过程才是谈判的第一步。

目前广为接受而且大行其道的谈判方法，是将谈判视为一场智力的较量。所以，谈判的开局完全取决于经验老到的谈判者对情势的估计。为了牵着对方的鼻子做出之前没有预想到的让步，他或她必须为此创造出一个特别的谈判策略。

几年前，当我检视目前广受推崇的谈判观念和谈判方法时，我吃惊地发现，缺乏能让各方接受的渐进式系统性方法，是获得圆满解决方案过程中的严重障碍。为此，我开始尝试推翻传统谈判过程几个最基本的假设，比如：

- 谈判始于一方提出报价或者提出需求的时刻。
- 谈判需要围绕第一次报价或者需求"推手"（或者"拔河"），每一方都试图将其他人推离起点。
- 一方必须向对方隐瞒自己的需求、兴趣和意图，一切都摆到桌面上来的"透明方式"会削弱自己的地位，同时等同于让对方占上风。
- 一方必须从相对有利的角度估价所有的潜在条款，也就是说，必须让自己一方比对方"占更大的便宜"。

然而，尽管这四个假设是谈判的根本，而且看起来不可撼动，不过，它们并不能为我们带来预期的成果。

这种基于强力的谈判手段的"硬伤"，在于其"否定互惠"的原则，那些推崇"睾丸激素"式谈判策略的文章、书籍以及培训课程都没有对此给予重视。否定互惠的谈判原则告诉我们，如果我们和谈判对手都采用将自身的价值最大化，同时，将对方的收益最小化的谈判策略，那么，双方便不可能在第一个目标，即自身利益的最大化目标上达成一致，从而不得不求其次。因为如果双方都是经验老到的"难缠谈判者"，那么，双方便都会成功地剥夺对方的利益。

基于强力的传统谈判方式的硬伤，实际上让谈判成了一个"减少"的过程，而不是"增加"的过程。只有将上述人们笃信不疑的四个基本原则完全推翻，我们才能从谈判中获得超过预期的收获。

说"是"的五个步骤

因为认识到传统的谈判方式几乎无例外地无法取得满意的成果，所以，我开始在谈判中尝试一种分阶段进行的谈判程序，这一程序与人们普遍接受的谈判模式相去甚远。在我自己的商业事务和个人事务中成功验证了这一程序之后，我得到的结论是：它确实拥有独特的价值，而且值得进一步发展和完善。

这一背离传统的谈判程序，其起点不是首先提出需求、报价或者建议，而是一个"对话"。就谈判的启动而言，仅这一个步骤就打破了传统谈判方式的前两个原则，启动步骤——对话——旨在将自身的兴趣所在坦陈给对方，同时，鼓励对方说明自己的兴趣所在。

我发现，首先将自己的兴趣告知对方，并没有让自己陷于劣势的境地，相反，这个过程能将谈判很快就带入一个焦点。我还发现，在这一过程中，对方确实会说明自己的兴趣所在——至少，他们对自身兴趣的表达比采用传统谈判策略时更充分。毕竟，如果我根本就不知道他们的兴趣何在，我怎么可能为其提供价值呢？

这种违反直觉的方式大大简化了"交易"的定义，也就是将交易定义成了"能使各方兴趣得以满足的价值交换"。谈判于是就成了共同寻求可操作方案的过程。这一方式要求我们必须尽快确定构成价值——能体现在交易中的价值——的因素，之后，寻求一个将这些因素组合成对双方——或者多方——都具有吸引力的"一揽子建议"的途径。当然，在确定构成价值的各种因素之前，我们必须首先确定这些因素能给他人的什么兴趣提供满足——是为确定他人兴趣的第一步。

这种反常规的谈判程序的另一个关键步骤，以另一种方式打破了传统谈判方式的第一个原则。这种增加价值的谈判程序，不以首先提出一个报价或者一个建议开始，而是为对方提供可供选择的"打包建议"——其中至少包括三个建议或者解决方案，而且每一个建议都能满足对方的兴趣。不过，提出"打包建议"之前，一定要先行探究对方的兴趣所在，一定要先行确定其价值有助于满足对方兴趣的各种因素。唯有如此，制订几套解决方案——每一方案或建议都有不同于其他方案或建议的重点——的方式才是有意义的，之后，根据双方的需求，对每一解决方案进行系统性评估。

增加价值谈判过程的最后一步，需要评估满足他们所有价值需求的可能交易给你带来的价值，不管那些可能交易为你创造的价值是多少。

最后，为了与对方构建并保持心领神会，我将这种看似不合常规的谈判过程概括总结成了五个阶段。"增加价值的谈判过程"通常有以下五个步骤，或者说五个阶段：

1. **"识别兴趣"**。双方先行解释希望从谈判中得到什么，对谈判的成功大有助益，不过，并不是解释具体的条款，而是表明双方的愿望、需求或目标。如果对方对此经验不足，或者毫无经验，你可以通过首先说明自己兴趣所在的方式来引导对方，之后，帮助他们表达自己的兴趣。书面文件的方式，比如，书信或者备忘录，有助于双方说明各自的兴趣，这类文件扮演着谈判起点的角色，而且也是评估达成各种交易可能性的参考。

2. **"确定构成价值的各种因素"**。双方在提出任何实质性建议之前，应该首先进行一个"包罗广泛"的思考过程，以便确定增加的价值——可进入交易条款——的构成因素。这一思考的对象包括金钱、财产、行动——双方同意实施或者避免实施的行动以及权利和风险。在这一阶段，双方对各种可能性的考虑越具有创造性，他们所取得的最终成果越丰富。

3. **"制订包括多个（至少三个）解决方案的'打包建议'"**。在协作型的谈判过程中，双方会就对方感兴趣的价值的构成因素交换意见，此外，他们会使用一种"中国菜谱"式的方式，将构成价值的各种因素组合成不同的可选方案。通过平衡双方感兴趣的价值的构成因素，他们可以提出几个不同的方案梗概，每一梗概都有不同的侧重点和不同的价值侧重。"打包建议"中的每一个都应该以特殊的方式平衡双方的兴趣。如果对方对此没有经验，你可以设计三个到五个可供选择的方案，每一个方案都以不同方式平衡双方的利益，并建议对方从中选择一个。这种方法可以消除对方的进攻心态和疑虑，因为他们知道，"打包建议"中的所有可选方案都能满足你的需求，只是方式不同而已，此外，他们还清楚，你让他们自由选择最佳方案的方式表明，你对平衡双方的价值充满信心。

4. **"共同选择最佳方案"**。选择最佳方案的过程，就是验证某一个或者多个方案是否能让双方首肯。如果不能，双方可以进行各种修正，或者索性站到白板前，重新提出几个方案。一旦某个能得到双方认同的方案浮出水面，它就成了最后协议的基础方案。

5. **"精练并完善选定的方案"**。通常情况下，"打包建议"中的某个方案会对双方更具吸引力，而且不再需要修正和完善。不过，双方可以对偏爱的方案进一步检视，并想出某些对协议的完美有所帮助的"额外"条款——可以为一方或者双方增加价值的某些因素。这一步骤还包括清楚确立"谁"、"什么"、"如何"以及"何时"等要素，这些细节会成为最终协议的组成部分。

对这一增加价值谈判方式的得意应用，就是我就写作一本书——一本论述这种谈判法的书籍——的合同所进行谈判。当时，我没去理会出版商的"标准合同"，而是让他们考虑不同的价值组合，而其中的价值能让我们双方受益。完成谈判以后，出版机构的编辑认为，他们取得了超过预期的成果，尽管他们也为我提供了超过常规的价值。

三个简单的策略——不再争论、进行至关重要的对话以及引导增加价值的谈判——可以应用于解决人类冲突这一由来已久的社交商命题。当然，就人类如何更好地友好相处问题，它们并不是全部解决方案，它们甚至在全部方案中也并不占多少权重，不过，如果将这些策略与提升我们"S. P. A. C. E."技巧的努力结合起来，那么，它们对我们实现更好与人相处的目标确实大有助益。

培养下一代的社交能力：
谁来教育我们的孩子？

> 我们是谨小慎微的绵羊，我们在看着羊群走向何方，之后，我们会跟随羊群而去。我们有两个选择：一个是私密的，不敢表露出来；另一个——也就是我们选择的那个——选择，为了取悦'循规蹈矩夫人'，我们会强迫自己去遵循，直到我们对它习以为常、乐在其中，而保卫它的习惯很快就让我们喜欢上了它、崇拜它，而且忘了它让我们多么可怜。
>
> ——马克·吐温

我们能培养出一代拥有高社交商的孩子吗？如果不能的话，会怎么样呢？对这些心理已经遭受流行娱乐媒体设计巧妙的商业信息、愤世嫉俗而且自我陶醉的价值观蛊惑的孩子，我们是否已经无所作为了呢？我们是不是已经在将孩子们从最糟糕的美国现代流行文化中拯救出来的战争中失败了呢？媒体的问题是不是已经导致了我们文化上的问题？

毫无疑问，本章的主旨带有鲜明的"政治性"——它公然表明了一个态度。它对美国文化的当前状态做出了某些价值判断，而且提出了某些我认为"事情本应该如何"的问题。我想，我的观点会得到很多读者的共鸣——很可能是大部分读者的共鸣——但是，我同时意识到，有些人可能会将我的观念解读为"反商业化"甚至"反美国"。我希望其他国家和其他文化背景下的读者能理解，希望他们不要将我即将谈到的观点视为又是美国人老生常谈的自我陶醉。因为美国特色的社会病态，似乎迟早会找到"感染"其他国家和其他文化的途径。

我们生活在一个奇怪的时代，我认为，我们需要环顾左右，看看周边都在发生什么事情，并判断——从个人角度和群体角度判断——正在发生的事情是不是就是我们希望的。

我们的孩子不是我们自己的孩子

目前，在美国的当代流行文化中，社交商的概念既没有被广泛接受，也没有出现真正供人仿效的典范。基于"麦当劳式"的观念和行为方式，我们这个社会正在迅速成为健忘的、现时导向型的、即时享受的、"一次性使用"（用完就扔掉）的社会，不是"你要用那种食物配炸薯条吗？"，而是"我就要我点的，现在就要"。对刺激性事物的痴迷和胃口永不餍足。

一切都是越快越好，如果东西坏了，扔掉它，买个新的就行了。无论是人们对互联网速度的埋怨——为什么他们就不能让我的手机（内置摄像机的手机）好使呢，还是漫不经心的轻率婚姻［也就是人们现在常说的"初次婚姻"①］，美国社会的现时状况和文化氛围已经不再是当代世界的艳羡对象。多年前，法国哲学家和政治家乔治·克莱蒙梭曾经说过："美国是历史上唯一一个从野蛮直接进入堕落的国家，中间未曾经历过文明阶段。"有时候，我觉得，如果乔治·克莱蒙梭还健在的话，我确实很难驳倒他的观点。

如果我们想把拥有社会和文化感知、拥有群体感、拥有对全人类的感同身受、拥有利他和服务他人价值观的下一代公民送入社会的话，那么，就引导他们走向成年的旅程而言，我们还有很多的障碍需要征服。

现代人类已经成了既享受外部环境的赐予，同时也受到外部环境诅咒的一个物种：我们共同身处其中的环境充满了偶像、典范、创想、思想体系和冲动的刺激。我们中的大多数人被浸泡在——而且是不间断的——流行文化的信息中，而这一文化已经变成了不断提供娱乐信息的商业典范。不断涌现

---

① 也称为"起步婚姻，是指只维持了很短一段时间便以干净利落的方式——没有孩子、财产的纠纷和尖刻的言辞——宣告解体的婚姻，多为30岁左右的人，双方都是专业人士、经济独立，而且大多没有子女。——译者注

出的商业形象和"造星"技术，将人们的文化体验悄悄地，但同时也是不可抗拒地变成了模式化的娱乐体验。现在，战争、饥荒、灾难、恐怖袭击和人类的苦难都成了媒体产品的原材料。谋杀审讯在一夜之间造就出了英雄、反英雄和恶棍。"真人秀"电视节目大肆渲染着人类最愚蠢的行为。为了在收视率的竞争中胜出，电视剧被迫放弃了所有的幽雅和精妙，代之以对性活动不加遮掩的空前暴露。有线电视和广播网的新闻频道不再是政治思想的搏击场，而是成了政客角斗的竞技场，因为个人之间的冲突要比思想的对垒当然更富娱乐性，甚至连当代教育也成了娱乐的体验。

反叛诗人艾伦·金斯伯格在20年前曾经评论道："现在，我们生活在科幻小说中，谁控制了形象——也就是媒体——谁就控制了文化。"或许他说的是对的。莎士比亚说过："整个世界就是个舞台。"现在，这一论断尤其无可置疑。

很多善良而勤勉的父母还蒙在鼓里，他们认为，是他们在"培养"孩子，他们确信，可以以自己的言行塑造孩子的重要价值观、心态和行为准则。但是，父母对孩子的影响面临着其他成长"向导"的不断竞争，在某些情况下，父母对孩子的影响反倒是最微弱的。对大部分孩子来说，受到的影响包括：

- 他们的父母（如果他们来自完整的家庭）。
- 他们的同伴（其他孩子，通常是自己同龄伙伴或年龄大些的伙伴）。
- 老师、学校以及其他家庭以外的权威机构和人。
- 媒体人物——电影明星、电视人物、摇滚明星和媒体报道的罪犯。
- 各种各样的其他人——家庭成员、邻居、宗教人物和其他人。

我们越来越多地看到，在年龄处于七岁到十岁的孩子中，同伴的影响，以及娱乐界偶像、流行音乐、电视节目和电影的影响，都超过了父母的影响。在此年龄段之前，父母对孩子塑造生活态度的过程是有很大影响的，其后，其他影响的强度则在日益增加。

如果我们希望给孩子带来积极的影响，希望为他们提供高社交商的生活策略，那么，我们需要及早行动，以抵消和应对那些每天对他们狂轰滥炸的充满自我陶醉情绪的信息的影响。一个良好的开端，尤其对那些七岁及以上年龄的孩子来说，就是告诉他们电视业是如何运作的。这意味着我们自己首先要弄清电视业的运作套路。让我们从很多人依然将其委婉地称之为"新闻业"的部分开始吧。

十种基本新闻报道（而且只有十种）

尽管很多文章、书籍和纪实影片将新闻业描绘成愤世嫉俗的行业，描绘成不会迎合大众趣味的行业，不过，很少有人注意到典型新闻行业颇具反讽意味的核心事实。比起人们对新闻从业者的道德和动机的推测来，这一颇具讽刺意味的事实，为为什么新闻业要以现在的模式运作，提供了更为令人信服的解释。

这一颇具讽刺意味的事实就是：在这个所谓"第三次浪潮"——这一称谓来自未来学家阿尔文·托夫勒——的信息时代，商业化新闻"生产"的过程所依照的，其实完全是"第二次浪潮"的模式，也就是说，依然是工业化"生产新闻"的模式。

所有经常在新闻访谈节目中露面的专家（作为一个商业咨询管理顾问，我同样也常常出镜），很快就会发现类似于工厂化运作的新闻生产模式。电视节目编辑对新闻观众的镜头切换，对犯罪现场或者白宫草坪镜头的切换，教授在校园里走向图书馆这种不可或缺的"远景"画面，大量的连续镜头[罗德尼·金①，克林顿和莱温斯基的拥抱，以及实验室专家检验 DNA 样本]，等等，所有这一切都与阿尔文·托夫勒的"第三次浪潮"概念相去甚远，相反，这些程序完全来自工业时代。

或许，与新闻业最接近的产业就是快餐业了，新闻生产的过程很像制作汉堡包和烤馅饼的过程。将新闻片段组合到一起的过程，就像 PopTart［凯洛格（Kellogg）公司生产的一种非常流行的小点心］整洁而秩序井然的生产线：加些香料、加些甜味品、上些明油，之后，烘焙成美味产品。尽管牺牲了深度和洞见，不过，快餐式新闻生产模式的效率确实不容置疑，而且花费

---

① 美国黑人罗德尼·金被四名白人警察殴打的镜头曾被完整录制下来，并曾在全国反复播放。——译者注

低廉。

无论什么行业，让工业生产过程既高效成本又低廉的方式就是应用"标准化程序"。在新闻业，"标准化程序"变成了一个屡试不爽的、性能可靠的新闻报道模式。包括十种新闻报道模式的基本运作方式，使"烘焙"新闻的过程非常容易操作。

从美国有线新闻网络（CNN）的重大新闻，到财经新闻，再到地方电视台的新闻节目，人们在收看几乎所有的新闻节目时，都能看到以不同顺序出现的这十种模式。在全球范围内，比起新闻业的信仰和对现实的无情鞭挞来，这种标准化的生产模式更能解释新闻节目的同一性。

或许，人们对新闻生产者的挑剔挖苦、无所不用其极以及浅薄的批评不无道理，但是，人们提出批评的理由却是错误的。实际上，从更大程度上来说，新闻业者更像是被羁押于"PopTart 食品工厂"的无助囚徒，而不像是拥有良知的精神食粮传播者。对他们而言，放弃如此舒服的"做生意"方式确实非常困难，因为他们很容易给自己的行为找到理由："人们很喜欢我们的'PopTart 点心'。"

那么，那十种基本"PotTart 点心"——噢，抱歉，我是说那十种新闻报道模式——到底是什么呢？事实上，每个人只要稍加思考，就能列举出来。好了，下面，让我们一起来看看有案可查的模式吧：

1. **"耸人听闻和恐怖"**。正如新闻业的人常说的："如果血腥，就会大受追捧。"谋杀，尤其是谋杀多人，不同寻常的暴力事件，残忍的行为或者虐待狂，鲨鱼攻击，以及爆炸后的血腥场面，都是全国看客的饕餮大餐。

2. **"灾难"**。最受欢迎的是其中有些恐怖因素的灾难，比如，爆炸自杀事件，灾难类新闻包括自然灾害、飞机失事和旅馆大火等。在灾难中丧命的人越多，新闻材料的"品位"就越高。

3. **"沸沸扬扬的性问题"**。这可是一个产品颇为丰富的生产线，对新闻从业者而言，这一题材简直可以让他们上瘾。其范围包罗广泛，从名流的暧昧关系，到少年口交所引发的"社会责任"问题。此外，这一题材还包括派生出来的色情故事，比如，地方夜总会的脱衣舞表演者为成立工会组织而进行的抗争。这类故事如果没有钢管舞表演现场的镜头和对乳房丰满的舞女的访谈，就算不上是完整的报道。

4. **"丑闻"**。最好能和沸沸扬扬的性问题搅在一起，这样，就会产生双重效果了。政府官员、政客和公司要人的丑行，都能成为我们乐此不疲的谈资，此外，看到困窘无比的罪人，看到他们受到严惩，确实是让人开心的事情。

5. **"要人落马"**。位高权重的要人被人"掀下马背"的报道对观众富有特殊的吸引力，而且几乎都会成为全国性的谈资。如果在要人跌落的故事里加上些品位上等的丑闻，再加上些颇富刺激性的性丑闻，好了，你简直就像拥有了"重磅炸弹"。一个国家的首脑因为与错误的人发生性关系而大受指责，首脑欲盖弥彰，面对这样的故事，人们总会听到这样的评论："那么做没用的。"

6. **"冲突"**。就像人们看到有人拳脚相加的情景总会驻足观看一样，无论是发生在校园里的斗殴，还是发生在中国台湾地区"立法院"的打斗，冲突和即将爆发的身体暴力行为总能引发人们的关注。战争是其中最可信赖的"新闻产品"，而且一直都是。在文明的社会中，暴力已经被政治派别之间，或者追求不同社会目标主张各异的群体之间的冲突所取代。如果他们能找到，那么，新闻生产者无一例外地会在报道中加入冲突的元素，冲突在新闻中就像食品中的糖和盐一样，是不可或缺的基本"调料"。

7. **"忧虑"**。记者们似乎打心眼里厌恶被人视为天真的人或者过分乐观的人，所以，他们总是不遗余力地在任何问题上寻找阴暗面，比如，令人鄙视的动机，某些事情好得离谱的理由，以及某些事情即将出现重大问题的前兆，等等。有些经济学家认为，比起经济循环周期所造成的经济衰退来，更多的衰退是由记者提出的衰退警告造成的。让我们对诸如地球在下一个一千年可能会与一个小行星相撞之类的事情忧心忡忡，似乎是他们的天职。

8. **"窥阴癖"**。稀奇古怪的事情、反常的事情、不可思议的事情、病态和扭曲的事情以及离经叛道的事情，都是看客难得的娱乐材料。跳楼自杀、人质僵局、死刑的执行，以及和30只猫生活在一起的精神错乱的老妪，所有这类故事都能满足人们在生活中的某种需求——好奇心和寻求刺激的心理。某些电视节目表明，很多人似乎很喜欢偷窥那些命运比自己悲惨得多的人的遭际。

9. **"进退维谷"**。新闻生产者特别钟爱那些冲突无法得到解决的题材。

比如，堕胎问题，克隆问题，死刑问题，安乐死问题，以及自己选择死亡的权利问题，都能激起看客的强烈反应和两极分化的观点。冲突的因素当然信手拈来，而且很容易提出"中庸"的解决方案。频频使用从道德上很难做出"二选一"抉择的题材，有助于提醒人们永远不要忘了"新闻业的客观性"。

10. **"令人吃惊的故事"**。最后，我们还需要"换换口味"的新闻产品，这样，我们就不会认为新闻从业者总是在不断迎合我们的"黑暗本质"了。这种新闻产品形式多样，但是，通常都有新奇的成分，都有令人好奇的成分，或者有令人感动的成分。比如，当地的拼字比赛，救了婴儿一命的一只狗，在太空中的宇航员，参加奥运会的运动员喜极而泣的母亲，还有总统的痔疮，等等，所有这类新闻产品都有助于丰富"产品线"，同时，还能让我们认识到，实际上，新闻从业人员和我们一样，也是平常人。

所以，在对新闻从业者的品质表达虔敬之前，我们不要忘了，所有的产品都必须得到庞大的消费人群，都必须找到庞大的受众，否则，他们就无法在市场中生存。就像快餐产品需要找到消费者强烈而可靠的反应一样，快捷新闻产品同样需要捕获足够多的人，捕捉他们注意力的时间需要足够长，以便售出自己的"快餐产品"。我们中那种将新闻视为普普通通信息产品的人，并不是他们真正渴求的消费者——无论是新闻还是快餐产品！

焦虑直击人们的注意力

制作新闻节目的一个主导策略，就是寻找促使观众产生焦虑的途径。新闻生产者的运作原则似乎是：如果我能让你心里没底，让你缺乏安全感，比如，对你的孩子、你的房子、你的工作、你的食品或者你的安全〔杀人蜂、火蚁、流感、非典、艾滋病、疯牛病或者西尼罗河病毒（West Nile Virus）①〕缺乏安全感——那么，我就能抓住并掌控你的注意力。

---

① 西尼罗病毒是由虫媒生物（主要为库蚊）传播的、可感染人和多种动物发病的病毒，能引发人或动物发生脑炎、脑膜炎，并导致部分病例死亡。1937 年首次被发现。1999 年，该病毒入侵美国后迅速传播，于 2002 年形成大流行，造成很大危害。该病还向周边国家扩散，已成为严重危害人类和动物健康的一个病毒。——译者注

例证：经过对恐怖分子含混不清的录音异常艰难的分析之后，美国国土安全部将以颜色表示的"威胁预警水平"从"稍高"（黄色）提高到了"高"（橙色）。美国的新闻媒体凭借从国土安全部获取的只言片语向人们建议说，（海外）的恐怖集团可能会用某种可在空气中传播的生物武器袭击某些尚不确定的城市。国土安全部的发言人谈到，将民居和商业建筑的窗户以及空调管道覆盖上塑料布和银色宽胶带，可以防止这种危险生物武器的攻击。

当这条新闻广为传播以后，建材商店的塑料布和银色宽胶带的销量立刻大幅度飙升。很多商店宣称，这两种商品的大量库存已告罄。报纸上刊登的一则照片，把这一势头推向了极致——照片显示，俄勒冈州本德市（Bend）（人口大约 57000 人）的一位居民登上梯子，正在往自家窗户上盖塑料布。

未雨绸缪总是值得称道的，"防患于未然"可是一则不错的格言，把房子盖上塑料布和银色宽胶带一定大有裨益。但是，从现实角度来说，对美国实施的化学武器袭击会从俄勒冈州本德市的那幢房子开始吗？

并不是每个人都能对诱发人们产生焦虑的电视新闻做出客观评估。每当我 11 岁的孙女在电视上看到发生在一个对她来说很陌生的世界里令人惊恐的暴力悲剧时，她总是问我的儿子（她的爸爸）："它离我们有多远？"她问的，并不是地理上的距离，而是威胁的远近程度——危险的事件离自己和自己的家庭是不是很近呢？她是不是应该对此表示担心呢？

在电视上看到一具尸体的孩子——在电视节目中，尸体是对发生在中东、迈阿密或者马耳他某些事件进行新闻报道的一部分——可能既没有成熟到有能力将死亡视为一个抽象概念的程度，也不能面对这类报道保持镇定自若，他们不知道发生的事情远在天边，不知道那些事情与自己的生活质量和安全毫不相干。如果没有一位很有影响力的成人帮助孩子们理解他们从电视上看到的镜头，孩子们就不能正确解读其中的内涵。加上孩子们从电视上看到的成百上千个令人烦忧的画面——他们每天看电视的时间平均有三四个小时，这种他们并不了解其发生背景的各类影像，就会侵蚀到孩子们的头脑和神经系统中，并可能因此而形成"生活是令人惊恐的"认识。

具有讽刺意味的是，这种丧失个性的新闻传播方式，最终可能会导致著名新闻从业者的消失。有些数字专家已经预言，五年或者十年之内，动画技术会发展得极为先进，到那时候，你在电视屏幕上看到的新闻节目主持人可能会是一个"化身"，一个完全可以乱真的"人造角色"。电视机构不会为他或她支付每年数百万美元的薪水，他或她不会因病请假，不会大发脾气，也不会被葬送前程的性丑闻搞得焦头烂额、狼狈不堪。有些技术狂人甚至预测，你可以"订制节目"，你可以自行选择自己喜爱的"化身"，他或她可以完全不同于你邻居从电视上看到的形象，甚至与你孩子看到的也不一样。你可以让你喜欢的摇滚明星、好莱坞的大众情人，甚至你母亲为你播报新闻。哈哈，这是多么了不起的进步啊！

戒除电视瘾

就上瘾的通行定义而言，看电视的体验就是上瘾——这可不是比喻，也不是开玩笑，而是临床层面的结论。临床上对上瘾的定义是：对某些事情不健康的依恋，如果没有它，就不能正常生活。如果你家里有电视，而且能接收商业电视或者有线电视节目，那么，几乎可以肯定地说，你一定不同意本段的第一句话——"看电视的体验就是上瘾"，同样可以肯定地说，你已经患上了看电视成瘾症。矢口否认本身就是成瘾症的一部分。

人们对脑电波的研究已经证实，看三分钟到五分钟的电视以后，大脑的状态实际上与催眠状态并无区别："α脑电波"表现活跃，大脑处于半昏迷状态，对信息的加工能力降低，抽象思维和判断力同步降低，极易受到外界信息的影响。如果你想自己验证这一理论，不妨做一下下面这个试验：站着看一个流行的电视节目。你要抵御坐到沙发上去的诱惑，可将一只脚放到茶几上，或者索性靠在墙上，一定要保持站立。当你站着的时候，你的神经系统会保持活跃状态，你的大脑和肌肉通过互动会保持你身体的平衡。不久你就会发现两个事情：（1）想坐下来的诱惑难以抵御（而且出现精神恍惚的状态）；（2）电视节目变得空洞无物。事实上，电视节目的制作、播出方式就是要让你陷入精神恍惚的状态。

如果你想证实自己患上了看电视成瘾症，或者证实自己并没有患上看电视成瘾症，你可以做一下下面这个简单测试：一星期都不开电视。我敢打赌，你做不到这一点。现在，你很可能会自言自语："我完全可以做到，我只是不想那么去做罢了。"或者："这段时间有非常精彩的节目，我可不想只是为了证实我并没有上瘾而放弃那些节目。"这是一个矛盾：证明你一周不看电视也没事的唯一方式，就是一周不看电视（听起来是不是好像我在奚落你）。

你知道吗，有几年的时间，我就曾经对电视欲罢不能，就像千百万人现在的状态一样。很值得纪念的一件事，让我一下子就戒除了电视瘾。几年前，我在家里取消了商业电视预订，这一行动是我生活中最重大而且是最有价值的决定之一。一天晚上，我坐在起居室里，就像很多夜晚一样，不断地换频道。我常常注意到，就在我翻来覆去换频道的时候，几个小时的时间悄悄溜走了，而且很难找到确实有趣或者确实值得一看的节目，但是，我就是不能关掉电视去干其他的事情。

在那个颇不寻常的夜晚，我觉得自己从精神上简直被人"强奸"了：当我精神恍惚地坐在电视机前的时候，《摩瑞·波维奇》一期杂耍节目的主持人，用令人震惊的图解和人们难以想象的恐怖方式展示了一位运动员受伤的过程，因为节目让我备感痛苦，而且侵犯了我的信仰，所以，我一下子从精神恍惚的状态回过神来。居然将运动员难以忍受的痛苦当做娱乐大众的最佳材料——节目将运动员受伤的镜头反复播放了数次，这种缺乏道义的冷漠行为让我出奇愤怒，因此，我关掉了电视，拔掉插头，把它放到了汽车里。第二天，我就把电视送给了一位员工，而且再也没看到过它。我取消了有线电视预订，感谢上帝，在我家里，现在只能收看两个地方电视台的节目。

我开始用不同的方式度过夜晚时光——阅读、练习吉他弹奏、追赶几个项目的进度，而且更经常地和朋友们外出。我开始注意到，我的精神状态变得更明快、更令人愉快了，而且对其他体验也更乐于接受了。我觉得自己似乎"清理"了自己的头脑，将日积月累的"污染物"全部清除干净了。后来，我将影音设备从办公室带到家里，开始在家里看经典影片和喜剧，最初是看录像带，后来看 DVD 影碟。

和别人聊天时，如果有人知道我不看有线电视节目（通常，我都不会主动告诉对方），那么，他们提出的第一个问题往往是："是吗，可你怎么及时了解这个世界上发生的事情呢？"我的回答通常是："你认为电视节目真的能即时报道世界上发生的事情吗？"他们接下来的问题常常是："可是，你怎么了解重大事件呢？如果真的发生了不得了的事情呢？"我的回答通常是："我的大部分朋友都知道我没有电视机，如果真的发生了什么不得了的事情，一定会有人打电话告诉我的。"

当然，这只是一己之见，不过，因为这是我的书，所以，我愿意利用这个机会宣扬自己的观点，或许，真的有几位读者会受到启发而戒除电视瘾呢。

噢，对了，顺便说一句：谢谢你，《摩瑞·波维奇》，你真的让我感激不尽。

孩子们的购买行为

在论述向孩子们传播消费文化的著作《天生买家：抢救买无止尽的下一代》中，作者朱丽叶·肖尔（Juliet B. Schor）直言不讳地大胆宣称：典型的 10 岁少年已经记住了 400 个品牌，而且可以辨认出 300 个品牌标识，孩子受到消费者文化的侵蚀程度越深（大都通过电视广告、杂志广告和免费样品赠送），遭受情感和心理问题折磨的可能性就越大。她在书中引用了对 300 个孩子的调查结果，接受调查的孩子年龄从 10 岁到 13 岁，并从中得出了这样的结论：孩子对消费至上主义的依附程度，与他们表现出来的沮丧、焦虑以及类似的症状具有相关性。

她认为，针对孩子的那些从不间断的商业广告总在宣称一个观点："如果你想更酷、更时髦，或者不想让别人看着不顺眼，不想被别人当成老土，你就应该买这个东西。"

品牌广告所产生的影响是：很多孩子发现，自己的自尊完全依附于他们拥有的获奖品牌商品、名贵的衣服和配件（有些 10 岁孩子的手机，其功能比他们爸爸的手机还要先进）。因为面对这些易受影响而且尚未成熟的消费者，商业化的流行文化从来没有停止过告诉他们应该买什么、应该穿什么、应该去哪儿怎么花钱，从来没有忘了告诉孩子们，不要在家里和书包里放那些会引发自尊心危机的"东西"。

家庭困难的孩子会不断乞求、不断抱怨，直到他们收入可怜的父母掏钱给他们买了 130 美元一双的篮球鞋（他们的脚长得很快，不久就不能穿了）；对孩子们来说，麦当劳叔叔和米老鼠比任何一位美国总统——无论是现任总统，还是以前的总统——都更著名；大部分美国孩子即使在金钱的诱惑下依然不能在世界地图上找到伊拉克的位置，不过，却能把男生组合 Chart－Topping 最新歌曲的歌词一字不差地背诵出来……或许，流行文化的广泛传播能为上述问题提供解释。

也许，父母和家长——他们希望帮助自己的孩子成长为拥有高社交商的人——需要给孩子们服用更多的"维生素 N"（也就是"No"）。他们不妨紧缩孩子的开销（"好了，好了，你已经说过了！如果你不再抱怨个不停，如果你能让我清静会儿，我就给你钱！"），不妨利用自己作为父母的特权："不行，我不会给你买那个东西的。"或者："不行，你不能花我的钱买那种你说你认识的其他孩子都有的又贵、质量又不好的衣服。"或者："不行，因为我说了不行，因为我是成人，而你还是孩子。"

广告无所不在

广告无所不在是一二十年前开始形成的趋势，现在的发展势头无可阻挡。阻止这一发展势头的唯一因素，就是广告设计者的能力——发现将广告灌注进我们头脑新途径的能力。

"产品道具"是一个发展迅猛的强大潮流，是指商品在电视节目和电影中非常巧妙地出现，看起来就像是故事发生的文化背景中的自然元素一样。产品制造商为此要分担一部分制作节目的花费。这是一个双赢的买卖，虽然观众并不是赢家，观众认为，自己已经为节目的制作付过钱了，付钱的方式就是看电影买票，看电视节目看广告。

在典型的毫无品味的电视节目《学徒》——由美国著名地产大亨唐纳德·特朗普与全国广播公司（NBC）联手打造的职场真人秀节目——中，学徒必须为美泰集团（Mattel）① 设计一款新玩具，同时设计一款佳洁士牙膏。节目播出后，无论是美泰集团，还是宝洁公司，产品的销量都表现出了立竿见影的快速增长。这种套路已经变得如此之普遍，以至于监察机构谏言美国联邦贸易委员会，要求将产品生产商的这种行为清楚界定为商业广告行为。

还有些广告公司在高层建筑的电梯中安装显示屏，并根据向无处躲藏的乘梯人播放广告的时间向广告主收费。就形式而言，这种方式可以

---

① 美泰集团是在全球居于领导地位的玩具和家庭用品设计、生产商。——译者注

称之为另一种"电梯交流"。

就强迫人接受信息的手段而言，没有哪家公司能出其右了——一家广告公司发明了一种称之为 WizMark 的装置，这种装置能在男厕所中播放广告录像。这种冰球大小的装置被安装在立式小便池中，一有尿液，噢，不，我是说液体，其播放功能就可以被激活。

电脑游戏：全新的沙地游戏场

2004 年 11 月，微软公司一款名为"光晕 2"（Halo 2）的电脑游戏，在其上市的第一天就取得了 1.25 亿美元的销售收入。关注这一行业的人说，这个销售收入相当于卖出了 238 万套游戏软件。专门研究价值高达数十亿美元的电脑游戏业的证券分析家估计，该游戏发布以后的三个月，其销售收入有望达到 3.5 亿美元。

与其相映成趣的，是影片《蜘蛛侠 2》的首日公映，该片公映的第一天就获得了 1.16 亿美元的票房收入，从而成为历史上（截止到目前）首映最为成功的影片（不要忘了，很多第三世界国家即使在好年景中，其国内生产总值和国民生产总值也不会超过 1 亿美元；而美国传媒机构的单——种产品就能凭借强大的市场营销攻势，突破 1 亿美元）。

在 2004 年出版的《玩游戏：游戏玩家一代是如何永久性再造企业的》一书中，作者约翰·贝克和米切尔·韦德认为，大约 9000 万人构成了"回声潮一代"（Echo Boomers），或者成为"玩游戏的一代"（Gamer Generation）。根据对 2500 名狂热玩家（那些将电脑游戏当做主要娱乐形式而且在其生活中将电脑游戏视为中心点的人）的调查结果，约翰·贝克和米切尔·韦德认为，除了其他好处之外，电脑游戏确实能让孩子们变得更聪明。此外，所有过去的孩子们在户外玩的游戏——赛跑、爬树、骑自行车、扔球——都变得不再必要，只要你拥有了启迪智慧的朋友：电脑显示器、游戏光盘和游戏操作杆。

2004 年 11 月，米切尔·韦德曾对《今日美国》的技术版编辑凯文·曼尼说过（或许，表情严肃）："现在的孩子们不再像我们那样在树林的空地上玩棒球了，他们的活动已经变得很有组织化了，他们现在以有组织的活动填补了空闲时间，这对他们的智力发展很有促进作用。"

当我们对游戏能启迪孩子们智慧的观点大感惊奇的同时，我们不要忘了，有史以来最畅销的（截止到本书写到这里的时候）暴力电脑游戏系列"侠盗车手"的鲜明特色：游戏者需要完成盗车、射杀警察以及谋杀妓女等"有趣"行为才能得分（不要将这款游戏和它的姊妹产品"侠盗车手：罪恶都市"和另一款名为"侠盗车手：圣安地列斯"的游戏弄混，后者被家庭价值观观察机构——全国媒体与家庭学会——评为 2004 年最坏而且是最富暴力性的电脑游戏）。也许，这也算是一种进步。但是，电脑游戏确实能胜过玩球和游泳吗？

还有一款流行游戏，让孩子们重现约翰·F. 肯尼迪总统被杀的历史事件，游戏者扮演刺杀者李·哈维·奥斯瓦德，根据刺杀总统距离的远近决定得分的高低。游戏发行商指出，这款游戏能激发孩子们对历史的兴趣。

电脑游戏从本质上说并不坏，而且也没有明显的证据证明，它们能将所有玩游戏的孩子都塑造成杀手。然而，它们也并不像表面看起来那么毫无害处。很多搏击、战斗、战争、对抗和剑客游戏表现出的暴力场面极为逼真，以至于美国武装力量将某些制作精良的游戏当做超现代战争的模拟器来训练战士。

电脑游戏并不可怕，可怕的是有些孩子不断玩这些游戏，可怕的是有些孩子会上百小时（甚至上千小时）一遍又一遍地玩这类游戏。有些批评家将电脑游戏称之为"暴力洗脑"，而有些人（在游戏产品上大发利市的人）则将其称之为"娱乐"。

在反暴力游戏战役的微弱呼声中，有一个声音来自戴维·格罗斯曼——一位退役的美国陆军中校和突击队员，他现在在阿肯色大学执教，同时，在全球范围内就暴力游戏对社会的影响发表演讲。这位精力充沛的职业讲说家和充满热情、善于思考的前士兵，将很多时间花在了演讲旅行上，他向警察、学校管理人、父母、青少年管教人员以及健康护理和心理健康专业人士广泛宣讲青年暴力事件在美国的大幅度增长，并将这一增长浪潮归咎为暴力电脑游戏。

就我们这个社会如何训练士兵、警察甚至孩子杀戮的问题，戴维·格罗斯曼中校的网站 www. killology. com 提供了相关的研究成果和信息。他对暴力电脑游戏的鞭挞毫不留情，他将它们称之为"谋杀模拟器"，因为他确信，那些游戏会大大降低孩子们对暴力和血腥的敏感性。

为证明暴力电脑游戏确实是无与伦比的"射击教练"，戴维·格罗斯曼进行了几项试验。他先让没有受过任何射击训练的成年人在射击场实弹打靶，正如之前预想的，他们的射击成绩要么不怎么样，要么索性就脱靶。之后，他让同样没有任何实弹射击经验但在电脑上玩过很长时间操纵杆游戏和塑料手枪定时触发游戏的孩子，在同一个射击场进行实弹射击。结果，孩子们的射击成绩远远高于成人的水平，几乎和经常进行射击练习的成人不分伯仲。

随后，戴维·格罗斯曼让成年人在家里玩一段时间的射击电脑游戏，之后在同一个射击场对他们再次测试，是的，你的猜想是正确的：第二次的射击成绩远远高于第一次，尽管他们没有在射击场接受任何实弹射击训练。

戴维·格罗斯曼并没有说，暴力电脑游戏会把一般的孩子变成嗜杀成性的杀人狂，他承认，这是一个复杂得多的议题，远不是简单分析孩子沉迷在一种媒体——电脑游戏——中的程度那么简单。但是，他坚持认为，暴力电脑游戏的创作者和销售者应该对孩子们的麻木负有重大责任，他确信，过度沉迷于这些暴力游戏（与高尔夫球、滑雪或者山地自行车等游戏相对应的游戏），更容易导致孩子们无法区分真正的暴力和模拟暴力之间的重大差异。

戴维·格罗斯曼在演讲中引用了印第安纳医学院的大脑扫描试验结果，这一试验的结果表明，暴力游戏对那些没有任何进攻倾向孩子的大脑的影响，完全不同于对那些有进攻倾向孩子的大脑的影响。

孩子们是媒体的消费者，怀有最良好愿望的细心父母们，不知道应该如何帮助孩子在生活中应对难以抵御的各种暴力信息浪潮的袭击。事实上，他们中的有些人甚至在无意中加剧了暴力信息的恶劣影响。

例证：对加利福尼亚州圣地亚哥的学校来说，2001 年 3 月是个充满暴力的时期。在短短的七天内，两个中学的校园发生了学生枪击事件，两个孩子殒命，17 个孩子在枪击中受伤。发生这些事件之后，一位同事告诉我，他和妻子让他们的孩子坐下来，要和他们"谈谈在学校里发生的事情"。

因为他的孩子的年龄从五岁到八岁不等，所以，这些事件让他们迷惑不解，而且惊恐万状。"现在，孩子们吓得都不想去学校了。"他叹息道。事实上，这些愿望良好的父母，突然之间就往孩子们的心里注入了对孩子们自己世界的恐惧和疑虑。真的有必要让对这些事情一无所知的孩子们弄清原委吗？当然毫无必要。讨论这类问题，要依孩子们的年龄而定。他们是否已经成熟到能应对这类信息的程度？这类事件与孩子们的环境有关联吗？这是父母社交商低下的典型例证，或许，他们应该说："我们把这些事情告诉他们吧，不过，要巧妙些，不要吓着孩子，而且只有当他们提起的时候才告诉他们。"

老师？父母？还是都无能为力？

下面这段话是在聚会上开启对话的很好"由头"（也许同时也是不错的"终结者"）：在下一次社交聚会上，你可以通过这种方式来活跃气氛——告诉父母们，"从长期来看，他们培养孩子的技巧对孩子的发展影响甚微。"比如，你可以说："在你孩子的成长过程中，你培养孩子的方式是影响力最小的因素之一。你做的一切都比不上他们的同伴给他们的影响。"之后，看看会发生什么情况。人们的反应一定相去甚远，有人会表示好奇，有人则会觉得受到了侮辱，而有人则会愤然拂袖而去。

这一问题到底能让人们产生什么样的惊恐呢？我们不妨看看作家和学者朱迪思·里奇·哈里斯在其出版于1998年的著作《教养的迷思》中的表述，她认为，从本质上说，"父母培养孩子的方法，不会对孩子的个性、才智以及心理健康产生长期影响"。

并不奇怪，对很多父母来说，朱迪思·里奇·哈里斯的观点并不流行，2002年12月16日，在应对《纽约客》发表的对其著作提出严厉批评的书评时，朱迪思·里奇·哈里斯曾经谈道：

> 比如，科学家的研究表明，就是否能让孩子去教堂的问题，父母几乎无能为力（这一点完全不同于父母传递基因的能力），尽管如果孩子要去教堂的话他们可以影响孩子最终选择哪一个教堂。父母可以通过在家里使用外语的方式，努力培养孩子的双语能力，但是，除非孩子在外面也有使用外语的环境，否则，父母的努力必将以失败告终。孩子们的语言和口音最终会与同伴而不是他们的父母保持一致。父母可以对孩子的某些方面施加影响，但是，对其他方

面），则无能为力。父母的培养方式以及环境对孩子的影响问题，并不是什么神秘的东西，也不是不可示人的教条——它们都可以凭借经验得到系统性的查证。然而，结果可能会让那些自认为很清楚大脑工作原理的人们感到沮丧。

尽管朱迪思·里奇·哈里斯的表述（你对孩子的影响微乎其微）并不是主流观点，不过，她确实为我们指出了存在于亚文化群体（所有孩子都属于这一群体）中的一个事实：他们会创造自己的法则、边界和行为范式，如果你想留在这个群体，你就必须接受这些习惯和价值取向。

朱迪思·里奇·哈里斯的观点，与我们在本书第二章讨论过的观点非常相近：人类（也包括孩子）的行为存在于特定的背景中，而且受到他们所处情境的影响。朱迪思·里奇·哈里斯认为，尽管你对孩子的成长怀有最良好的愿望（让他们学音乐、足球，参加男童子军、女童子军，限制他们上网，上周末班，等等），但是，比起受到你的影响来，他们与同伴互动所产生的影响要大得多。按照她的逻辑，你能为孩子健康成长和发展所能提供的最好帮助，就是帮助他们"选择恰当的朋友"。

她的逻辑很难被驳倒。如果你和配偶或者同居伴侣都有全职工作，孩子每天上学，那么，你就无法全天和他们在一起，因为你不能不去工作，不能全天待在家里，不能在家里教他们，也就是说，每天的大部分时间，他们都处在你的影响之外。在有些双职工家庭中，屡见不鲜的是，父母中的一个人在孩子还没起床的时候就外出上班了，有时候，孩子们已经上床睡觉了，父母中的一个人还没回来。

无论你是否接受朱迪思·里奇·哈里斯的观点，她观点本身的效力并不会消失。你确实能在一定程度上掌控孩子的成长和发展，不过，这只是说你在他们交友的过程中可以采取积极而主动的行动。

这就意味着你要知道他们和谁一起吃饭，他们和谁通电话（或者在网上与谁聊天），他们和其他孩子准备在周末一起干什么。如果你的孩子和其他孩子过从甚密，从而建立了深厚的友情，那么，你就应该去了解那些孩子及其父母或者家长。在你让孩子到别人家去玩之前，你可以先行见一见孩子的父母，并看看他们的房子。这个举动并不是刺探和窥探，而是合乎情理的。

你可以通过检视环境的过程验证自己的直觉：这是个可以让我的孩子独自和别的孩子一起玩的安全所在吗？

归属，还是渴望？

罗莎琳德·怀斯曼在其畅销书《社交女王和追随者》中，列举了一个如何以及为什么帮助女孩顺利度过青春期的绝好案例。尽管她的着眼点在于小学阶段和中学阶段，不过，她的建议实际上集中于从初中到高中的转变时期，而且同样适用于男孩。

她写道，某些孩子要么将自己视为"圈里人"，要么把自己当做"圈外人"，其他人也会将孩子们归入"圈里人"和"圈外人"的群体。你从自己的中学经历或者从你孩子们的经历知道，进入这个象征性的社交圈子里，比身处其外更富有诱惑力。很自然，大部分孩子都对进入这一"圈子"趋之若鹜，不过，罗莎琳德·怀斯曼认为，进入这一社交圈子的规则既严格又难以应对。

对男孩来说，要想进入这一圈子，意味着你要"非常聪明"，有一头质地很好的头发，还要有运动员的体魄。你需要很聪明，但不必聪明绝顶，能对老师和其他成人应对自如，要有男子气概，要能吸引女孩子而且要去追女孩子，此外，如果你还有一辆不错的汽车，有大把零花钱，那么，你就更显得鹤立鸡群了。

对女孩来说，要想进入这一圈子，意味着你同样要拥有某些特质：你要有姣好的身材，一头秀发，运动员的体型，不过既不能太过强壮，也不能太消瘦。你需要很有人缘，有很多朋友，有很多美味零食，要很会打扮（要有在商业中心购物的钱，要有驾照，要有男朋友）。你需要不用太费劲就把学习搞得很好，此外，你还需要有慷慨大方的父母。

处在这一年龄段的每个孩子都清楚（或者很快就能认识到），是什么特质让自己被排拒在这个圈子——似乎有一道玻璃围墙的圈子——之外的。

对男孩来说，任何笨拙的表现（不会玩电脑游戏，数学功课不开窍，不会玩象棋，或者学习成绩很差）、运动能力不协调或者不会任何运动项目，或者任何"无能表现"——头发质地很差、戴眼镜、身体肥胖、笑声或者说话声调像女孩子，都能将他们挡在圈子之外。最后一个特点——笑声或者说话声调像女孩子——加之同性恋（无论真假）的某些迹象，会让他们的初中和高中生活非常艰难，甚至痛苦不堪。

对女孩子而言，无法进入圈子的特点包括：身体肥胖、质地很差的皮肤/头发/衣服，显示自己聪明过人，或者在某些运动项目上"太过超群"（这容易被视为具有女同性恋倾向，就像女人气的男孩会受到排拒一样）。

具有讽刺意味的是，某些被视为男孩受欢迎程度"晴雨表"的行为——和校园里的很多女孩子调情或者做爱——却是女孩的"大忌"。对女孩来说，过多的性行为和调情会导致被圈子排拒，其原因很大程度上在于，这类行为会被圈子内的女孩视为威胁——会威胁到她们与男孩好不容易才建立起来或者保持下来的关系。

不妨回忆一下你自己的这类生活经历，不言自明的"准入标准"应该历历在目，尽管已经过去了好几十年。大部分当年身处圈子之外的人回首往事，回首拥有某些特质与没有那些特质的人之间的冲突时，都会长舒一口气、如释重负，因为他们再也不必经历那种"进入或者被排拒"的痛楚生活了。

或许，比在这种环境中做一个学生唯一更痛楚的事情，就是做这种孩子的父母或者家长。你总是对孩子充满最良好的期望，所以，看到孩子遭受情感和身体上的痛苦时，每一位父母或者家长都会备感伤心。因此，你会涌起援救孩子们的冲动，涌起将他们从你也曾面临过的困境中解救出来的冲动。但是，罗莎琳德·怀斯曼认为，这种努力，也就是通过提出大量的善意建议、呼吁学校修改行为准则、或者指责"圈子内"孩子的父母，通常都是错误的方式。

让一个孩子群体消除另一个群体遭受的苦难的解决方案，远不是一个成人群体向另一个成人群体申诉那么简单（他们也许同样保留着学生时代被人排拒的痛苦记忆）。罗莎琳德·怀斯曼认为，父母一定要通过支持他们、尽可能不做出判断、只是倾听孩子们发泄自己的处境有多艰难的方式，让孩子自己去投入"社交战斗"。

这种方式与大多数父母的直觉判断相去甚远，对那些自视为难题解决专家、决策者或者与孩子的生活纠缠在一起的父母来说，尤其如此。但是，在商务领域非常出色的建议（遭遇差强人意的表现时的建议、提出反馈意见、提供解决方案，等等），可能在孩子们的社交问题上完全失灵。

你面临两个课题：第一，孩子对社交圈子的"准入标准"表现出过激反应（这个课题可不妙，尤其是当你的孩子自视身处"圈子"之外的时候）；第二，孩子的直觉力（这个课题还不错，只要他们的直觉力还没有发育完善）。父母提出的建议，孩子们通常都不会听，因为他们已经全神贯注于当时的情境了。他们的焦虑感、缺乏自信，加之尚不够成熟，让他们觉得自己的父母并不"真正理解"自己，不理解他们面临的问题，也不理解他们所面临的问题的严重性。他们会听父母说什么，但是，不会去应用，尤其是对那些看似并不能使自己进入圈子的建议。

父母通常总是习惯于扮演"永远的保护者"和"演说家"的角色，他们的角色大都是在孩子蹒跚学步、监督孩子们安全的时候塑造成的，那时候，他们总是说："别碰那个！烫！从那儿下来！不要把那个东西放嘴里！"等等。一旦孩子长大，能进行自行判断的时候，他们往往"积习难改"。所以，父母常常遭遇这类情形是可以理解的：他们申斥孩子，但孩子充耳不闻。

罗莎琳德·怀斯曼认为，"别管我就是帮我"的俗语颇有道理，哪怕面对的是你深爱的人——你的孩子。所以，最好的策略就是做一个令人满意的耐心倾听者，做一个心领神会的信息源泉（只有当孩子提出要求的时候才提出建议），最后，支持孩子顺利走过这一阶段，即使你并不认同他们选择的道路。这种策略的关键，就是让孩子自己凭直觉去判断问题，父母可以稍加促动。

比如，你儿子告诉你，他钦佩的一个男孩（这个男孩是"圈内人"）因为在商店偷东西刚刚被拘留了。很多父母面对这类问题，都会"扔下一连串的说教手榴弹"："我早就知道他不是什么好人！我不允许你再和那个强盗一起玩了！跟他一起玩早晚会引火上身的！"

而罗莎琳德·怀斯曼建议的策略则是：先不做判断，而是小心提出问题：

> **父母**："我知道，你把这件事告诉我，一定付出了很大勇气。谢谢你告诉我。你知道，很久以前，我们就曾谈过，从商店偷东西是错误的。所以，我想，你已经知道了。你怎么看他偷东西这件事？"
>
> **儿子**："是的，我知道偷东西是错的，所以，我真不敢相信他

能干出这种事来！我想和他做朋友，可是，我不想让他给我也带来麻烦。"

父母："我想，他现在一定后悔了。你想过再见到他时说些什么吗？"

儿子："哦，如果他告诉我他干的事，而且觉得没什么大不了的，那么，我会告诉他，他那么想太蠢了。如果他告诉我自己做了一件难以启齿的事，我想，我可能会和他保持朋友关系的。"

父母："这些想法太好了。听起来你好像知道三思而后行了。"

这种方式与父母通常使用的那种大喊大叫方式的区别在于，上述例子中，是孩子自己找到的答案，是靠自己的直觉判断得出的结论（而且他的结论与你的很接近）。比起倾听孩子或者与他们交流来，责备孩子很少能取得更好的成果。

学校的"S. P. A. C. E."解决方案

如果我们将朱迪思·里奇·哈里斯、罗莎琳德·怀斯曼以及其他人的观点和理论组合到一起，同时加上孩子们的想法——对很多孩子来说，接受教育的体验就是与他人分享某个环境，就是强制性地去学校（那些在家接受教育的孩子除外），那么，我们应该以什么方式改善这个既小又具有特异性的社会呢？我们应该对学校抱有什么样的期望呢？

为了帮助学校培养孩子们的社交商，或许，我们可以考虑呼吁学校做出下面这些努力：

- "在学生的沟通技巧上提供更多的指导，尤其是在高中和初中阶段。"
  "四处飞扬的荷尔蒙"、青春期、流行文化，再加上同龄人的压力，让学校成了一个倍感压力的环境。在中学环境中，这些"毒素"四处弥散，而且"剂量"颇大。在高中阶段，很显然，有些孩子已经变得很成熟了，但是，正值初中阶段的很多孩子，总是在对应生活、父母以及其他人方面问题频出，其原因在很大程度上在于他们还不足够成熟。他们可能无法与他人、老师和自己的父母顺畅沟通，所以，那些用于培训重要沟通技巧的标准化课程对他们会大有助益。不过，因为花销和人员一直是个问题，所以，社区志愿者、实习医生以及老师可以填补培训人员短缺的空缺。

- "给孩子们提供更多对抗威胁的课程。"在美国，学校暴力已经成了全国性的问题，现在，令人忧虑的是，这类事件在全球范围内也在不断增加。学校暴力事件——校园枪击——让新闻业"大发利市"。在数量众多的学校暴力事件（包括心理暴力事件和精神暴力事件）中，涉及威胁和欺凌行为的暴力事件数量尤其庞大，而且难以测算。心存恐惧的学生所受到的影响，就像把一块石头投进了池塘，泛起的涟漪经久不散。很多以学校为基地建立起来的组织，都提供包括对抗威胁课程在内的父母培训课程，比如，全国家长教师联合会（PTA）[①]（www. PTA. org），www. drspock. com，等等。

- "开设更多的授权课程，以帮助学校所有年龄段的孩子建立自信心。"从消沉和自杀，到暴力和中途退学率，再到毕业率和大学升学率，所有的环节都与学生的自信密切相关。尽管很多自信心较低的学生能够顺利完成学业，不过，那些在建立自信心方面缺乏相关技巧或者缺乏相关支持的学生发现，他们在学校的社交活动和学业上劣势明显。就像前面谈到的培训学生沟通技巧的方法一样，授权课程最好也由年轻的教师来教，因为他们与不同性别和不同年龄的孩子更容易达成"联通"。

- "为孩子们开设有关安全约会的更多课程（类似于罗莎琳德·怀斯曼的授权课程），以帮助他们理解友谊的界限。"在美国的学校中，约会时遭到强暴、性骚扰和非礼（令人厌恶的身体接触）的事件已经持续上升到了令人惊恐的水平。有关这一环节的教育项目和防范这类事情发生的课程，通常会强调健康友谊、避免酗酒和滥用毒品、在不

---

① 美国关注儿童利益的大型志愿组织，拥有超过 600 万的会员。在 1897 年成立至今的一百多年中，协会为改善儿童处境、保证儿童成功接受教育做出了大量努力，其中促进家长参与子女的教育是协会近年的最重大主题。——译者注

同性别之间划定恰当的界限以及建立援助体系、资源和报告制度的重要性，以对受害者提供帮助，同时防患于未然。

- "为 K-12① 学生提供'安全使用互联网'培训。"现在，因为互联网已经成了很多学生日常生活的一部分，所以，现在是教育他们如何以及为什么安全使用互联网的时候了。www. ISAFE. orgyiji 以及全国失踪与受虐儿童服务中心等组织，能为人们安全使用互联网提供富有创造性、效能卓越的课程。

疗治多个年龄段社交商疾患的处方

就深谙服务祖国、服务社会之道而言，约翰·加德纳（1912—2002）是所有人的典范。无论是在学术界，还是在政府中，他都堪称是个文艺复兴式的全才。作为斯坦福大学的教授（他在斯坦福大学的工作和教学一直持续到他离开这个世界），他获得了大学颁发的最高成就奖。1965 年，他被任命为卫生教育和福利部部长，并担纲约翰逊总统人权和社会改革顾问的职位。他创建了"共同事业"组织②，并通过创办公共广播公司③助推公共电视事业的发展。

在其简短但颇富洞见的著作《自我更新》中，约翰·加德纳写道，人们应该把握生活中的机会，应该打破旧有习惯，应该以全新的方式观察事物，而不要始终仰赖那些确定无疑的和令人感到安慰的观点：

> 随着我们的渐趋成熟，我们的生活范围也在逐渐缩小，生活的多样性也在渐渐降低。我们本来兴趣广泛，但我们最终只是安于其中的几个；我们本可以与更多的人协作，但我们却只选择了其中的很少几个人。我们被囿于固定的人际关系网中，我们形成了固定的

---

① K-12 是指到高中为止的教育体系。——译者注

② 这是一个非党派公民组成的非营利性游说组织，旨在促进政府的公开、廉洁和负责。——译者注

③ 美国根据1967 年公共广播法案成立的非营利性广播电视机构。该公司为非政府机构，其主要任务是：扶植公共广播事业的发展，分配联邦政府的拨款，向社会各界争取捐助，支付全国性节目的制作费，组织各台之间的联系，实施研究和培训计划，建立影片和胶带资料馆。——译者注

做事原则。

随着时间一年年过去，我们对熟视的东西越来越缺乏新鲜的视角。我们不再以新奇的、欣赏的眼光看待我们每天都会遇见的人，对我们日常生活的其他部分亦然。

我们常常发现，生活中的重大变化——婚姻、移居到一个新城市、变换工作或者出现全国性的紧急状态——会打破我们生活的旧有模式，突然之间就让我们认识到：我们在那张自己编织的安逸之网中陷得有多深。

成年人之所以不像年轻人那么好学，原因之一就在于他们不愿冒险。学习是个充满风险的过程，而成年人不喜欢失败。在婴儿期，当孩子以令人惊异的速度学习的时候——他或她今后永远也不会有这么快的学习速度了——他或她同样会经历无以计数的失败。看看他们是怎么学习的吧，看看他们是如何进行无数次尝试、如何经受无数次失败的吧，看看失败对他们学习勇气的挫败有多么微不足道吧。

随着他或她一年年地长大，他或她会越来越讨厌失败。到了青春期，年轻人承担失败风险的愿望更是大大降低了。屡见不鲜的是，父母向他们灌输的恐惧感、对他们失败的惩罚以及让他们以为成功非常稀有的观念，都使他们对失败的恐惧变本加厉。

人到中年，我们的脑子里大都装满了不愿再次尝试的事情，因为我们曾经尝试过但失败了，或者曾经尝试过，但表现让我们的自尊心大受打击。

我们的中年生活大都伴之以逃避。

那句"孩子是我们的未来"的"陈词滥调"从来没有像今天这么恰当过。带着美国流行文化灌输的恐惧和自我怀疑（加之恐怖主义、经济发展的不确定性以及对未来的恐惧），我们的孩子们是会成长为与逃避相伴的成人呢，还是成长为拥有高社交商的新生力量呢？

在下一个20年，我们会走进我们现在正在塑造的世界。你现在在做什么？为了让这个世界变成对我们所有人都更健康、社交商更高的生存空间，你会做些什么？